Incontri
a Sichar

4

*Per informazioni sulle opere pubblicate
e in programma rivolgersi a:*

Edizioni Terra Santa
Via G. Gherardini 5 - 20145 Milano (Italy)
tel.: +39 02 34592679 fax: +39 02 31801980
http://www.edizioniterrasanta.it
e-mail: editrice@edizioniterrasanta.it

Elena Lea BARTOLINI DE ANGELI
Ernesto BORGHI
Paolo BRANCA
Renzo PETRAGLIO

Credere per vivere

Prospettive giudaiche,
cristiane e islamiche a confronto

A cura di Ernesto Borghi

Prefazione di Franco Buzzi
Prefetto della Veneranda Biblioteca Ambrosiana

edizioni
terra santa

Progetto grafico: Elisa Agazzi

Finito di stampare nel novembre 2012
da GESP s.r.l. - Città di Castello (Pg)
per conto di Fondazione Terra Santa
ISBN 978-88-6240-160-9

Prefazione

Benedetto XVI, con la lettera apostolica *Porta fidei*, ha introdotto l'Anno della fede, che si protrarrà per la Chiesa cattolica dall'11 ottobre 2012 al 24 novembre 2013. Ne è stata occasione una duplice ricorrenza: il cinquantesimo anniversario di apertura del Concilio Vaticano II e il ventesimo anniversario di pubblicazione del *Catechismo della Chiesa cattolica*, in cui si sintetizzano in modo sistematico i temi della fede cristiana.

Si tratta pertanto di un'ottima circostanza in cui si potranno ripercorrere e approfondire i capisaldi del *Credo* nelle comunità ecclesiali. Questo processo di identificazione con i contenuti della propria fede è indispensabile in un mondo come il nostro che ha messo radicalmente in crisi, dopo secoli di secolarismo, qualsiasi credenza religiosa.

Tenendo conto che proprio il Concilio Vaticano II, nella dichiarazione *Nostra Aetate* del 1965, invitava tutta la comunità cristiana a prendere atto che il tema della fede religiosa non è esclusivo appannaggio della Chiesa cattolica, questa pubblicazione snella ed essenziale, che riguarda la fede nelle religioni abramitiche, intende offrire ai lettori uno sguardo introduttivo alle tre grandi tradizioni religiose che a vario titolo si agganciano alla rivelazione biblica: la fede giudaica, quella cristiana e quella islamica.

Lo scopo di questo libro non è certamente quello di favorire una scialba visione sincretistica di queste tre tradizioni, ma piuttosto quello di rendere possibile, per via di conoscenza, una solida comprensione delle differenze, anche insuperabili, che esistono nelle tre diverse professioni di fede.

Nonostante le insormontabili diversità contenutistiche, queste tre fedi monoteiste hanno sperimentato nel tempo lunghi periodi di pacifica convivenza e reciproco interesse. Si potrebbe ricordare anche soltanto la figura di San Francesco d'Assisi, per quanto riguarda il suo atteggiamento di pace nei confronti dei musulmani, proprio mentre erano in atto le crociate, oppure l'epoca felice del califfato di Cordova che durò, sia pure tra alterne vicende, finché i Cattolicissimi Reali di Spagna, Isabella I di Castiglia e Ferdinando II di Aragona, non espulsero con violenza tanto gli ebrei quanto i musulmani dai propri territori. Ma poi occorrerebbe ricordare anche l'appassionato impegno linguistico e scientifico di Raimondo Lullo, gli studi rispettosi degli umanisti, con la forte e dolorosa testimonianza di Johannes Reuchlin in Germania e l'impegno serio di Theodor Bibliander a Zurigo.

Dopo secoli di penosi malintesi e lotte irriverenti, che hanno alimentato l'odio reciproco di intere popolazioni, la dichiarazione conciliare *Nostra Aetate*, valorizzando per altro spunti culturali già in qualche modo presenti nel mondo cattolico e laico, ha segnato un cambiamento di enorme importanza, sollecitando cordiali rapporti di reciproco rispetto e amichevole comprensione tra le tre fedi. Si è lavorato con pazienza e tenacia per passare dal reciproco disprezzo ideologico a un clima di reciproco rispetto e dialogo.

Nell'attuale temperie mondiale tutto ciò che, sulla base di solide tradizioni religiose, facilita la comune convivenza dei popoli deve essere appoggiato e favorito da tutti e a tutti i livelli della vita sociale. È certamente assurdo e inammissibile appellarsi a Dio per fomentare l'odio ideologico e favorire la guerra all'interno delle nazioni e tra i popoli del mondo. Anzi, la fede religiosa, nella profondità dei suoi intendimenti spirituali e nei suoi aspetti pratici e sociali, deve essere uno tra i fattori più decisivi per motivare e sostenere una cultura civile orientata alla pace. Bisogna collaborare per costruire insieme la città di Dio tra gli uomini.

Al lettore si richiede anche la disponibilità di saper apprezzare con affetto sincero tutto ciò che di condivisibile si presenta all'interno di esperienze spirituali diverse da quella di appartenenza. Del resto tutti gli esseri umani condividono una comune origine e sono orientati a un'unica meta, mentre nella mente di ciascuno sorgono sempre da capo le domande cui tutti siamo chiamati a rispondere: da dove veniamo e a quale fine esistiamo, che cos'è il bene e in che cosa consiste la felicità, che cosa significa l'esperienza del male e che cosa ci attende oltre la morte?

Non dimentichiamo la grande lezione di Tommaso d'Aquino, il quale non temeva di affermare che «al principio di ogni verità, chiunque sia colui che la professi, c'è lo Spirito Santo»[1]. Tra l'altro, nel caso di queste tre fedi monoteiste, è comune – fatte salve le reciproche differenze – la credenza in Dio, Creatore trascendente, come pure la fede in un destino di risurrezione ultraterrena, che prevede altresì un giudizio divino definitivo su tutta la storia dell'umanità.

Per ogni credente "vivere" in pienezza si identifica semplicemente con l'"esercitarsi nella fede", lo "stare nella fede" ovvero l'"aver fede". In una parola: "vivere" significa fondamentalmente "essere nella fede" o semplicemente "credere". Perciò, per un credente autentico, che si tenga lontano da fanatismo e bigottismo, la fede non è qualcosa di posticcio, che si accosti *ad libitum* o si aggiunga surrettiziamente e dall'esterno alla vita, ma è piuttosto il respiro o l'anima più intima della vita stessa, quella che si esprime in tutte le manifestazioni private e pubbliche dell'umana civiltà.

Franco Buzzi
Prefetto della Veneranda Biblioteca Ambrosiana

---

[1] *Sup. Joh.*, c. 1, l. 3.

Introduzione

Perché oggi ha senso occuparsi del credere nella vita?

Che cosa significa oggi *avere fede*[1]? Si tratta di un'espressione con vari possibili significati. Se si ragiona in termini tradizionali, nell'Occidente euro-atlantico non si può che far riferimento anzitutto alla fede nel Dio cristiano. Se, però, si allarga l'orizzonte e si approfondisce l'analisi, non si può non considerare quanto importanti siano stati e siano, anche a partire dall'Europa e proprio nello sviluppo della stessa cultura "occidentale", gli apporti e la presenza di fedeli ebrei e islamici e delle loro prospettive di fede e di cultura.

Rispetto al credere di carattere religioso e al credere in senso ampio vi sono certamente grandi differenze, per esempio, tra chi è nato prima del Concilio Vaticano II e della svolta culturale epocale degli anni 1968-1970 e chi è nato dopo questo periodo così ricco di cambiamenti multiformi. Essere più o meno scolarizzati, aver vissuto e/o vivere in città o in campagna, far parte degli strati bassi, medi o alti della società a livello economico: ecco tre condizioni che incidono indiscutibilmente sul rapporto con la fede religiosa che vivono anche tutti coloro che pensano importante far riferi-

---

[1] La parola *fede* ha un etimo indiscutibile: la radice indoeuropea **bheidh-* che significa *far affidamento su, confidare in...* Da questa forma verbale è derivato il latino *fídere*, donde il sostantivo *fides* (cfr. *Thesaurus Linguae Latinae*, VI-1, Teubner, Lipsia 1912-1926, col. 661) da cui si è formato l'italiano *fede*. Il significato originario del termine è piuttosto chiaramente attestato: «Il fondamento della giustizia è l'affidabilità, ossia la costante veridicità alle promesse e agli accordi. Donde, anche se ciò sembrerà un po' troppo difficile a qualcuno, tuttavia dobbiamo avere il coraggio di seguire gli Stoici, che ricercano con impegno l'origine delle parole e credere che [questo atteggiamento] sia denominato *fides* perché viene fatto quello che è stato detto» (Cicerone, *De officiis*, I,7:23; cfr. anche Id., *De republica*, IV, 7, fr.7).

mento quotidiano a una precisa prospettiva di carattere religioso, e, in specifico, a una delle tre che discendono dalla comune paternità di Abramo.

Sarebbe puerile nascondersi tutte le difficoltà che si incontrano, in primo luogo, nelle società del Nord del mondo opulento e disincantate: un numero crescente di persone si allontana da una spiritualità e da una pratica religiosa che sente, spesso a ragione, tradizionalistiche e lontane dalla vita. D'altra parte non di rado vengono frettolosamente presentati come credenti effettivi essenzialmente i membri di questo o quel movimento "duro e puro", mentre il tessuto di molte comunità territoriali – per esempio le parrocchie cattoliche o protestanti in varie zone europee, ma anche varie comunità ebraiche in Israele e altrove – appare incapace di avere la compattezza e il dinamismo necessari per rispondere in modo umanisticamente religioso alle sfide culturali e sociali del nostro tempo.

Anche solo negli ultimi dieci anni numerose sono state le dimostrazioni di infedeltà concrete ai valori etici e religiosi verbalmente professati. Si pensi, per esempio, alla tragiche vicende di pedofilia e a certe attenzioni anti-evangeliche ai beni economici e ai rapporti finanziari proprie di non pochi esponenti della Chiesa cattolica come anche alle terribili manifestazioni di fanatismo e intolleranza religiosa che hanno fatto centinaia e centinaia di vittime tra i cristiani in varie zone del mondo. Ciononostante milioni e milioni di fedeli, quale che sia il loro stato di vita, hanno dato e continuano a dare testimonianze quotidiane luminose di una fede che si materializza in solidarietà concreta per tante persone nelle difficoltà socioeconomiche e socio-culturali più diverse e nei luoghi geografici più disparati del nostro pianeta. Perché avviene tutto questo? I motivi possono essere molti. La realtà, comunque, è questa: le religioni sono tornate a giocare un ruolo nello spazio pubblico che solo fino a non molto tempo fa sarebbe stato difficilmente immaginabile.

La modernità stessa – almeno in una certa accezione – sembrava escluderlo: l'urbanizzazione stava corrodendo progressivamente gli stili di vita tradizionali, le grandi istituzioni religiose storiche perdevano peso, persino nei paesi islamici le ideologie più alla moda si rifacevano a principii nazionalistici di stampo laico, mentre il consumismo, l'impatto sempre più pervasivo dei media, la trasformazione delle gerarchie e delle priorità nei rapporti generazionali e di genere modificavano fino allo stravolgimento secolari e consolidati equilibri... Eppure, sono stati proprio coloro che avevano a suo tempo registrato l'apparentemente inarrestabile avanzata dell'individualismo, della secolarizzazione e dell'indifferentismo religioso – come il celebre sociologo americano Harvey Cox – a vedersi costretti, nel giro di qualche decennio, a riconoscere l'inatteso e potente "ritorno del sacro". Il XXI secolo si annuncia dunque, almeno in questa sua prima fase, come tempo di un rifiorire di credenze, ma nel quadro di società religiosamente povere. Esse sono esposte al rischio di un effimero bricolage di spiritualità incapace di accettare l'idea stessa di un Dio personale, abili e spregiudicate nel ricorrere a simbologie mutate dalle fedi tradizionali ma per forme e finalità sostanzialmente estranee a esperienze di genuina religiosità.

Comprendere queste dinamiche non significa soltanto descriverle e analizzarle. Ciò comporta anche il delicato compito di immaginare possibili strategie per gestirle, assumersi la responsabilità di mettere in campo energie e iniziative utili a evitare inquietanti derive e capaci di valorizzare le potenzialità insite in una situazione inattesa che, se ci coglie impreparati, ci propone anche salutari provocazioni e appassionanti sfide.

Il vuoto che si è prodotto con la crisi delle grandi ideologie laiche del secolo scorso (non solo nazionalismo e socialismo, ma a quanto parrebbe anche un certo liberalismo, almeno in chiave economica, vista la crisi attuale) non può essere colmato da un ricorso banalizzante alle identità religiose, quasi si tratti di rimpiazzare un prodotto più accattivante ad altri che non sono più di moda. I diritti umani, il rispetto dell'ambiente, la bioetica sembrano imporsi come i nuovi banchi di prova per un'etica universalmente condivisa: pur senza svalutarli, non si può tuttavia accettare che quanto è necessario sia di conseguenza sufficiente. Giustizia e solidarietà vanno costantemente tenute insieme a libertà individuale e autodeterminazione.

Anche chi punta sull'opposta enfatizzazione del comunitarismo, non corre per questo rischi minori. Il gruppo precede il singolo, ma non può fare di se stesso un idolo a cui sacrificare l'inviolabile sacrario della coscienza personale. Idealizzare fino alla mitizzazione un passato irrealistico ma efficace a mobilitare le masse chiude la strada al pensiero critico e lascia il passo a temibili involuzioni fondamentaliste. Intimidire o mettere sotto ricatto la libera scelta di aderire e di condividere, propria di ogni singolo credente, se apparentemente rassicura la comunità, nella sostanza ne compromette la tenuta, snaturandone le fondamenta.

All'opposto, tanto dell'individualismo esasperato quanto del comunitarismo omologante, le grandi tradizioni religiose possono e devono promuovere principii universali che – proprio in quanto tali – sanno rispettare le differenze di un legittimo e salutare pluralismo.

Consapevoli di se stessi, in forza della parte migliore della loro secolare esperienza, i seguaci di tali religioni potranno mettere in campo non la mera retorica delle buone intenzioni, ma efficaci pratiche fondate sulla ragionevole fiducia che l'incontro con l'altro non sia necessariamente una minaccia per qualcuno, ma un'opportunità per tutti.

In questo quadro è parso a noi, studiosi delle tradizioni religiose giudaiche, cristiane e islamiche a partire dai loro testi fondamentali di riferimento, che contribuire a farle conoscere meglio sotto il punto di vista del loro tema forse fondamentale – il significato della fede, del credere – potesse essere utile a vari livelli. Elena Lea Bartolini De Angeli, Paolo Branca e il sottoscritto non sono soltanto docenti universitari di certe discipline.

Siamo anche, da molti anni, insieme al collega e amico Renzo Petraglio, grande esperto di religioni e culture di origine abramitica e animatore culturale in Burundi, organizzatori di occasioni formative nell'ambito del dialogo ecumenico e interreligioso e della riflessione umanistica a partire dalle radici delle culture mediterranee. In questa duplice funzione ci siamo resi conto direttamente di quanto sia importante far conoscere anzitutto le radici delle fedi e culture di cui ci occupiamo.

Proponiamo un metodo di analisi, un approccio di lettura che sia impegnato non a stabilire quale delle tre religioni sia più vera, ma a favorire sia il dialogo non irenico né apologetico tra persone diverse per ispirazione culturale e scelte di vita sia il confronto tra ciascuno e la propria identità culturale e religiosa più profonda. Scopo essenziale è aiutarci e aiutare ad essere sempre più umani.

Se questo nostro saggio, che intende dare ragione, in forma sintetica, dell'importanza esistenziale delle fedi per la ricerca della felicità personale, riuscirà a stimolare lettrici e lettori ad approfondire ulteriormente tutto ciò, guardando a chi è di cultura religiosa diversa con curiosità e simpatia, esso avrà raggiunto il suo obiettivo fondamentale.

Ernesto Borghi

Questo volume collettaneo è una delle iniziative editoriali nate nel quadro dell'attività di due istituzioni culturali di interesse storico-religioso e latamente umanistico.

Una è l'Associazione Biblica Euro-Mediterranea (ABEM – www.abem.it), fondata a Milano il 6 giugno 2012 e impegnata a favorire la conoscenza dei testi del Primo e del Nuovo Testamento nel territorio italiano all'insegna di un vero e proprio "federalismo" biblico. Infatti in varie regioni del nostro Paese si stanno costituendo gruppi di appassionati della lettura biblica, di varia ispirazione culturale, che organizzano iniziative di formazione e divulgazione in campo biblico secondo le esigenze del territorio in cui sono attivi, al di fuori di separazioni tra ambienti ecclesiali e ambienti "laici".

L'altra istituzione è l'Associazione Biblica della Svizzera Italiana (absi – www.absi.ch), fondata a Lugano il 13 gennaio 2003. Il suo scopo costituzionale è favorire la conoscenza culturale ed esistenziale dei testi e valori etici ed estetici della Bibbia sia nell'ambito delle chiese e delle comunità religiose sia in quello del sistema formativo scolastico e universitario e delle istituzioni della società civile nella Svizzera Italiana.

La tradizione ebraica.
Letture bibliche alla luce
della tradizione rabbinica

di Elena Lea Bartolini De Angeli

Così insegna la tradizione ebraica[1]:

Sette qualità hanno valore dinanzi al Trono della Gloria: fede, rettitudine, giustizia, amore, pietà, sincerità e pace.

Come si può notare, fra le sette virtù fondamentali dell'uomo – che nel loro insieme esprimono la perfezione in quanto il numero sette indica il compimento della creazione divina – il primo posto spetta alla fede, considerata infatti come il principio sul quale, in ultima analisi, si fonda la relazione fra l'uomo e Dio. Per ribadire meglio il concetto, nel *Talmud* troviamo la seguente argomentazione[2]:

Seicentotredici precetti furono dati a Mosè, di cui trecentosessantacinque negativi[3], corrispondenti ai giorni dell'anno solare, e duecentoquarantotto positivi corrispondenti al numero delle membra del corpo umano[4]. Venne Davide e li ridusse agli undici che sono indicati nel Salmo 15[5]. Venne Isaia e li ridusse a sei, come è detto: "Colui che

---

[1] *'Avoth de Rabbi Nathan* XXXVII. Si tratta di un trattato apocrifo posteriore alla *Mishnah*, la *Torah* orale codificata attorno al II secolo dell'era cristiana. La *Torah* è l'insegnamento divino rivelato al Sinai sul quale torneremo nel corso del lavoro.

[2] *Talmud Babilonese, Makkot* 24a. Il *Talmud* raccoglie le discussioni sulla *Mishnah*. Dalla radice *l-m-d*, "studiare", significa "studio"; si è fissato in forma scritta fra il V e il VI secolo dell'era cristiana secondo una duplice redazione: palestinese e babilonese.

[3] Sono i precetti che vietano di fare qualcosa.

[4] Sono i precetti che "comandano" di fare qualcosa. Il riferimento alle membra del corpo umano è simbolico.

[5] Così recita il Salmo in questione: «Salmo di Davide. O Signore, chi potrà soggiornare nella Tua tenda? Chi potrà abitare sul Tuo sacro monte? Chi si comporta onestamente, chi agisce secondo giustizia e dice la verità che pensa in cuor suo. Chi non usa la sua lingua per

cammina rettamente, e parla lealmente, che disprezza il guadagno acquistato coll'oppressione, che scuote le mani per non accettare un dono illecito, che si tura gli orecchi per non sentir parlare di sangue, e chiude gli occhi per non vedere il male" (Is 33,15). Venne Michea e li ridusse a tre, com'è scritto: "Che cosa il Signore domanda a te se non di praticare la giustizia, amare la pietà e procedere umilmente col tuo Dio?" (Mi 6,8). Isaia in seguito li ridusse a due, com'è detto: "Così dice il Signore: osservate il diritto e praticate la giustizia" (Is 56,1). Ultimo venne Habakuk, e li ridusse a uno, come è detto: "Il giusto vivrà della sua fede" (Ab 2,4).

In questo modo la tradizione rabbinica pone l'accento sul legame fra fede e prassi religiosa alla luce dei precetti: la fede viene infatti compresa come risposta attiva a una rivelazione che orienta e disciplina ogni aspetto della vita, per questo «il giusto vivrà della sua fede».

Cerchiamo quindi di comprendere cosa significa "aver fede" nella tradizione ebraica a partire dalla *Torah*, l'insegnamento divino rivelato al Sinai[6], sul quale si fonda tutta la tradizione che, dai tempi biblici fino ad oggi, non ha mai smesso di interrogarsi su cosa significa "credere" di fronte alle sfide di ogni epoca, nell'orizzonte di una multiformità che nasce innanzitutto dal fatto che nell'ebraismo esiste un solo dogma: Dio ha parlato, si è rivelato, ma su cosa ha detto si discute perché la *Torah* non è più in cielo (cfr. Dt 30,12), è stata data agli uomini. Da qui il famoso detto: "dove ci sono due ebrei ci sono almeno tre idee diverse", che si

---

calunniare, chi non fa del male al suo prossimo e non offende il suo compagno. Colui i cui occhi detestano il malvagio mentre onora e rispetta coloro che temono il Signore, e anche se ha giurato a proprio danno non cambia la sua parola. Chi non presta il suo denaro a interesse e non si fa corrompere per danneggiare un innocente. Chi si comporta così non vacillerà mai».

[6] Preferisco evitare di tradurre *Torah* con "Legge", in quanto tale termine in occidente ha un orizzonte semantico prevalentemente giuridico, mentre in ebraico *Torah* deriva da una configurazione della radice verbale *j-r-h* che comprende i significati di "guidare, insegnare, gettare qualcosa verso un obiettivo", rimandando pertanto ad un significato che – pur comprendendo indicazioni e norme – è più vicino all'idea di qualcosa che indica la strada da percorrere accompagnando nel cammino. È significativo al riguardo il fatto che la tradizione ebraica consideri la *Torah* il "patto di nozze" fra Dio e il suo popolo liberato dall'Egitto. In senso stretto con il termine *Torah* si indica il Pentateuco, in senso più ampio si possono designare tutto il canone biblico ebraico e la tradizione orale.

coniuga con l'esigenza di testimoniare il proprio senso di appartenenza secondo modalità che si diversificano sia in relazione alle tradizioni dell'area geografica di provenienza[7] che al grado di osservanza: ci si può dire ebrei in molti modi, non esiste un "modello" generalizzabile, pertanto l'ebraismo è sempre l'ebraismo di qualcuno[8]. Inoltre, dal punto di vista ebraico, le opinioni diverse e il confronto dialettico sono un valore: il modo di procedere semitico non ama utilizzare il principio aristotelico di non contraddizione, in quanto vede nelle antinomie un criterio di intelligibilità; tutti i punti di vista, anche se contraddittori, contribuiscono a svelare un aspetto della verità, un suo frammento; per questo vanno conservati, come succede nel *Talmud* dove le opinioni dei maestri possono essere divergenti.

In questa sede, che non pretende di affrontare il tema in maniera esaustiva, si privilegiano alcuni aspetti particolarmente significativi desumibili dalle fonti rabbiniche che commentano la Scrittura e da alcune voci ritenute autorevoli dalla tradizione, facendo qualche fugace accenno anche alla riflessione dopo la *Sho'ah* che tuttavia non viene affrontata in maniera puntuale, in quanto si ritiene sia più nota rispetto alla letteratura rabbinica scarsamente disponibile in traduzione italiana.

Per aiutare il lettore – non necessariamente "addetto ai lavori" – a orientarsi nel multiforme orizzonte culturale ebraico, verrà di volta in volta precisata qualche chiave di lettura che aiuti a individuare la prospettiva dalla quale i brani biblici proposti vengono commentati; lo stesso vale per la tipologia delle fonti prese in considerazione e la loro datazione, in modo da poterne comprendere

---

[7] In linea molto generale si distingue fra due grandi gruppi: gli ashkenaziti, discendenti dagli ebrei di origine mitteleuropea, originariamente insediatisi in Germania e poi diffusisi nell'Europa orientale, in Russia e, in tempi diversi, in Francia, Italia, America e Israele; i sefarditi, discendenti dagli ebrei che abitavano la penisola iberica prima dell'espulsione del 1492, che successivamente si sono insediati in Nord Africa, Italia, Egitto, Palestina, Siria e Balcani. Pur mantenendo la stessa fede, le comunità hanno diversificato il proprio modo di aderire alla tradizione e di interpretare alcuni aspetti sia della precettistica che della liturgia a seconda delle diverse aree geografiche di appartenenza.

[8] Cfr. R. Fontana, in D. Hartman, *Sub specie humanitatis. Elogio della diversità religiosa*, Aliberti editore, Reggio Emilia 2004, presentazione, III.

l'autorev lezza e da poterle collocare nel tempo facendosi un'idea di quanto siano o meno coeve alle fonti cristiane. L'obiettivo è quello di favorire – seppur nel rispetto delle differenze – il riconoscimento di un patrimonio di fede comune sul quale si innesta anche parte della riflessione islamica.

1. "Rimanere saldi" in Dio

La radice verbale principale con cui nella Scrittura si esprime la dinamica dell'"aver fede" è la radice '-m-n, a partire dalla quale si configurano i sostantivi: 'amen, "è certo/valido", 'emunah, "fede/fiducia" ed 'emet, "verità" nelle loro possibili diverse declinazioni. La frequenza rilevabile in tutto il canone è di trecentotrenta ricorrenze, di cui cinquantuno nella Torah. Delle rimanenti la percentuale maggiore si trova nei libri profetici – in particolare in quelli di Isaia e Geremia – e nei Salmi[9].

La radice verbale '-m-n, che si configura prevalentemente nella forma riflessiva e causativa, esprime il significato di "stabilità" derivante dal "fondarsi" su qualcosa che garantisce "saldezza" in quanto correlato a una "verità". In tale orizzonte si collocano anche i significati di "essere fedele", quindi "affidabile", e "degno di fiducia" poiché "veritiero"[10]. In questo senso "affidabile" per eccellenza è JHWH[11] fedele alle sue promesse, come ben espresso e testimoniato nella Torah:

> Tu conoscerai dunque che JHWH tuo Dio Egli solo è Iddio, il Dio fedele (ne'eman) che mantiene il Suo patto e la sua misericordia nei confronti di coloro che Lo amano e osservano i suoi precetti fino alla millesima generazione (Dt 7,9).

"Rimanere saldi" in Lui significa innanzitutto credere nel "patto", nella berit, stipulato con Abramo (cfr. Gen 12,1-3) e osservare i Suoi

---

[9] Cfr. H. Wildberger, 'mn, in E. Jenni – C. Westerman, *Dizionario Teologico dell'Antico Testamento* (= DTAT), tr. it., Marietti, Torino 1978, I, col. 155-183.

[10] Cfr. H. Wildberger, 'mn, in DTAT, I, coll. 161-169.

[11] JHWH è il Tetragramma divino che corrisponde al Nome proprio impronunciabile del Dio di Israele. Non lo si vocalizza e non lo si pronunzia per rispettarne la trascendenza.

insegnamenti rivelati. L'uomo che ha fede è quindi l'uomo "giusto", che ama Dio perché si fida di Lui e cammina alla luce dei precetti. Un esempio significativo riguardo la fiducia nella fedeltà di JHWH alle sue promesse lo troviamo proprio in riferimento ad Abramo al capitolo quindicesimo della Genesi.

(a) Abramo "rimase saldo" in JHWH che glielo ascrisse come "giustezza"

Il brano, molto noto, testimonia i ragionevoli dubbi di Abramo che, oramai avanti negli anni e con una moglie sterile, discute con Dio manifestando le sue perplessità circa l'effettiva realizzabilità delle promesse e – in particolare – circa la possibilità di una discendenza:

> La parola di JHWH fu rivolta ad Abramo in visione (*bamachazeh*) dicendo: "Non temere Abramo, Io sono per te uno scudo, la tua ricompensa è molto grande". Abramo rispose: "Signore Dio, che cosa mi darai? Io sono solo; amministratore della mia casa è Eli'ezer damasceno". Poi soggiunse: "Non mi hai dato discendenza; il mio domestico sarà il mio erede". Il Signore gli replicò subito: "Il tuo erede non sarà lui; ti erediterà uno che uscirà dalle tue viscere". Lo fece poi uscire all'aperto e gli disse: "Orsù, guarda (*habet-na'*) verso il cielo e conta le stelle, se puoi contarle". E soggiunse: "Così numerosa sarà la tua discendenza". Egli rimase saldo (*wehe'emin*) in JHWH che glielo ascrisse come atteggiamento di un giusto (*tzedaqah*) (Gen 15,1-6).

L'orizzonte nel quale avviene questo particolare dialogo, per molti aspetti audace, è quello della teofania: l'espressione ebraica utilizzata, *bamachazeh*, è una configurazione della radice verbale *ch-z-h* che si connota per un chiaro riferimento alla profezia in quanto introduce solitamente la relazione profetica di una visione (cfr. Am 7,1.4.7; Is 6,1; Ger 4,23ss.; Ez 1,4; 2,9; 12,27)[12]. Dopo un primo manifestarsi di JHWH nei confronti di Abramo, la narrazione ci propone la replica del patriarca alla quale fa seguito la risposta divina accompagnata dal segno delle stelle.

Come rileva André Neher nel suo saggio *L'esilio della Parola*, è con Abramo che, nella Bibbia, il dialogo prende forma in maniera signi-

---

[12] Cfr. D. Vetter, *chzh*, in DTAT, I, coll. 462-466.

ficativa: egli si rivolge alla moglie Sara dandole del "tu" (Gen 12,11),
così come dà del "tu" a Lot (Gen 13,8), agganciando pertanto il dialogo orizzontale all'accordo coniugale e alla concordia fraterna. Per
quanto riguarda invece quello verticale egli, inizialmente, risponde
all'interlocuzione divina con una domanda: «Che cosa mi darai?»
e, poiché Dio entra nel gioco, riprende il dialogo in modo decisivo
(ma)nifestandoGli i suoi ragionevoli dubbi (cfr. Gen 15,3-8)[13]. Egli
fa infatti notare al Signore che, non essendoci una sua discendenza,
il suo erede sarà il suo servitore, quindi un estraneo alla sua famiglia
(cfr. Gen 15,2-3), pertanto è necessario un intervento divino chiari-
ficatore che possa aiutare a leggere in positivo una storia che appare
perdente.

Nei vv. 4-6 il dialogo si fa particolarmente significativo, sia per
quanto riguarda il modo di agire di Dio di fronte alla domanda provocatoria: «Che cosa mi darai?», che per quanto concerne l'atteggiamento di Abramo nei confronti di ciò che "vede" nella risposta
divina che diventa per lui evento. Innanzitutto JHWH precisa ad
Abramo che il suo erede sarà qualcuno che "uscirà" dalle sue viscere, e poi "fa uscire" il patriarca stesso all'aperto per mostrargli un segno. In entrambi i casi il verbo utilizzato per indicare l'azione dell'u-
scire è ricavato dalla radice *j-tz-'*, la quale esprime anche i significati
di "venir fuori, spuntare, separare".

Se "l'uscire" dell'erede è evidentemente connesso al suo discen-
dere dalla stirpe di Abramo, "l'uscire invece" di quest'ultimo all'a-
perto sembrerebbe rimandare a un duplice piano di lettura: è sicuramente un "andare fuori" in senso spaziale per vedere qualcosa che
sta all'esterno (il cielo), ma è anche un "uscire" dal proprio punto di
vista per riconsiderare la situazione alla luce di un "segno" indicato
da Dio (le stelle). Tutto ciò accompagnato dall'indicazione di "sollevare lo sguardo" secondo il senso letterale dell'espressione esorta-
tiva: "orsù, guarda (*habet-na'*) verso il cielo", nella quale il narratore
ha scelto di utilizzare una configurazione della radice *n-b-t* anziché
della radice *r-h-'* solitamente utilizzata in contesti simili. È quindi
opportuno domandarsi se tale scelta sia o meno motivata dalla necessità di sottolineare un particolare senso del testo. A tale proposi-

---

[13] A. Neher, *L'esilio della Parola*, Casale Monferrato (AL) 1983, pp. 124-126.

to è possibile prendere in considerazione il modo con cui la radice *n-b-t* è utilizzata nel libro di Isaia, in particolare nei seguenti versetti:

> Poiché così mi ha detto JHWH: "Starò tranquillo e guarderò/osserverò (*'abitah*) dalla mia dimora, come il calore chiaro alla luce del sole, come una nube di rugiada al calore della mietitura" (Is 18,4).

> [Tu, JHWH] guarda (*habet*) dal cielo e vedi dalla dimora della Tua santità e del Tuo splendore (Is 63,15).

Come si può notare, nel contesto profetico dei passi di Isaia presi in considerazione, la radice *n-b-t* – configurata nelle espressioni *'abitah*, "guarderò/osserverò" e *habet*, "guarda" – è utilizzata per indicare il "guardare" dal cielo da parte di JHWH verso gli uomini, espressione che ritroviamo anche nei Salmi (es.: Sal 33,13 e 80,15), e comunque sempre in contesti in cui il "guardare" è – direttamente o indirettamente – messo in relazione a dei segni sottolineandone il loro valore. È possibile pertanto ipotizzare che in Gen 15,5 il narratore abbia scelto di utilizzare un linguaggio che, per analogia, potesse rimandare a un orizzonte profetico capace di richiamare in qualche modo il punto di vista di Dio sulla storia di Abramo.

Su questa linea è il *midrash* rabbinico sulla Genesi[14], che così commenta il versetto in questione[15]:

> "E [JHWH] lo fece uscire fuori" (Gen 15,5). Rabbi Jehoshua in nome di Rabbi Lewi [chiede]: l'ha forse fatto uscire dal mondo,

---

[14] Si tratta del *Bereshit Rabbah*, il commento rabbinico alla Genesi redatto attorno al V secolo dell'era cristiana. Per ulteriori approfondimenti al riguardo si rimanda a: G. Stemberger, *Introduzione al Talmud e al midrash*, Città Nuova, Roma 1995, pp. 384-395. Per *midrash* (dalla radice verbale ebraica *d-r-sh*, "cercare, investigare") si intende un approccio volto ad individuare – secondo le regole fissate dalla tradizione – le possibili relazioni analogiche interne al canone biblico a partire dal suo senso letterale. Tale approccio è stato ripreso anche dalla patristica cristiana laddove ha ribadito che "la Scrittura si interpreta con la Scrittura", in altri termini: la Bibbia è l'ermeneuta di se stessa. Per ulteriori approfondimenti al riguardo, oltre all'opera sopracitata, si rimanda a: A Luzzatto, *Leggere il midrash*, Morcelliana, Brescia 1999; M. Morfino, *Leggere la Bibbia con la vita*, Qiqajon, Magnano (VC) 1990; G. Stemberger, *Ermeneutica ebraica della Bibbia*, Paideia, Brescia 2000; *Il midrash*, EDB, Bologna 1992; M. Ventura Avanzinelli, *Fare le orecchie alla Torà*, Giuntina, Firenze 2004.

[15] *Bereshit Rabbah* XLIV, 12.

come è detto: "Lo fece uscire fuori"? Ma gli ha fatto vedere le vie del cielo, come tu dici: "Quando ancora non aveva fatto terra e campi/ cieli (*chutzot*)[16]" (Pr 8,26). Rabbi Jehudah in nome di Rabbi Simon a nome di Rabbi Jochanan [disse]: lo fece salire al di sopra della volta celeste, poiché gli disse: "Guarda [orsù verso il cielo", e non si guarda] se non dall'alto verso il basso. I nostri maestri hanno detto: tu sei un profeta e non sei un astrologo, come è scritto: "Ed ora fa tornare/ restituisci la moglie di quell'uomo, perché è un profeta" (Gen 20,7). Nei giorni di Geremia Israele cercava di andare verso questa credenza[17], ma il Santo – Egli sia "benedetto" – non lo permise, come è detto: "Così dice il Signore: non imparate le vie delle genti e non abbiate paura dei segni del cielo" (Ger 10,2). Già vostro padre Abramo cercava di andare verso questa misura/credenza e non gliel'ho permesso.

L'argomentazione midrashica tenta di dimostrare che l'esortazione divina: "orsù, guarda verso il cielo" è da intendersi nel senso di un guardare "dall'alto verso il basso", quindi dalla direzione esattamente opposta rispetto a quella indicata dal senso letterale della narrazione, che tuttavia parrebbe rimandare a un punto di vista di Dio che "guarda dal cielo" attraverso l'utilizzo della radice *n-b-t*. Ma come può Abramo mettersi nella stessa prospettiva di JHWH guardando dallo stesso punto di osservazione?

L'interpretazione proposta si basa sulla comune radice di derivazione dei termini *chutzah*, "fuori" (cfr. Gen 15,5), e *chutzot*, "campi" intesi invece come "cieli" (cfr. Prv 8,26), in riferimento alla quale si stabilisce una analogia che permette di interpretare il fatto che Dio "fa uscire fuori" Abramo come un "uscire dal mondo" per poter "guardare" dall'alto verso il basso, quindi dallo stesso punto di vista di JHWH, riconsiderando la propria situazione da una prospettiva profetica.

Per rafforzare l'argomentazione, il *midrash* insiste sul rapporto fra Abramo e la profezia stabilendo implicitamente una relazione con l'invito a osservare le stelle, che anche a occhio nudo colpiscono per la loro numerosità, le quali sono paragonate a

---

[16] Il termine ebraico utilizzato, *chutzot*, può essere inteso in entrambi i significati.
[17] È riferito all'astrologia.

una discendenza altrettanto numerosa (cfr. Gen 15,5), segno che "guardando verso il cielo" secondo la dinamica "dall'alto verso il basso" sopradescritta deve essere interpretato in senso profetico e non astrologico. Un nomade come Abramo sicuramente sapeva interpretare la posizione in cielo delle stelle per orientarsi di notte, così come probabilmente aveva conoscenze di astrologia che il commento rabbinico presuppone per contrapporle al suo essere – o dover essere – invece profeta: «Tu sei un profeta e non sei un astrologo», poiché la profezia in lui è riconoscibile (cfr. Gen 20,7) e l'astrologia gli è stata vietata da Dio (cfr. Ger 10,2). Secondo alcuni commenti ripresi da Rashi, l'astrologia aveva portato Abramo a valutazioni discutibili nella lettura della propria storia[18]:

"Lo fece uscire fuori" (Gen 15,5). Secondo il senso letterale: lo fece uscire fuori dalla sua tenda per vedere le stelle, e secondo il *midrash*[19]: [Dio] gli disse: esci dalla tua astrologia, poiché hai visto nelle costellazioni/nel tuo destino (*mezalot*)[20] che non potrai avere un figlio.

Tutto dipende quindi da come Abramo "guarda" il cielo e da ciò che a partire da tale sguardo riesce a cogliere, riuscendo quindi a "uscire" da una prospettiva solo astrologica per collocarsi invece nell'orizzonte di una visione profetica, cioè dalla parte di Dio.

Non a caso infatti è proprio in conseguenza al segno che viene mostrato al patriarca, invitato a "guardare verso il cielo", che il medesimo rimane "saldo/fiducioso in JHWH" (Gen 15,6). La radice '-m-n utilizzata per esprimere tale atteggiamento mostra pertanto la sicurezza riposta in JHWH – riconosciuto credibile e degno di fiducia – e nei suoi segni[21] nonostante le "apparenze" inducano ra-

[18] Rashi di Troyes, *Commento alla Genesi*, Marietti, Casale M. (AL) 1985, p. 106. Rashi, il cui nome completo è Rabbi Shelomoh ben Yitzchaq, è un famoso commentatore ebreo medioevale, punto di riferimento importante per la tradizione.

[19] Rashi fa riferimento a: *Bereshit Rabbah* XLIV, 12; *Talmud Babilonese, Shabbat* 156a e *Nedarim* 32a. Cfr. *Torah con Rashi*, Varsavia, 1900, p. 57.

[20] Il termine *mazal*, qui configurato al plurale *mezalot*, comprende sia il significato di "costellazione" che quello di "destino".

[21] Una configurazione della stessa radice è utilizzata nel libro dell'Esodo per descrivere la fiducia in JHWH del popolo di Israele dopo il passaggio del Mar Rosso:

gionevolmente a dubitare, atteggiamento che il Signore ascrive ad Abramo come "atto di giustizia" reso nel testo ebraico con il termine *tzedaqah*, che sarebbe meglio definire "giustezza"[22] in quanto va intesa come "atteggiamento di un giusto", permettendo così di tradurre: «Egli rimase saldo/fiducioso in JHWH che glielo ascrisse come atteggiamento di un giusto». L'atteggiamento di fede di cui si parla non è la convinzione in ordine a dogmi, che di fatto non c'erano, bensì la fiducia nella parola, nella promessa di qualcuno, in questo caso di JHWH[23], di cui Abramo si fida anche quando le sue richieste sembrerebbero contraddire la promessa stessa.

Si può cogliere la radicalità di tale atteggiamento se si confronta questo passo biblico con il capitolo ventidue della Genesi ove viene narrata la prova della *'aqedah*, la "legatura"[24] – o più precisamente la "messa in ceppi di Isacco" – attraverso la quale JHWH riconosce la fede e il timore del patriarca verso di Lui. Tale riconoscimento diventa inoltre condizione fondamentale per la mediazione universale della salvezza e, in particolare, del perdono divino.

(b) La "saldezza" in JHWH di Abramo diventa "garanzia" di salvezza in prospettiva universale

Secondo la tradizione rabbinica, la richiesta che JHWH fa ad Abramo nel capitolo ventidue della Genesi è la più importante fra le dieci prove alle quali avrebbe sottoposto il patriarca[25], volte tutte a mostrare la grandezza della sua fede, del suo amore e del suo timore per il Signore. Da un punto di vista narrativo è interessante rilevare il fatto

---

«Riconobbe Israele la mano grande/potente che aveva fatto/dispiegato JHWH sull'Egitto, e il popolo ebbe timore di JHWH, e rimasero saldi/fiduciosi in JHWH e in Mosè Suo servo» (Es 14,31).

[22] Il sostantivo *tzedaqah*, che deriva da una configurazione della radice *tz-d-q*, "essere giusto", può essere inteso sia come "giustizia" che come "giustezza", cioè capacità di compiere "atti di giustizia" e quindi "di merito". Cfr. K. Koch, *tz-d-q*, in DTAT, II, coll. 456-477.

[23] Cfr. D. Lattes, *Nuovo commento alla Torah*, Roma, [1986], p. 37.

[24] Nella tradizione ebraica questo episodio viene ricordato come "legatura" di Isacco in riferimento a quanto precisato nel versetto nove: «Giunto al luogo che Dio gli aveva detto, Abramo vi costruì un altare, preparò la legna, legò il figlio Isacco e lo mise sull'altare sopra la legna» (Gen 22,9).

[25] Cfr. *Mishnah*, *'Avoth* V,3; L. Ginzberg, *Le leggende degli ebrei*, II, Adelphi, Milano 1997, p. 43.

che, proprio in questa pericope, è presente una particolare esortazione divina che compare solo due volte nella *Torah* e solo in riferimento ad Abramo: si tratta dell'imperativo *lekh-lekha*, traducibile come "va a te" o "va per te", con cui JHWH lo interpella sia manifestandogli il Suo progetto di alleanza, il Suo "patto" (cfr. Gen 12,1), che mettendolo alla prova con la "legatura" di Isacco (cfr. Gen 22,2):

> Manifestò questo progetto JHWH ad Abramo: "Va a te/va per te (*lekh-lekha*), dalla tua terra, dal tuo parentado, dalla casa di tuo padre verso la terra che ti farò vedere" (Gen 12,1).

> Il Signore mise alla prova Abramo, lo chiamò: "Abramo!", ed egli rispose: "Eccomi qui". E disse [il Signore]: "Prendi il tuo figlio, il tuo unico figlio Isacco che ami, e va a te/va per te (*lekh-lekha*) verso la terra di Moria e là offrilo in olocausto su uno dei monti che ti dirò" (Gen 22,1-2).

Siamo decisamente di fronte a una esortazione divina singolare, che non va considerata in senso strettamente letterale ma in prospettiva teologica: Abramo è un nomade, pertanto è abituato a "partire", ad "andare" verso nuove mete; la "partenza" di cui qui si parla riguarda quindi più probabilmente un atteggiamento interiore, dove "l'andare verso sé" o "per sé" è relativo ai suoi progetti che la chiamata divina rimette in discussione e riorienta in una prospettiva diversa. In altri termini: Abramo è esortato ad andare "verso sé", "per sé" per scoprire il progetto divino che lo coinvolge da protagonista, nell'ambito del quale ha un ruolo determinante in rapporto a «tutte le famiglie della terra» chiamate a «benedirsi in lui» (cfr. Gen 12,3). Chiamata e prova sono pertanto caratterizzate da un'esortazione divina che non solo le mette in rapporto da un punto di vista narrativo, ma rimanda ad una rete di relazioni significative nell'orizzonte dell'alleanza fra Dio e gli uomini, che sono strettamente connesse alla possibilità di ricevere una "benedizione divina" mediata da Abramo e dalla sua discendenza. Andando "verso sé" e "per sé" Abramo diventa fonte di benedizione per le genti. Per questo il suo rimanere saldo in JHWH diventa determinante[26].

---

[26] Per un approfondimento dell'esortazione *lekh-lekha* nel ciclo di Abramo si rimanda

La narrazione, che si conclude con il sacrificio non compiuto di Isacco come segno che JHWH non vuole sacrifici umani[27] in quanto è il Dio della vita, sottolinea che la fede di Abramo si esprime anche nel "timore":

> Un angelo dal cielo lo chiamò: "Abramo, Abramo!". Egli rispose: "Sono qui". E disse: "Non mettere la mano addosso al ragazzo, non fargli nulla, perché (*ki*) ora so che temi Dio, poiché (*ki*) non mi hai negato il tuo unico figlio" (Gen 22,11-12).

Nel testo originale in ebraico, la ripetizione della preposizione *ki* – traducibile in italiano come "perché" e "poiché" – sottolinea la dimensione causale dell'affermazione, che va intesa nel senso di "perché so/conosco a causa del fatto che sei timorato del Signore", e che Rashi nel suo commento alla Genesi, riprendendo *midrashim* tradizionali, spiega in questo modo[28]:

> D'ora in poi [Io, JHWH] ho qualcosa per/so cosa rispondere a Satana e alle Nazioni che mi domandavano con stupore perché avessi tanto amore per te. Adesso ho una risposta, perché essi vedono che tu [Abramo] temi Dio[29].

Il timore al quale si fa riferimento non è paura, bensì riconoscimento dell'alterità divina, di una trascendenza che non sempre è immediatamente comprensibile per l'uomo. Ciò che JHWH ha chiesto, cioè la disponibilità a "sacrificare" il "figlio della promessa", è umanamente incomprensibile in quanto rimette in discussione la promessa stessa e la sua realizzabilità: è illogico che Dio chieda di "sacrificare" Isacco, che è stato miracolosamente concepito nel

---

a: E. L. Bartolini De Angeli, *Per leggere Genesi 12,1-4a*, in "Parola & parole" 10 (2012/19) pp. 11-25.

[27] Che invece erano molto diffusi fra i culti cananaici coevi ad Abramo il quale, molto probabilmente, si era posto il problema se praticarli o meno anche nei confronti di JHWH.

[28] Rashi di Troyes, *Commento alla Genesi*, p. 174.

[29] Si fa qui riferimento ad alcuni commenti midrashici nei quale Abramo viene accusato da Satana di non aver offerto sacrifici a Dio in occasione del banchetto per lo svezzamento di Isacco (cfr. Gen 21,8). Cfr. *Bereshit Rabbah* LV,4; *Talmud Babilonese, Sanhedrin* 89b.

grembo di Sara per opera Sua nella prospettiva di una discendenza che possa garantire nello svolgersi del tempo la mediazione della "benedizione" divina per le genti.

Tuttavia Abramo "rimane saldo" in JHWH, continua a riporre la sua fiducia in Lui accettando la prova, nella consapevolezza dell'imperscrutabilità dei disegni divini, ma anche nella speranza che Dio possa "provvedere" in maniera diversa dalle apparenze discutibili. Nella narrazione troviamo infatti un'espressione significativa al riguardo proprio nella risposta che il patriarca fornisce ad Isacco che, ragionevolmente, chiede ragione riguardo l'olocausto da offrire:

> Isacco rivolto al padre disse: "Babbo", ed egli: "Eccomi qui, figlio mio". E questi: "Qui c'è il fuoco e la legna, ma l'agnello per l'olocausto dov'è?". Rispose Abramo: "Figlio mio, Dio provvederà l'agnello per l'olocausto". E proseguirono tutti e due insieme il cammino (Gen 22,7-8).

Abramo non sa ancora in che modo «Dio provvederà», tuttavia si fida della Sua fedeltà alla "promessa", alla "parola data", e quindi continua il suo cammino con Isacco verso il Moria. Come attesta il racconto, Dio provvede sia impedendo ad Abramo di sacrificare Isacco che facendogli trovare un montone con le corna impigliate in un cespuglio da offrire al suo posto (cfr. Gen 22,13), e questo spinge il patriarca a legare tale evento a quel particolare luogo dandogli un nome evocativo per le generazioni successive:

> Abramo dette nome a quel luogo: JHWH *jir'eh*, "il Signore provvede/provvederà[30]", perciò oggi si dice: sul Monte JHWH provvede (Gen 22,14).

Il Monte di cui si parla è il Monte Moria, famoso nell'antichità come luogo per i sacrifici umani, che dopo la prova della "legatura" di Isacco diventa invece il Monte della "provvidenza divina". Secondo la tradizione, la prima parte del nome di Gerusalemme, in ebraico *Jerushalajim*, deriverebbe proprio dall'espressione *JHWH*

---

[30] La forma verbale all'imperfetto, con cui si esprimono le azioni incompiute, e quindi ancora in atto nel tempo, comprende sia il presente che il futuro.

jir'eh, "il Signore provvede"[31] con cui Abramo denomina un luogo dal quale "esce un insegnamento per il mondo"[32]. Inoltre Dio stesso conferma che proprio per la fede e il timore di Abramo dimostrati nel medesimo è assicurata la "benedizione" per le genti:

> Giuro per Me stesso, parola di JHWH, che essendoti così comportato e non avendomi negato il tuo unico figlio, ti benedirò, renderò numerosa la tua discendenza come le stelle del cielo e come la sabbia che è sulla riva del mare, i tuoi discendenti possederanno le città dei loro nemici, e nella tua stirpe saranno benedetti tutti i popoli della terra, poiché hai ascoltato (*sham'ata*) la Mia parola (Gen 22,16-18).

Come si può notare, il "rimanere saldo" in JHWH di Abramo e il suo "timore" creaturale di fronte alla trascendenza divina, vengono qui messi in relazione alla sua capacità di "ascoltare" la parola del Signore, atteggiamento espresso con una configurazione della radice verbale *sh-m-'* da cui deriva anche l'espressione *shema'*, "ascolta", con cui si designa la professione di fede ebraica fissata dalla tradizione sulla quale ritorneremo più avanti.

Per il momento ci soffermiamo, seppur brevemente, sull'orizzonte universale della "benedizione" che, grazie alla fede di Abramo, può raggiungere "tutti i popoli della terra" attraverso la sua discendenza. Si tratta di una dinamica che implica una relazione fra il popolo di Israele e le genti, nell'ambito della quale l'obiettivo non è cambiare appartenenza ma entrare in rapporto riconoscendo che l'universale "benedizione" divina "passa" attraverso questo popolo che JHWH ha scelto (cfr. Es 19,5-6)[33], e tutto questo trova un momento particolarmente significativo nell'ambito della liturgia di *Rosh haShanah*, il "Capodanno religioso" ebraico, e di *Kippur*, il "Giorno del perdono", dell'espiazione dei peccati che segue a dieci giorni di distanza.

---

[31] La spiegazione è basata sull'assonanza in ebraico fra l'espressione *jir'eh*, "provvede" e *Jeru*, la prima parte di *Jerushalajim*, "Gerusalemme". Per un approfondimento di questo aspetto si rimanda a: E.L. Bartolini, *Per amore di Tzion. Gerusalemme nella tradizione ebraica*, Effatà, Cantalupa (TO) 2005, pp. 18-21.

[32] Cfr. *Bereshit Rabbah* LV, 7.

[33] Anche per l'approfondimento di questo aspetto si rimanda a: E. L. Bartolini De Angeli, *Per leggere Genesi 12,1-4a*, in "Parola & parole", pp. 19-25.

In quest'occasione la tradizione insegna che Dio può perdonare i peccati del popolo di Israele e dell'umanità proprio a causa della "saldezza in Lui" e del "timore" dimostrati da Abramo durante la prova della "legatura" di Isacco. Durante le feste infatti, e in particolare durante *Rosh haShanah* e *Kippur*, la stirpe di Abramo "rappresenta" davanti a Dio tutta l'umanità[34] pertanto, attraverso la *teshuvah*, il "ritorno a Dio" che implica dei segni visibili di conversione, il popolo di Israele diventa "canale di salvezza" per le genti "garantita" dai "meriti" di Abramo, dal suo esser rimasto "saldo" in JHWH anche durante la prova. C'è un momento particolarmente significativo della liturgia di *Rosh haShanah*, durante la quale si canta una poesia religiosa[35] ripresa anche nei riti finali di *Kippur*, la quale ripercorre gli eventi legati al Moria intercalandoli con la seguente invocazione a Dio[36]:

(Di grazia) in questo momento (giorno) del giudizio (prova) ricorda (deh!) a mio favore[37]: il sacrificatore (colui che lega/inceppa), la vittima (chi si è fatto legare/inceppare), e l'altare.

Le diverse configurazioni della radice *'-q-d*, "legare, inceppare", designano colui che "lega/inceppa" – Abramo – e chi si è fatto "legare/inceppare" – Isacco – sull'altare. In questa narrazione, che ripropone il testo biblico secondo la sua interpretazione midrashica, si sottolinea il ruolo attivo di Isacco che accetta la prova assieme ad Abramo[38]:

Mi sento agitato (turbato) alla vista del coltello, ebbene rendilo ben affilato, o padre mio, stringi le legature (rafforza la mia legatura), quando poi il fuoco avrà distrutta la mia carne, raccogli le ceneri del mio cada-

---

[34] Cfr. J.J. Petuchowski, *Le feste del Signore*, Ed. Dehoniane, Napoli 1987, pp. 77-78.

[35] Autore è Jehuda Samuel Abbas, nato a Fez circa nel 1080. Pare che egli sia stato il primo poeta a comporre cantici endecasillabici, con due semivocali in mezzo, metro poi utilizzato largamente dai poeti in Italia. Nella letteratura poetica si accenna ad un "Abbasìmetro", che è precisamente il suddetto.

[36] *Rosh ha-Shanah – Preghiere della festa di Capodanno*, a cura di D. Disegni, Ad uso della Comunità Israelitica di Torino, Torino 5718/1957, p. 73. La traduzione è quella proposta dal curatore, mie le rettifiche fra parentesi tonde.

[37] La precisazione "a mio favore" nel testo ebraico non compare esplicitamente, tuttavia è sottintesa a tutto il contesto liturgico.

[38] *Rosh ha-Shanah – Preghiere della festa di Capodanno*, p. 74. La traduzione è quella proposta dal curatore, mie le rettifiche fra parentesi tonde.

vere (prendi con te ciò che resta della mia cenere), recale a Sara dicendole: ecco gli avanzi di Isacco. Ricorda ... (colui che inceppa ...).

Tutti gli angeli del carro celeste si commossero, allora gli Offanim e i Serafini pregarono Dio[39] (domandarono nella preghiera), supplicarono il Signore, perché preservasse (a favore di) quel giusto (principe delle schiere), dicendo: accetta un riscatto per la sua vita, deh! Non rimanga privo il mondo di un tal luminare. Ricorda ... (colui che inceppa ...).

Il Signore del Cielo disse allora ad Abramo: non stendere la mano sopra uno dei tre patriarchi (efraimiti)[40], e voi angeli, ministri, mettetevi (tornate) in pace, questo avvenimento (questo giorno) avrà ripercussioni benefiche per i figli di Gerusalemme, sì, in questo giorno i peccati dei figli di Giacobbe Io perdonerò. Ricorda ... (colui che inceppa ...).

La poesia liturgica, rifacendosi a noti *midrashim*, mostra come Isacco partecipi attivamente alla prova a cui è sottoposto Abramo invitando il padre a "stringere le legature", affinché la sua agitazione per la vista del coltello non ostacoli il compimento del sacrificio[41]; significativa inoltre anche la menzione della mediazione degli angeli a favore di Isacco definito "luminare del mondo"[42], ma soprattutto si sottolineano le ripercussioni benefiche che tale evento produrrà a favore del perdono dei peccati per i figli di Giacobbe[43] che rappresentano davanti a Dio l'umanità. Tale prospettiva riemerge anche in altri passaggi liturgici segnati dal suono dello *Shofar*, il corno di ariete, o di montone, che ricorda l'olocausto offerto al posto di Isacco, e che in queste liturgie rimanda all'apertura delle "porte del cielo" e quindi al "giudizio divino".

La tradizione quindi, attraverso la liturgia, sottolinea l'importanza della fede di Isacco, del suo "rimanere saldo" in Dio assieme ad

---

[39] Il riferimento a Dio nel testo ebraico è implicito.

[40] Anacronismo poetico, in quanto Efraim è figlio adottivo di Giacobbe (cfr. Gen 46,20; 48).

[41]   Cfr. *Bereshit Rabbah* LVI,8; *Midrash Tanchuma'-Wajiera'* su Gen 22,1-19; L. Ginzberg, *Le leggende degli Ebrei*, II, pp. 97-98; F. MANNS, *The Binding of Isaac in Jewish Liturgy* e *The Targum of Gen 22*, in *The sacrifice of Isaac in the three monotheistic religions*, a cura di F. Manns, Franciscan Printing Press, Jerusalem 1995, p. 59-80.

[42]   Cfr. *Bereshit Rabbah* LVI,5 e 7; *Midrash Tanchuma'-Wajiera'* su Gen 22,1-19; L. Ginzberg, *Le leggende degli Ebrei*, II, p. 99.

[43]   Cfr. L. Ginzberg, *Le leggende degli Ebrei*, II, pp. 101-102 e 118-120.

Abramo, condizione che lo associa ai meriti del padre in riferimento alla mediazione universale del perdono divino.

(c) "Saldi" in Dio "lottando" con Lui

Se con Abramo emerge nella Bibbia la capacità da parte dell'uomo di esprimere la propria fiducia in Dio chiedendogli ragione in rapporto alle Sue promesse, con Giacobbe prevale decisamente la dinamica della "lotta", come testimoniato al capitolo trentaduesimo della Genesi:

> Giacobbe rimase solo e un uomo lottò con lui sino allo spuntare dell'alba. Vedendo che non poteva [vincerlo], lo colpì all'estremità del femore, e l'estremità del femore di Giacobbe si slogò mentre lottava con lui. L'uomo gli disse: "Lasciami andare, che è spuntata l'aurora". E Giacobbe: "Non ti lascerò finché non mi avrai benedetto". Gli disse: "Come ti chiami?". Rispose: "Giacobbe". Gli disse: "Il tuo nome non sarà più detto Giacobbe, ma Israele, poiché hai lottato con Dio e con gli uomini e ce l'hai potuta fare/hai vinto". Giacobbe gli disse: "Dimmi il tuo nome". Rispose: "Perché questa domanda riguardo il mio nome?". E là lo benedisse. Giacobbe chiamo quel luogo Peniel, poiché disse: "Ho veduto faccia a faccia il Signore e ho avuto salva la vita". Il sole si levò per lui, quand'ebbe passato Peniel, ed egli zoppicava sulla sua anca (Gen 32,25-32).

Questa narrazione, che evidentemente non può essere presa "alla lettera", ci presenta una lotta notturna fra Giacobbe e "un uomo" che, nel linguaggio biblico, è un eufemismo per indicare un messaggero divino – se non Dio stesso – rispettandone la trascendenza.

L'episodio si colloca subito dopo gli accordi con Labano relativi al rispetto territoriale e immediatamente prima dell'incontro con il fratello Esaù, che richiede la messa in atto di tutte le strategie e le precauzioni necessarie a quando ci si avvicina a un territorio ostile. Il contesto quindi ci presenta Giacobbe alle prese con una delicata situazione, nell'ambito della quale deve in qualche modo "fare i conti" con le conseguenze degli "inganni" attraverso i quali ha carpito al padre Isacco la benedizione della primogenitura spettante ad Esaù (cfr. Gen 27,1ss.) e si è arricchito alle spalle di Labano (cfr. Gen 30,25ss.).

Se, da una parte, è vero che è stato Esaù stesso a "vendere" la sua primogenitura (cfr. Gen 25,29-34) così come è stato Labano a raggirarlo riguardo la promessa di matrimonio con la figlia Rachele, che ha potuto sposare solo dopo l'inganno del matrimonio con la sorella maggiore Leah e sette anni di lavoro presso di lui (cfr. Gen 29,15-30), dall'altra si può dire che a Giacobbe non manca l'arte del "sapersi arrangiare" e il suo stesso nome può essere compreso anche in questo senso: può infatti significare "calcagno", e questo rimanderebbe al modo in cui è nato tenendo in mano il calcagno di Esaù (cfr. Gen 25,26), ma può anche significare "inganno"; in ogni caso è un nome che esprime qualcosa della natura di chi lo porta, e questo è consueto nella cultura biblica.

Tutti questi elementi inducono a pensare che Giacobbe abbia più di una ragione per essere "in lotta" sia con gli uomini che con Dio e per doversi confrontare con la propria coscienza, nella dinamica tuttavia di un rapporto di alleanza dove la relazione – anche dialettica – fra i partner si può dire faccia un po' parte del gioco.

Un primo elemento interessante è costituito dalla capacità di resistenza del patriarca, di fronte alla quale la forza divina non riesce a prevalere: Giacobbe sembra mettere in difficoltà il "messaggero di Dio" che è costretto a ferirlo per difendersi. Un secondo elemento di rilievo è la capacità di "trattenere" la forza divina: «Non ti lascerò finché non mi avrai benedetto», richiesta che manifesta la consapevolezza di non essere di fronte a un nemico, e che ottiene come risposta un gesto che "segna" un cambiamento di destino: il suo nome non sarà più segno dell'inganno ma di una lotta dalla quale è uscito vincitore. Il nome Israele, nella narrazione inteso come «colui che ha lottato con Dio e con gli uomini e ce l'ha potuta fare/ha vinto», può essere tradotto anche più sinteticamente come "uomo che ha visto Dio", "faccia a faccia" e, nonostante ciò sia impossibile nella situazione creaturale, è comunque rimasto in vita; il nome Peniel che Giacobbe dà a quel luogo in ricordo di tale evento significa appunto "volto di Dio". Commenta Rashi al riguardo[44]:

---

[44] Rashi di Troyes, *Commento alla Genesi*, p. 274.

Il tuo nome non sarà più detto Giacobbe (Gen 32,29). Egli disse a Giacobbe: "Non sarà più detto che tu hai ottenuto le tue benedizioni con l'astuzia e con l'inganno, ma in modo degno e manifesto.

La lotta diventa pertanto il paradigma della dinamica che segna il passaggio dall'inganno al "vedere Dio", all'interno della quale si sviluppa una "resistenza" capace di mettere in difficoltà proprio quel Dio al quale si chiede la benedizione, e nello stesso tempo è una lotta dalla quale Giacobbe/Israele esce vincitore ma claudicante: l'incontro con Dio, che può essere anche uno scontro, lascia sempre un segno, che in questo caso assomiglia a una ferita, che comunque – sempre secondo Rashi – non lascia indifferente il Signore[45]:

> Il sole si levò per lui (Gen 32,32). Questo è un modo comune di parlare: "Quando saremo arrivati al tal luogo, l'aurora sarà spuntata per noi". Questo è il senso letterale del testo. Ma il *midrash* haggadico[46] dice: Il sole si levò per lui. A suo vantaggio: per guarirlo dalla lussazione. Similmente leggiamo: Per voi, cultori del mio Nome, sorgerà il sole di giustizia, con raggi che guariscono (Ml 3,20)[47]. Le ore che il sole aveva perduto allorché si era affrettato a tramontare a vantaggio di Giacobbe, quando era partito da Beer-Sheva'[48], ora le recuperò, affrettandosi a sorgere a vantaggio di Giacobbe.

Giacobbe/Israele testimonia così una dinamica di fede dove è possibile "rimanere saldi" in Dio anche lottando con Lui, e costituisce il paradigma del popolo che da lui discende sempre in tensione dialettica fra la possibilità di "ingannare" o "vedere Dio", quel popolo che può essere in lotta con Lui per svariati motivi.

Pensiamo ad esempio alle reazioni polemiche di fronte alle prime

---

[45] *Ibidem*, p. 275.

[46] Si tratta del *midrash* narrativo, volto a precisare ed eventualmente ampliare la narrazione, a differenza di quello halakhiko di tipo normativo volto invece a fondare e precisare i precetti.

[47] Per questa interpretazione cfr. *Bereshit Rabbah* LXXVIII,5.

[48] Così interpreta Rashi il tramonto del sole prima del sogno della scala che collega terra e cielo descritto in Gen 28,11. Cfr. Rashi di Troyes, *Commento alla Genesi*, p. 230.

difficoltà durante il cammino nel deserto dopo l'uscita dall'Egitto, che costringono il Signore al miracolo della manna e delle quaglie seguito da quello dell'acqua (cfr. Es 16,1ss.; 17,1-7); ma pensiamo anche a Giobbe che, denunciando la sofferenza innocente, rimette in discussione la teologia della retribuzione secondo la quale il giusto verrebbe premiato con salute, gioia e ricchezza. Giobbe è colui che maledice il giorno del suo concepimento e della sua nascita:

Perisca il giorno in cui nacqui
e la notte in cui si disse: "È stato concepito un uomo!".
Quel giorno sia tenebra,
non lo ricerchi Dio dall'alto,
né brilli mai su di esso la luce.
[...]
E perché non sono morto fin dal seno di mia madre
e non spirai appena uscito dal grembo?
(Gb 3,3-4 e 11)

E ancora:

Preferirei morire impiccato,
la morte piuttosto che vivere in questo scheletro.
(Gb 7,15)

Ti imploro, ma Tu non mi rispondi,
ti sto davanti ma Tu non badi a me.
Ti sei trasformato nel mio boia
e con la forza della Tua mano Tu mi stritoli.
(Gb 30,20-21)

Ma è anche colui che, dopo la risposta di JHWH che gli parla dal turbine, o meglio «in mezzo a un uragano» (cfr. Gb 38,1 e 40,6), è capace di riconoscere l'imperscrutabilità divina a partire dalla differenza fra Creatura e creatura:

Riconosco che Tu tutto puoi
e che nessun progetto è per Te irrealizzabile.

[...]
Io Ti conoscevo solo per sentito dire:
ora i miei occhi t'hanno veduto.
(Gb 42,2 e 5)

Ciò che sorprende non è solo l'atteggiamento di Giobbe dopo il confronto/scontro con Dio, ma il paradosso con cui esprime la sua esperienza del divino: JHWH gli ha parlato, gli ha fatto sentire la Sua voce, ma Giobbe dice: «Ora i miei occhi t'hanno veduto». "Vedere sentendo" non rientra nella normalità dell'esperienza umana, rimanda piuttosto a una dimensione trascendente che va oltre la semplice percezione visiva, così come è avvenuto al Sinai dove tutto il popolo "vedeva le voci" del rivelarsi di Dio (cfr. Es 20,18); e in questo contesto appare come il segno dell'epilogo di una controversia dove forse Giobbe avrebbe potuto osare anche di più, ma che sicuramente ha ricollocato Dio al centro del mistero del male e della sofferenza, quel Dio che nel Libro di Isaia dice: «Io sono Colui che fa la pace e crea il male» (cfr. Is 45,7). È in tale Dio che Giobbe continua a rimanere saldo nonostante tutto.

Nello stesso orizzonte possiamo collocare anche tutte quelle espressioni, ricorrenti nei Salmi, dove l'orante denuncia il mancato intervento divino a favore dell'uomo lanciando precise accuse a JHWH, come ad esempio nei casi seguenti:

Perché o JHWH resti lontano
e Ti nascondi nei momenti di sventura?
(Sal 10,1)

Fino a quando o JHWH continuerai a dimenticarmi?
Fino a quando mi nasconderai il Tuo volto?
(Sal 13,2)

Dio mio, Dio mio, perché mi hai abbandonato?
Tu sei lontano dalla mia salvezza.
(Sal 22,2)

Non essere sordo alle mie richieste,
perché se Tu di disinteressi di me
sono come coloro che scendono nella tomba.
(Sal 28,1)

Svegliati! Perché dormi mio Signore?
Sorgi, non ci abbandonare per sempre!
(Sal 44,22)

Svegliati per aiutarmi (Signore)
e guarda che cosa succede.
(Sal 59,5)

Ricorda la gente che hai acquisito sin dall'antichità.
Le tribù della Tua eredità che hai redento,
il Monte Tzion Tua sede
[...]
Sorgi o Dio,
difendi la Tua causa.
(Sal 74,2 e 22)

Ricorda la parola che hai dato al Tuo servo
nella quale mi hai fatto sperare.
(Sal 119,49)

È la certezza di poter contare sulla fedeltà divina che spinge l'o-
rante ad interpellare JHWH in questo modo, e questo vale anche
per i Salmi imprecatori che nascono dall'esigenza di chiamare in
causa Dio affinché possa fare giustizia al posto dell'uomo (cfr. Sal
58,7-12; Sal 94,1-2.22-23; 137,7-9; 139,19-22)[49]. In tale contesto la
fede in Dio si esprime come speranza e attesa di salvezza, dove alla
configurazione della radice verbale '-m-n, "rimanere saldi", si associa-

---

[49]   Per un approfondimento di questo particolare genere letterario nei Salmi si
rimanda a: E. Zenger, *Un Dio di Vendetta? Sorprendente attualità dei salmi "imprecatori"*,
Ancora, Milano 2005.

no quelle delle radici verbali *b-t-ch*, "confidare"[50], *q-w-h*, "sperare"[51], *ch-k-h*, "attendere con ansia", *ch-s-h* "rifugiarsi"[52], tutte modalità per declinare la fiducia in JHWH:

> Mio Dio, in Te confido (*batachti*),
> non permettere che io sia deriso,
> non permettere che i miei nemici esultino contro di me.
> (Sal 25,2)

> Non far umiliare nessuno di coloro che sperano in Te (*qoweka*),
> ma si vergognino i traditori senza motivo.
> (Sal 25,3)

> Tutto il nostro essere attende con ansia (*chikketah*) JHWH,
> Egli è il nostro aiuto e la nostra difesa.
> (Sal 33,20)

> O JHWH, in Te cerco rifugio (*chasiti*),
> salvami e liberami da tutti i miei nemici.
> (Sal 7,2)

Rimanere saldi in Dio, confidare e sperare in Lui non esclude pertanto il potersi confrontare dialetticamente, il poter "lottare" come ha fatto Giacobbe. Un insegnamento rabbinico relativo alla preghiera fatta "con violenza" sostiene che al Signore ci si può rivolgere anche in questo modo[53]:

> Guarda dalla dimora della tua santità dai cieli: noi abbiamo fatto quello che ci hai ordinato, fai anche Tu quello che ci hai promesso!

Ma affinché l'uomo non dimentichi di essere una creatura di fronte al proprio Creatore un altro insegnamento rabbinico precisa[54]:

---

[50] Cfr. E. Gerstenberger, *btch* in DTAT, I, coll. 261-265.
[51] Cfr. C. Westermann, *qwh* in DTAT, II, coll. 558-567.
[52] Cfr. E. Gerstenberger, *chsh* in DTAT, I, coll. 539-541.
[53] *Mishnah, Ma'aser Sheni* V,13.
[54] *Devarim Rabbah* II,1. Si tratta del commento rabbinico al Deuteronomio redatto fra

La creatura non ha alcun diritto sul suo Creatore. Rabbi Jochanan ha detto: "Con dieci parole si definisce la preghiera. Queste sono: gemito, grido, sospiro, lamento, incontro, angoscia, invocazione, prostrazione, protesta e supplica... Ma fra tutte queste espressioni della preghiera, Mosè usò solamente la supplica. [...] Da questo tu apprendi che la creatura non ha alcun diritto sul suo Creatore".

Per questo la tradizione ebraica conosce benedizioni per ogni circostanza della vita: sia per i momenti di gioia che per quelli dolorosi, sia per lo stupore di fronte alle bellezze del creato che per l'angoscia e lo smarrimento in occasione di calamità naturali e anche l'imprecazione, se viene dalla consapevolezza che in Dio si può confidare, può essere considerata una forma di benedizione[55]. Come ha ricordato più volte nel corso di varie interviste Elie Wiesel, testimone della *Sho'ah*, si può essere ebrei con Dio, ebrei contro Dio ma mai ebrei senza Dio, e il presupposto è la "saldezza" in Lui che non è mai fiducia cieca. Ed è sempre Wiesel a ricordare un significativo episodio al riguardo, che vede protagonisti alcuni famosi rabbini internati ad Auschwitz durante il periodo del nazismo in Europa, i quali decidono di processare Dio per valutare se sia o meno colpevole riguardo il massacro del suo popolo: il processo dura più giorni, solenne e rigoroso, e alla fine Dio viene dichiarato colpevole senza nessuna attenuante, ma nonostante tale verdetto si ricomincia ugualmente a pregare. Wiesel ha raccontato tutto ciò in un suo famoso romanzo che ha voluto ambientare nel XVII secolo: *Il processo di Shamgorod*, in cui a difendere Dio si presenta Satana[56].

Lottare ed esprimere dialetticamente la propria fede significa vivere da protagonisti un rapporto di fiducia dove la "promessa" viene presa sul serio sia sul versante divino che su quello umano.

---

il V e il IX secolo dell'era attuale. Cfr. G. Stemberger, *Introduzione al Talmud e al Midrash*, pp. 427-430.

[55] Cfr. *Mishnah, Berakhot* IX,5.

[56] Il romanzo è disponibile anche in lingua italiana: E. Wiesel, *Il processo di Shamgorod*, Giuntina, Firenze 1982.

2. "Faremo e ascolteremo"

"Rimanere saldi" in JHWH significa accogliere e mettere in pratica gli insegnamenti rivelati al Sinai: nell'ebraismo infatti l'ortoprassi ha un ruolo centrale nella vita del credente, che scopre i valori soggiacenti ai precetti mettendoli in pratica. Si tratta di un approccio tipicamente biblico, che ripropone il modo stesso con cui Dio ha educato il suo popolo durante il cammino nel deserto dopo l'uscita dall'Egitto, facendolo quindi passare dal "servizio" per il Faraone che si era rivelato una schiavitù al Suo "servizio", che significa servizio cultuale nella vita:

> Mosè disse a Dio: "Ma chi sono io che abbia l'ardire di andare dal Faraone e che possa far uscire i figli d'Israele dall'Egitto?". Rispose Dio: "Io sarò con te, ed ecco il segno che sono Io che ti ho inviato: quando tu avrai fatto uscire il popolo dall'Egitto servirete Dio su questo monte" (Es 3,11-12).

Passare dalla servitù del Faraone al servizio di Dio costituisce quindi, da una parte, la garanzia che JHWH è con Mosè e, dall'altra, il segno della libertà per il popolo di Israele. È significativo infatti che il testo biblico utilizzi una sola radice verbale, '-v-d, per esprimere sia l'idea di schiavitù che di servizio cultuale: ciò che fa la differenza è Colui che si serve e lo stesso vale per la qualità del servizio, che può diventare un rapporto di schiavitù o un'esperienza liberante[57].

Nel caso di Israele, Colui che il popolo "servirà sul monte" è Colui che si presenta a Mosè come «Dio di Abramo, Dio Isacco, Dio di Giacobbe» (cfr. Es 3,6), quindi il "Dio dei padri", che tradizionalmente associa al suo Nome quello di ogni patriarca per sottolineare il Suo aver camminato accanto a ciascuno così come ora camminerà con Mosè e tutto il popolo. Inoltre è un Dio che conosce la sofferenza dei suoi figli e che ha prestato ascolto al loro lamento (cfr. Es 3,7-9), situazione che produce sofferenza anche in Lui, questo

---

[57] Cfr. C. Westerman, 'vd, NDAT, II, coll. 165-181. Interessante al riguardo: G. Auzou, *Dalla servitù al servizio. Il libro dell'Esodo*, EDB, Bologna 1988[3].

infatti è quanto deduce la tradizione rabbinica in riferimento al roveto ardente dal quale JHWH parla a Mosè[58]:

"E Dio lo chiamò di mezzo al roveto" (Es 3,4). Gli disse il Signore: "Non ti accorgi che anch'Io sono nel dolore, come Israele è nel dolore? Dovresti riconoscerlo dal luogo da cui ti parlo: di mezzo ai pruni, quasi a significare che Io mi unisco al dolore di Israele!". Dice infatti la Scrittura: "In ogni loro angustia, angustia è a Lui" (Is 63,9).

Pertanto il servizio da rendere ad un Dio che soffre con il proprio popolo e, proprio per questo, libera da una servitù che opprime, non può che essere un servizio volto anche al bene dell'uomo; per questo la *Torah* rivelata al Sinai non può che essere un "giogo leggero", una "via" di libertà come ben precisa Rabbi Joshu'a figlio di Levi[59]:

"Le tavole della Torah sono opera di Dio, e lo scritto è scrittura di Dio scolpita (*charut*) sulle tavole" (Es 32,16). Non leggere *charut* (scolpito) ma *cherut* (libertà), perché veramente libero non è se non colui che si occupa della *Torah*.

Il commento, che si basa sul fatto che l'alfabeto ebraico – essendo solo consonantico – permette di vocalizzare diversamente una stessa parola o una stessa espressione, sottolinea lo stretto legame fra la libertà e l'insegnamento della *Torah*, mostrando pertanto che camminare sulla "via" dei precetti significa testimoniare la fede. Questo infatti è l'impegno che il popolo di Israele assume al Sinai dal quale, secondo i maestri della tradizione, dipende anche la sorte del mondo[60]:

Shimon il giusto soleva dire: "Il mondo si regge su tre cose: sulla *Torah*, sul servizio divino e sulle opere di bene". […] Rabban Shimon,

---

[58] *Shemot Rabbah* II. Si tratta del commento rabbinico all'Esodo redatto probabilmente attorno al X secolo dell'era attuale. Cfr. G. Stemberger, *Introduzione al Talmud e al Midrash*, pp. 430-431.

[59] *Mishnah, 'Avoth* VI,2.

[60] *Mishnah, 'Avoth* I,2 e 18.

figlio di Gamaliel, diceva: "Per tre cose il mondo si conserva: per la giustizia, per la verità e per la pace".

In altri termini: il "servizio" a Dio e il culto autentico sono costituiti dalla realizzazione del bene per tutti, che deriva dalla capacità di vivere gli insegnamenti rivelati nella *Torah* compresa come "via" di libertà. È questo infatti il senso dell'elezione di Israele, che non è un "privilegio", ma la vocazione ad una testimonianza di santità: «Sarete santi, perché Io, JHWH Dio vostro, sono Santo» (Lv 19,2).

(a) La "via" dei precetti come testimonianza di fede

L'insieme delle norme derivanti dagli insegnamenti rivelati al Sinai vengono definiti nell'ebraismo come *halakhah*, "cammino", che deve accompagnare ogni momento dell'esistenza; non a caso ci sono maestri che simbolicamente li riferiscono alle membra dell'uomo e ai giorni dell'anno come nel passo del *Talmud* dal quale ha preso avvio la nostra riflessione. A tale riguardo c'è anche un'altra spiegazione, ritrovabile nel *Targum*, la parafrasi aramaica alla *Torah*, la quale precisa che Dio avrebbe creato Adamo "a sua immagine" con 248 membra e 365 nervi: il totale dà 613, quindi tutta la *halakhah* così riferita ad ogni parte del corpo dell'uomo come segno della sua immagine divina[61].

Secondo la tradizione rabbinica tutta la *Torah*, sia scritta che orale, compreso il suo commento, ha origine al Sinai, dove secondo la testimonianza biblica il popolo "vedeva le voci" del rivelarsi di Dio (cfr. Es 20,18) che ha accolto con le seguenti parole: «Tutto ciò che JHWH ha rivelato noi lo faremo e lo ascolteremo» (Es 24,7).

Abbiamo così due elementi significativi: da una parte un plurale, le "voci" di Dio che la tradizione rabbinica interpreta come segno dell'universalità della rivelazione sinaitica[62]:

---

[61] Cfr. *Targum Onqelos* su Gen 1,26. Il *Targum Onqelos* è il *Targum* più antico la cui redazione va dal I secolo prima dell'era cristiana al II secolo dell'era attuale. Cfr. G. Stemberger, *Ermeneutica ebraica della Bibbia*, Paideia, Brescia 2000, pp. 80-85.

[62] *Shemot Rabbah* V, 10.

"Tutto il popolo vedeva le voci" (Es 20,18). Perché le "voci"? Perché la voce del Signore si trasformava in sette suoni e da questi nelle settanta lingue, affinché tutti i popoli potessero comprendere.

Dall'altra emerge invece la particolarità del popolo di Israele al quale è richiesta l'osservanza della *halakhah*, che accoglie i precetti secondo la dinamica del "comprendere facendo", che è quella di chi osserva gli insegnamenti di Colui che ha liberato dall'Egitto come segno di fede, di "saldezza" in Lui e, percorrendo questa strada, ne comprende progressivamente i valori soggiacenti.

È una prospettiva un po' diversa da quella occidentale dove solitamente la comprensione razionale di un orizzonte di valori precede la declinazione dei medesimi in scelte concrete; qui si tratta di arrivare alla concettualizzazione e quindi all'astrazione attraverso l'esperienza, seguendo le dinamiche di una ortoprassi che la tradizione custodisce e trasmette di generazione in generazione:

> Popolo mio, porgi l'orecchio al mio insegnamento,
> ascolta le parole della mia bocca.
> Aprirò la mia bocca in parabole,
> rievocherò gli arcani dei tempi antichi.
> Ciò che abbiamo udito e conosciuto
> e i nostri padri ci hanno raccontato,
> non lo terremo nascosto ai loro figli;
> diremo alla generazione futura
> le lodi del Signore, la sua potenza
> e le meraviglie che egli ha compiuto.
> Ha stabilito una testimonianza in Giacobbe,
> ha posto una *Torah* in Israele:
> ha comandato ai nostri padri
> di farle conoscere ai loro figli,
> perché le sappia la generazione futura,
> i figli che nasceranno.
> Anch'essi sorgeranno a raccontarlo ai loro figli
> perché ripongano in Dio la loro fiducia

e non dimentichino le opere di Dio,
ma osservino i suoi insegnamenti
(Sal 78, 1-7).

La tradizione inoltre insegna che la "voce del Sinai" da cui tutto
ciò deriva, è una voce capace di adattarsi ad ogni uomo rispettandone la capacità di ricezione[63]:

> La voce di Dio sul Sinai fu intesa da ciascuno secondo la sua capacità
> di intendere. Gli anziani la intesero secondo la loro capacità e così
> anche i bambini, i lattanti e le donne. Perfino Mosè la intese secondo
> la sua capacità. Perciò sta scritto: "Mosè parlava e Dio gli rispondeva
> con una voce" (Es 19,19). Ciò significa: con una voce a cui Mosè po-
> tesse reggere.

In questo modo si lascia intendere che anche la risposta di fede
deve essere adeguata alle proprie capacità: l'ortoprassi tradizionale
prevede un'applicabilità che cerca di tener conto di tutte le varianti
possibili, sulle quali la discussione è sempre aperta per poter ade-
guare i precetti ai contesti socioculturali in continua evoluzione,
e in ogni caso ciascuno è responsabile davanti a Dio della propria
osservanza in rapporto alle proprie capacità. L'elemento comune è
che non c'è testimonianza di fede senza osservanza dei precetti, non
c'è "saldezza in JHWH" fuori dalla "via" che Egli stesso ha insegnato
e che è la modalità attraverso la quale continua ad educare il suo
popolo, come durante il cammino nel deserto. E tutto ciò trova una
sua sintesi nel "precetto dell'amore" che comprende tutti gli altri.
C'è un famoso racconto talmudico al riguardo che vede protagonisti due famosi maestri del primo secolo[64]:

> Una volta un pagano andò da Shammaj e gli disse: "Mi converto al
> giudaismo a condizione che tu mi insegni tutta la *Torah* mentre io sto
> su un piede solo".
> Con un bastone in mano Shammaj lo cacciò subito.

---

[63] *Shemot Rabbah* V,9.
[64] *Talmud Babilonese, Shabbath* 31a.

Il pagano andò da Hillel e di nuovo espresse il suo desiderio: "Mi converto al giudaismo a condizione che tu mi insegni tutta la *Torah* mentre io sto su un piede solo".

Hillel lo accolse nel giudaismo e lo istruì in questo modo: "Quello che non vuoi sia fatto a te, non farlo agli altri. Questa è tutta la *Torah*. Il resto è commento. Va e studia!".

Naturalmente l'amore per il prossimo non può essere disgiunto da quello per Dio, tant'è che, fin dai tempi biblici, la tradizione li ha compresi come un binomio inscindibile[65] significato anche dalle due tavole dell'Alleanza dove, secondo la scansione ebraica, sulla prima sono indicati i precetti che riguardano i doveri verso Dio e sulla seconda quelli che riguardano i doveri verso i propri simili. Il precetto che prescrive di "onorare" i genitori fa da cerniera fra la fine della prima tavola e l'inizio della seconda, indicando così che è attraverso di loro che si impara ad amare sia Dio che il prossimo. Le "dieci parole" sono complete soltanto quando le due tavole sono unite, mostrando così che tutti i comandamenti sono fra loro collegati come espressione di un'unica rivelazione divina, di fronte alla quale la risposta dell'uomo deve esprimersi nella fiducia. Si può quindi dire che chi crede, chi ha fede, non può che amare Dio e amare il suo prossimo come se stesso (cfr. Lv 19,18), nell'orizzonte di una autenticità che diviene presenza di JHWH nella storia: diversi commenti rabbinici su Lv 19,18 precisano infatti che dove due persone stabiliscono fra di loro un rapporto d'amore il Nome divino è santificato e Dio diventa "il terzo" in quel legame[66].

(b) Fede e "memoria": il valore del ricordo

Nell'orizzonte dell'ortoprassi come prima risposta di fede si colloca anche l'impegno a "ricordare" ciò che JHWH compie nella storia. La dimensione biblica del "ricordo" è testimoniata nella Scrittura attraverso le diverse configurazioni della radice verbale *z-k-r* con la

---

[65] Riguardo questo aspetto si rimanda a: E. L. Bartolini, *Amore per Dio e amore per il prossimo. Un binomio inscindibile nella tradizione ebraica*, in Aa. Vv., *Dio è Amore. Commento e guida all'Enciclica Deus caritas est di Benedetto XVI* (A proposito di …), Paoline, Milano 2006, pp. 11-34.

[66] Cfr. P. Lapide, *Leggere la Bibbia con un ebreo*, EDB, Bologna 1985, p. 70. Tale prospettiva è ripresa da Gesù di Nazaret che la riferisce a sé (cfr. Gv 13,1; Mt 18,20).

quale la lingua ebraica esprime il senso del "ricordare, far memoria", che ricorrono nel testo massoretico[67] duecentottantotto volte delle quali ventiquattro riguardano il sostantivo *zikkaron*, "memoriale"[68]. Queste forme verbali possono avere come soggetto sia Israele che JHWH in quanto il dovere di ricordare riguarda entrambi. Il Signore infatti si ricorda delle promesse nei confronti del suo popolo (cfr. Sal 115,12; 136,23), impegno che quest'ultimo gli rammenta soprattutto nei momenti difficili nei quali invoca la salvezza (cfr. Sal 74,2; 106,4). Allo stesso modo Israele deve continuare a ricordare nel tempo ciò che JHWH ha compiuto liberandolo dalla schiavitù egiziana nel modo in cui il Signore stesso glielo ha prescritto:

Questo giorno sarà per voi un "memoriale"; lo celebrerete come festa del Signore: di generazione in generazione; lo celebrerete come un rito perenne (Es 12,14).

E ancora:

Quando poi sarete entrati nel paese che il Signore vi darà, come ha promesso, osserverete questo rito. Allora i vostri figli vi chiederanno: che significa questo atto di culto? Voi direte loro: È il sacrificio della Pasqua per il Signore (Es 12,25-27).

Nella Bibbia, quindi, possiamo rilevare due aspetti importanti legati all'azione del "far memoria": innanzitutto la sua relazione con l'azione salvifica di Dio nei confronti del suo popolo e, in riferimento a questa, l'impegno per Israele a ricordare ciò che JHWH ha compiuto. Può essere pertanto considerato un verbo di fede che obbliga a non dimenticare le radici della propria identità[69], e per questo la celebrazione della Pasqua per l'ebreo è il primo di tutti i precetti e di tutti gli insegnamenti rivelati nella *Torah*, ed è pri-

---

[67] Si tratta del testo ebraico consonantico, canonizzato nel I secolo dell'era attuale e vocalizzato attorno al VII, che la trazione (*massorah*) ha fatto giungere fino a noi.

[68] Cfr. W. Schottraff, *zkr*, in DTAT, I, coll. 441.

[69] Cfr. Y. H. Yerushalmi, *Zachor. Storia ebraica e memoria ebraica*, Parma 1983, p.17.

mo anche in ordine di narrazione in quanto precede di cinquanta giorni la legislazione sinaitica contenuta nel Codice dell'Alleanza (Es 19-24).

Come fa notare Yerushalmi, dalle testimonianze bibliche emerge una sorta di strategia del ricordo che ha a che fare con la trasmissione della tradizione, quindi del patrimonio di fede da custodire e tramandare, in quanto non ci potrà essere un ritorno al Sinai ma solo il canale del ricordo:

> Israele non ha nessun obbligo di ricordare tutto il passato, ma i suoi principi di selezione sono unici e particolarissimi. Quel che va ricordato è anzitutto ogni intervento di Dio nella storia, e le risposte date dall'uomo, positive o negative che siano, a quegli interventi[70].

E il flusso della memoria scorre essenzialmente lungo due canali: quello del rito e quello del racconto. Una significativa interazione fra i due la troviamo nel Deuteronomio, al capitolo ventisei, in relazione all'offerta delle primizie, dove il celebrante – un semplice israelita – portando i suoi frutti al Tempio deve fare la seguente dichiarazione:

> Mio padre era un arameo nomade. Egli se ne andò in Egitto e vi abitò con pochi uomini; là divenne una grande nazione, potente e numerosa. Ma gli Egiziani ci perseguitarono e ci afflissero e ci sottomisero ad una dura schiavitù. Allora noi gridammo a JHWH Dio dei nostri padri ed Egli ascoltò la nostra voce, vide la nostra afflizione, il nostro travaglio e la nostra oppressione. JHWH ci fece uscire dall' Egitto con mano potente e con braccio teso, con grande spavento, con prodigi e con miracoli e ci condusse in quel luogo e ci dette questa Terra che stilla latte e miele (Dt 26,5-9).

Ricordare attraverso questo condensato di storia carico di significato per la memoria collettiva, che si lega ad un gesto rituale importante strettamente connesso al rapporto con la Terra della "promessa", significa esprimere la stessa fede dei padri in continuità

---

[70] Y. H. Yerushalmi, *Zachor. Storia ebraica e memoria ebraica*, p. 23.

con la tradizione. Interrompere il ricordo significherebbe pertanto non riconoscersi più fra i discendenti di Abramo.

"Far memoria" nel contesto rituale acquista inoltre anche un'altra dimensione particolarmente importante che va oltre quella semplicemente evocativa: il racconto unito a dei gesti significativi, secondo una codificazione tradizionale che ne fissa le dinamiche, permette di diventare contemporanei all'evento di salvezza oggetto del "memoriale" stesso, come precisato nella liturgia della cena pasquale:

> In ogni generazione ciascuno ha il dovere di considerarsi come se egli stesso fosse uscito dall'Egitto, come è detto: "In quel giorno racconterai a tuo figlio dicendogli: [questa celebrazione ha luogo] per quello che mi fece il Signore quando uscii dall'Egitto" (Es 13,8). Perché il Santo, benedetto Egli sia, non liberò soltanto i nostri padri, ma noi pure liberò insieme con loro, come è detto: "Noi, Egli fece di là per condurci e dare a noi la Terra che aveva giurato ai nostri padri" (Dt 6,23)[71].

La liturgia famigliare diventa così lo spazio nel quale si riceve la testimonianza della generazione più adulta e si impara ad esprimere la propria fede "ricordando". Non a caso quindi il rituale menziona "quattro tipi di figlio" che rappresentano i diversi modi di porsi di fronte alla tradizione: il saggio vuole imparare subito tutto ciò che si deve fare per compiere questo gesto nel modo migliore; il malvagio domanda: "Cosa significa questo rito per voi?", segno dell'essersi già escluso dalla comunità; il semplice invece ha bisogno di essere guidato e per chi non sa porre domande è necessario creare le condizioni affinché riesca a formularle[72]. Tutti hanno diritto ad essere presenti alla celebrazione, ma il malvagio non riuscirà ad "uscire" dall'Egitto perché ha rinunciato a "ricordare", condizione fondamentale per "essere liberi".

---

[71] *Haggadah di Pasqua*, a c. di A.S. Toaff, Unione delle Comunità Israelitiche Italiane, Roma 5744-1985[7], pp. 38-39. È questo il contesto nel quale anche i Vangeli sinottici collocano l'istituzione dell'eucaristia da parte di Gesù (cfr. Mt 26,17-29; Mc 14,12-25; Lc 22,7-20) della quale i discepoli devono "fare memoria" (cfr. 1Cor 11,23-26).

[72] Cfr. *Haggadah di Pasqua*, a c. di A.S. Toaff, pp. 14-17.

(c) La fede che diventa preghiera

Un'altra dimensione che la tradizione indica come fondamentale per il credente è il rapporto fra fede e preghiera: solo chi crede sinceramente in Dio e nella sua volontà di soccorrere le sue creature gli rivolge delle richieste. Non che pregare significhi soltanto domandare per i propri bisogni. Nel suo senso più elevato la preghiera esprime l'intima comunione fra la creatura e il Creatore, l'arcano che parla all'arcano. Come tale è gradita a Dio e importante per l'uomo come sottolineato nel seguente passo talmudico[73]:

> Il Santo, che benedetto sia, desidera la preghiera dei giusti. Perché la preghiera del giusto si può paragonare a una pala ('eter)? Perché, come la pala trasporta gli oggetti da un luogo all'altro, così la preghiera del giusto cambia l'attributo divino della collera in quello della pietà.

Tale commento si avvale anche del fatto che in ebraico il termine 'eter, "pala", ha le medesime consonanti di una delle radici verbali il cui significato è "pregare", stabilendo così un legame simbolico particolare fra la pala stessa e la preghiera.

Ci sono poi pareri diversi riguardo l'ascolto da parte di Dio: c'è chi ritiene che il Signore ascolta solo i giusti e c'è chi ritiene invece che il Signore ascolta tutti. Si è invece concordi sul fatto che quando si prega non si deve pensare solo a se stessi; ecco due esempi significativi al riguardo[74]:

> Chiunque ha la possibilità di pregare per il suo prossimo e trascura di farlo, viene chiamato peccatore, come è detto: "Inoltre, per quanto sta in me, sia lungi da me che io pecchi contro il Signore cessando di pregare per voi" (1Sam 12,23).

Chiunque prega per il prossimo, quando si troverà nel bisogno, verrà esaudito per primo.

Inoltre, nella liturgia sinagogale codificata, è rarissimo l'uso della prima persona singolare in quanto si preferisce la forma collettiva.

---

[73] *Talmud Babilonese, Jevamot* 64a.
[74] *Talmud Babilonese, Berakhot* 12b e *Baba Kamma* 92a.

La tradizione fornisce una spiegazione raccontando che un maestro compose la seguente preghiera da recitarsi partendo per un viaggio, impresa pericolosa al suo tempo[75]:

> Possa essere Tua volontà, o Signore mio Dio, di condurmi in pace, e di liberarmi da ogni nemico ed insidia nella via. Manda una benedizione sopra l'opera delle mie mani, e fammi ottenere grazia, amore e misericordia ai Tuoi occhi e agli occhi di tutti coloro che mi vedono. Benedetto sii Tu, o Signore, che ascolta la preghiera.

Ma un collega criticò questa forma e commentò:

> L'uomo deve sempre associarsi alla comunità quando prega. Come deve pregare? "Possa essere Tua volontà, o Signore, nostro Dio, di condurci in pace e di liberarci da ogni nemico ed insidia nella via. Manda una benedizione sopra l'opera delle nostre mani, e facci ottenere grazia, amore e misericordia ai Tuoi occhi e agli occhi di tutti coloro che ci vedono. Benedetto sii Tu, o Signore, che ascolta la preghiera".

Da qui la consapevolezza che, anche quando prega da solo, l'ebreo prega sempre a nome di tutta la comunità. La sua fede quindi si esprime in preghiera nell'orizzonte di un'appartenenza che non deve mai essere dimenticata, poiché è nell'ambito della medesima che deve collocarsi il rapporto personale con Dio.

L'importanza della preghiera viene poi messa in rilievo da osservazioni come quelle che seguono[76]:

> La preghiera è più grande dei sacrifici. La preghiera è più grande delle buone opere, perché, nelle opere buone, tu non hai alcuno più grande di Mosè, nostro maestro; tuttavia egli fu esaudito soltanto attraverso la preghiera, come è detto. "Non parlarmi più di questo argomento. Sali sulla cima di Pisgah" (Dt 3,26).

---

[75] *Talmud Babilonese, Berakhot* 29b.
[76] *Talmud Babilonese, Berakhot* 32b.

Se ne deduce che Mosè ottenne di vedere da lontano la "Terra promessa" prima di morire proprio grazie alla preghiera che, in questo contesto, viene considerata più importante delle sue opere.

Un'altra dimensione importante della preghiera come segno di fede viene individuata in rapporto al cuore, dal quale deve sempre sgorgare se vuole essere ascoltata[77]:

> La preghiera dell'uomo non viene ascoltata se egli non si mette il cuore nelle mani, come è detto: "Innalziamo il nostro cuore con le mani verso Dio nel cielo" (Lam 3,41).

E ancora[78]:

> "Per amare il Signore vostro Dio e per servirlo con tutto il vostro cuore" (Dt 11,13). Cos'è il servizio nel cuore? La preghiera.

Non dimentichiamo che, nell'orizzonte unitario dell'antropologia biblica che non separa mai il corpo dallo spirito, il cuore costituisce il centro vitale della persona sede dei sentimenti, della volontà e della ragione. Pertanto è solo a partire dal cuore che la preghiera può esprimere la fede come segno del coinvolgimento di tutta la persona.

Ci sono alcune preghiere famose dei maestri del *Talmud* contenute nel trattato *Berakhot*, "Benedizioni", che testimoniano quanto la preghiera che sgorga dal cuore possa declinare in maniera significativa i sentimenti, le attese e le speranze dell'uomo. Ecco due esempi significativi tratti da quelle più note[79]:

> Possa essere Tua volontà, o Signore nostro Dio, di concederci lunga vita, una vita di pace, una vita di bene, una vita di benedizione, una vita di alimenti, una vita di vigore del corpo, una vita segnata dal timore del peccato, una vita libera da vergogna e da rimprovero, una vita di prosperità e di onore, una vita in cui l'amore della *Torah* e il ti-

---

[77] *Talmud Babilonese, Ta'anit* 8a.
[78] *Talmud Babilonese, Ta'anit* 2b.
[79] *Talmud Babilonese, Berakhot* 16b; *Talmud Palestinese, Berakhot* 7d.

more del Cielo siano in noi, una vita in cui Tu adempia tutti i desideri del nostro cuore per bene.

Piaccia dinanzi a Te, o Signore mio Dio e Dio dei miei padri, di spezzare e far cessare il giogo della cattiva tentazione dai nostri cuori, poiché Tu ci hai creato per adempiere il Tuo volere, e a questo noi siamo tenuti. Tale è il Tuo desiderio, tale anche è il nostro; ma che ci impedisce? Il lievito che è nella pasta[80]. È manifesto e noto innanzi a Te che non abbiamo forza per resistergli; piaccia dunque a Te, o Signore mio Dio e Dio dei miei padri, di farlo cessare di sopra a noi e di sottometterlo, sì che possiamo adempiere il Tuo volere come il nostro volere con cuore perfetto.

Come si può notare, nella seconda preghiera emerge l'alternanza fra il riferimento al singolo (mio, miei) e alla collettività (noi, nostro), secondo un dinamismo che comprende entrambi fra loro correlati. Si nota inoltre minor spregiudicatezza rispetto alla preghiera salmica, che comunque rimane la struttura portante della liturgia sia famigliare che sinagogale. A tale proposito è interessante che un Salmo imprecatorio sia confluito nel rituale della cena pasquale per ricordare che è meglio invocare la giustizia divina piuttosto che operare vendetta attraverso le mani dell'uomo[81]:

Riversa la tua ira sulle nazioni pagane che Ti hanno misconosciuto,
e sui regni che non invocano il tuo Nome
poiché hanno divorato Giacobbe
e distrutto la sua sede.
(Sal 79,6-7)

Fede quindi che si trasforma in preghiera affidando a Dio un'attesa di giustizia nell'orizzonte di un "memoriale" di libertà con il quale ogni anno si "esce" nuovamente dall'Egitto, cioè da ogni forma di schiavitù, "rimanendo saldi" e "affidandosi" al Dio dei padri.

---

[80] È un modo per alludere alle cattive inclinazioni.
[81] *Haggadah di Pasqua*, a c. di A.S. Toaff, p. 81.

(d) Riconoscendo JHWH come Padre

Un altro aspetto importante della fiducia in JHWH è il Suo riconoscimento come Padre, creatore di ogni uomo, capace di prendersi cura dei suoi figli (cfr. Sal 8,1ss.). Così infatti si rivolge il popolo di Israele al Signore nella testimonianza del Libro del profeta Isaia: «Tu sei nostro Padre (*'avinu*), ti chiami nostro redentore» (Is 63,16), e ancora: «Tu sei nostro Padre (*'avinu*) che ci ha plasmato come argilla» (Is 64,7). Tale riconoscimento è in linea con la modalità attraverso la quale Dio stesso si rivela al suo popolo:

[Il Signore dice a Mosè] Così dirai al Faraone: Israele è il mio figlio primogenito [...]. Lascia partire mio figlio perché mi serva (Es 4,22-23).

[Il Signore a Israele] Forse non gridi verso di me: "Padre mio?" (*'avi*), amico della mia giovinezza [...]. Come vorrei considerarti tra i miei figli [...] a cui dare l'eredità [...]. Voi mi direte: "Padre mio" (*'avi*) [...]. Ritornate figli peccatori (Ger 3,4; 19; 22).

[Il Signore a Israele] Io sono un Padre (*le'av*) per Israele. [...] Efraim è figlio caro [...], le mie viscere (*me'ai*) si commuovono per lui, provo per lui profonda tenerezza/compassione (*rachem 'arachamenu*) [anche se peccatore] (Ger 31,9 e 20).

Per questo nella liturgia ci si rivolge a Lui interpellandolo come *'Avinu Malkenu*, "nostro Padre, nostro Re"[82]:

Nostro Padre, nostro Re, non abbiamo altro Re celeste all'infuori di Te
Nostro Padre, nostro Re, agisci verso di noi per l'amore del Tuo Nome
Nostro Padre, nostro Re, liberaci da cattivo destino
Nostro Padre, nostro Re, destina a noi avvenimenti buoni
[...]
Nostro Padre, nostro Re, fa che ritorniamo a Te con sincera penitenza
Nostro Padre, nostro Re, non rimandarci senza averci esaudito

---

[82] *Rosh ha-Shanah – Preghiere della festa di Capodanno*, pp. 123-124; cfr. *Siddur hashallem*, a c. di Rav S.J. Sierra e Rav Shlomo Bekhor, Ed. DLI/Mamash, Milano 1998, pp. 140-143.

[...]

Nostro Padre, nostro Re, agisci per la Tua infinitamente grande misericordia e clemenza, abbi pietà di noi e salvaci.

Significativo al riguardo è anche un commento rabbinico all'E-
sodo di natura omiletica[83], nel quale, in riferimento al versetto 17
del capitolo 15 conosciuto come *Il canto del Mare*, si afferma:

> Sia lodato il Nome del Santo – benedetto Egli sia- che, per il gran-
> de amore con cui amò Israele, li chiamò "figlio mio primogenito"
> (Es 4,22).
> Vedi quante sono le misericordie del Santo, benedetto Egli sia!
> È lo schiavo, che veste il suo signore; ma il Santo – benedetto Egli sia –
> veste Israele; come sta scritto: "E ti rivestii di abiti ricamati" (Ez 16,10).
> È lo schiavo, che lava il suo signore; ma il Santo – benedetto Egli sia –
> lava Israele; come sta scritto: "E ti lavai con acqua" (Ez 16,9).
> È lo schiavo che calza il suo signore; ma il Santo – benedetto Egli sia
> – calza Israele; come sta scritto: "E ti calzai di tasso" (Ez 16,10).
> E, oltre a tutti questi benefici, quando furono esiliati in Egitto, la
> *Shekhinah* [presenza divina] andò con loro; come sta scritto: "Io
> scenderò con te in Egitto" (Gen 46,4).
> Furono esiliati nel mondo, e la *Shekhinah* andò con loro; come sta
> scritto: "Posi il mio trono nel mondo" (Ger 49,38).
> Furono esiliati in Babilonia, e la *Shekhinah* andò con loro, come sta
> scritto: "Per amore vostro sono stato mandato in Babilonia" (Is 43,14).
> E un giorno il Santo – benedetto Egli sia – farà tornare Israele al mon-
> te della Sua santità; come sta scritto: "E li farò giungere al monte del-
> la mia santità" (Is 56,7). E in seguito: "E li pianterò nella loro Terra"
> (Am 9,15).

Il commento declina così una serie di attenzioni divine verso
Israele dalla chiara connotazione paterna, che spaziano dal curare,

---

[83] Si tratta del *Midrash Vajosha*, "E salvò", che prende il nome dalla parola con cui inizia
il testo di Es 14,30: «E salvò JHWH in quel giorno». Si tratta di un ampio commento, di
natura omiletica, composto verso la fine dell'XI secolo e utilizzato nella liturgia dei giorni
di Pasqua. È disponibile in traduzione italiana: *Il Canto del Mare. Midrash sull'Esodo*, a c. di
U. Neri, Città Nuova, Roma 1981[2]. I passi citati si trovano a pp. 145-147.

vestire, stare accanto fino al salvare. La fede in JHWH si esprime così come la fede in un Padre capace di rispondere a tutte le necessità e alle attese di salvezza dei suoi figli.

(e) Lo *Shema' Jisra'el*

La preghiera che contraddistingue – forse più di ogni altra – la fedeltà del popolo ebraico a JHWH è lo *Shema' Jisra'el*, "Ascolta Israele", che costituisce la "professione di fede" tradizionale articolata in tre sezioni che comprendono tre passi della *Torah*, due tratti dal Libro Deuteronomio e uno da quello dei Numeri:

Ascolta, Israele, JHWH è il nostro Dio, JHWH è Uno/unico (Benedetto il Suo Nome glorioso per sempre). Tu amerai dunque JHWH tuo Dio con tutto il tuo cuore, con tutta la tua persona e con tutte le tue forze. E queste parole che Io ti comando oggi saranno sul tuo cuore: le ripeterai ai tuoi figli e ne parlerai con loro stando nella tua casa, camminando per la via, quando ti coricherai e quando ti alzerai. Le legherai come un segno sul tuo braccio e saranno come frontali fra i tuoi occhi, le scriverai sugli stipiti delle tue case e sulle porte [della città] (Dt 6,4-9).

Se dunque ascolterete i precetti che Io vi comando oggi, di amare cioè JHWH vostro Dio e di servirlo con tutto il vostro cuore e con tutta la vostra persona, Io concederò alla vostra terra la pioggia a suo tempo, quella autunnale e quella primaverile, e tu potrai raccogliere il tuo grano, il tuo mosto e il tuo olio; farò crescere l'erba nel tuo campo per il tuo bestiame e tu potrai mangiare e saziarti. Guardate bene però che il vostro cuore non sia sedotto e vi sviate, servendo altri dei e prostrandovi a loro. La collera di JHWH divamperebbe contro di voi! Egli chiuderebbe il cielo, non ci sarebbe più pioggia e la terra non potrebbe più dare il suo prodotto, e voi sareste dispersi in breve tempo dalla buona terra che JHWH sta per darvi. Ma voi porrete invece queste Mie parole sul vostro cuore e sulla vostra persona, le legherete come un segno sul vostro braccio e saranno come frontali fra i vostri occhi. Le insegnerete ai vostri figli: parlandone con loro stando casa, quando cammini per la via, quando ti coricherai e quando ti alzerai.

Le scriverai anche sugli stipiti delle porte della tua casa e su quelle delle tue città, affinché si prolunghi la vostra vita e quella dei vostri figli nella terra che JHWH ha giurato di dare ai vostri padri come i giorni del cielo e della terra (Dt 11,13-21).

JHWH parlò a Mosè dicendo: "Parla ai figli di Israele e di' loro che si facciano delle frange agli angoli delle loro vesti per le loro generazioni, e pongano fra le frange di ogni angolo un filo di lana azzurra. Esse saranno per voi di ornamento, e quando lo vedrete ricorderete tutti i precetti di JHWH e li eseguirete senza lasciarvi trascinare dal vostro cuore e dai vostri occhi che vi spingerebbero all'infedeltà; affinché dunque vi ricordiate ed eseguiate tutti i Miei precetti e siate santi per il vostro Dio. Io sono JHWH Dio vostro, che vi ha fatto uscire dalla terra d'Egitto per essere per voi Dio, Io sono JHWH, Dio vostro (Nm 15,37-41).

La ragione per cui è stato stabilito che i tre brani dello *Shema'* vengano recitati in quest'ordine è spiegata nella *Mishnah* a nome di Rabbi Jehoshua ben Qorkhah: con il primo brano tratto dal Deutoronomio (Dt 6,4-9) si accetta il "giogo del Regno dei cieli", cioè la sovranità di Dio; con il secondo (Dt 11,13-21) si accetta il "giogo dei precetti" riconoscendo il dovere di osservarli, che è una conseguenza dell'accettazione della sovranità divina; con il terzo brano (Nm 15,37-41) si accetta il precetto degli *tzitzi'ot*, le "frange", che deve essere osservato solo di giorno a differenza dei precetti contenuti nei brani precedenti che devono essere osservati anche di notte, e per questo il terzo brano viene recitato solo la mattina[84].

L'elemento che subito colpisce è che, a differenza di altre tradizioni religiose, nello *Shema'* non si elencano una serie di verità da credere ma si invita a mettersi in ascolto della parola di JHWH, alla quale si deve rispondere con l'ortoprassi nell'orizzonte del "faremo e ascolteremo" attestato al Sinai (cfr. Es 24,7). A questo proposito, la tradizione fa notare che nel testo massoretico la prima e l'ultima parola del primo versetto di questa professione di fede (Dt 6,4), rispettivamente *shema'*, "ascolta", e *'echad*, "Uno/unico", terminano l'una con la lettera *'ajin* e l'altra con la lettera *dalet* scritte entrambe

---

[84] Cfr. *Mishnah, Berakhot* II,2.

con una grafia più grande; se le uniamo otteniamo il termine *'ed*, "testimone", e questo serve a ricordare all'ebreo la sua responsabilità darivante dall'elezione/vocazione, che implica il suo continuo impegno di testimonianza fra i popoli in rapporto ad un Dio che non soltanto è "Uno" ma "unico", in quanto è il solo in grado di salvare[85], ed essere testimone di JHWH fra le genti significa osservare i precetti rivelati al Sinai mantenendosi "saldi" in Lui così come lo è stato Abramo. Ma essere testimone significa anche trasmettere gli insegnamenti rivelati ai propri figli in ogni momento della propria vita: "Stando in casa, camminando per via, coricandosi, alzandosi ..." ma soprattutto secondo una dinamica narrativa: "Ripetendo e parlando" con loro. Per questo il momento privilegiato della testimonianza, che diventa trasmissione della tradizione da una generazione all'altra, è quello della liturgia famigliare, del "memoriale" dove si racconta la storia della salvezza in un contesto rituale accompagnato da segni che la attualizzano nel tempo, e dove attraverso la ripetizione ciclica del calendario annuale si interiorizza progressivamente e gradualmente quella parola rivelata che deve "stare sul cuore".

Nello stesso orizzonte si collocano anche i segni simbolici prescritti dallo *Shema'* stesso: i filatteri, la *mezuzah*, e le frange. I filatteri sono costituiti da due scatolette di cuoio contenenti brani della *Torah*: il primo va posto sul capo, come "frontale fra gli occhi", per indicare che l'uomo è limitato nella sue realizzazioni intellettuali, mentre il secondo va "legato al braccio" sinistro all'altezza del cuore per sottolineare che è sul medesimo – in quanto centro vitale della persona – che devono stare "tutte le parole" che "oggi" JHWH rivela, che cioè sono sempre attuali.

La *mezuzah* invece è un contenitore rigido, che contiene l'intero *Shema'*, e che deve essere posto all'altezza degli occhi sullo stipite destro della porta d'ingresso e – se si desidera – anche di tutte le porte interne della casa; lo stesso vale per le porte delle città, come quelle della Città vecchia a Gerusalemme dove è ben visibile. Infine le frange, gli *tzitziot* agli angoli del vestito, che sono quelle che si trovano anche agli angoli del *tallit*, lo scialle per la preghiera, carat-

---

[85] Cfr. E. Kopciowski, *Shema'. Queste parole saranno nel tuo cuore e le ripeterai ai tuoi figli*, Effatà, Cantalupa (TO) 2004, pp. 25 e 41-43.

terizzate da una serie di nodi che simbolicamente rappresentano il Nome divino impronunciabile e contengono un filo azzurro o blu scuro che contrasta con gli altri fili bianchi più numerosi: l'azzurro rimanda alla giustizia mentre il bianco esprime la misericordia divina, mostrando che quest'ultima è decisamente più abbondante della prima come attestato dalla *Torah*:

> Io, JHWH tuo Dio, sono un Dio geloso che punisce il peccato dei padri sui figli fino alla terza generazione e alla quarta generazione per coloro che Mi odiano, ma uso misericordia fino alla millesima generazione per coloro che mi amano e che osservano i Miei precetti (Es 20,5-6).

L'ebreo è testimone di questa abbondanza di misericordia che supera la giustizia divina, e lo è per se stesso, per la comunità e per tutta l'umanità. Ne deriva pertanto la responsabilità nel mostrare tale differenza attraverso il proprio atteggiamento, attraverso la vita di relazione e attraverso le proprie scelte: l'amore divino si mostra infatti attraverso l'amore umano, e la simbologia delle frange è un preciso richiamo a questo[86]. Per rispettare il precetto degli *tzitziot* durante tutta la giornata si usa portare un *tallit* piccolo sotto alla camicia lasciando o meno visibili le frange. Tutti questi segni richiamano costantemente all'ebreo sia il suo senso di appartenenza che il suo dovere di testimonianza, che si esprime già a partire dal momento in cui vengono posti.

Confrontando poi i due brani dello *Shema'* tratti dal Deuteronomio, si può notare che le indicazioni divine contenute nel primo, ed espresse con i verbi al singolare "ripeterai, parlerai, legherai, scriverai...", vengono ribadite nel secondo alternando singolare e plurale: "Porrete, insegnerete, legherete, scriverai...". Tradizionalmente si sottolinea che, in questo modo, si pone l'accento sull'importanza di una testimonianza di fede sia individuale che collettiva secondo una dinamica di reciprocità: c'è una responsabilità individuale sostenuta da quella della comunità che non può sostituirsi a quella del singolo ma può accompagnarlo, nello stesso tempo è dalla testi-

---

[86] Riguardo all'amore umano capace di mostrare quello divino e riguardo al valore della testimonianza nel cammino di fede è interessante il seguente saggio: M. Buber, *Il cammino dell'uomo*, Qiqajon, Magnano (VC) 1990.

monianza dei singoli in rapporto fra loro che nasce la comunità. C'è anche chi sottolinea che i verbi al singolare riguardano la testimonianza in famiglia, prima comunità di fede, alla quale si associa poi quella comunitaria in quanto tutti i figli di Israele sono responsabili l'uno dell'altro[87]. A tale proposito è interessante anche il modo con cui la tradizione commenta un'altra ripetizione che si trova nell'Esodo in riferimento alla preparazione della teofania sinaitica:

> Mosè salì verso Dio, e JHWH lo chiamò dal monte dicendo: "Così dirai (*to'mar*) alla casa di Giacobbe e racconterai (*tagghed*) ai figli di Israele" (Es 19,3).

I maestri cercano di capire che senso possa avere la ripetizione "dirai, racconterai" che, a prima vista, sembrerebbe solo rafforzare il discorso. Tuttavia, sulla base delle due diverse radici verbali, *'-m-r* che comprende i significati di "dire, progettare" e *n-g-d* che esprime il senso del "narrare, raccontare", si arriva alla conclusione che l'imperativo "dirai" è rivolto alle donne, e quindi a tutte le madri, mentre "racconterai" è rivolto agli uomini, e quindi a tutti i padri[88]. La donna infatti stabilisce un rapporto con il nascituro fin dal seno materno, dove si forma la vita, ed è quindi la prima testimone dei valori tradizionali per i figli oltre ad essere la garante della santità della vita famigliare, che comprende la *kasherut* – la normativa riguardo all'alimentazione – e la liturgia domestica; il padre invece è colui che solitamente introduce i figli allo studio e presiede la narrazione durante la liturgia delle feste, in particolare durante la lettura della *Haggadah*, l'Esodo commentato dai maestri, che avviene durante la cena pasquale. In questo modo si rimanda alla responsabilità di una testimonianza nel rispetto della differenza uomo/donna, padre/madre, dove, nella distinzione dei ruoli, non si può delegare all'altro/a ciò che costituisce una responsabilità propria.

Lo *Shema'*, che solitamente viene recitato due volte al giorno, accompagna l'ebreo dalla sua più tenera età fino al momento in cui

---

[87] Cfr. E. Kopciowski, *Shema'. Queste parole saranno nel tuo cuore e le ripeterai ai tuoi figli*, pp. 43-46.

[88] Cfr. *Shemot Rabbah* XXV,1.

esala l'ultimo respiro, ricordandogli costantemente in che modo deve concepire la vita "rimanendo saldo" in Dio che lo interpella con l'imperativo: "Ascolta!". Come sottolinea Elia Kopciowski:

> È un appello che allo stesso tempo lo impegna a mantenere di generazione in generazione questa fede, sia attraverso il chiaro precetto "e insegnerai queste parole che Io ti comando oggi ai tuoi figli", sia attraverso quei segni esteriori che lo accompagnano in ogni momento e in ogni luogo. [...] Questi segni impegnano l'ebreo e i membri della sua famiglia a tenere sempre presente quale sia la missione affidata loro come discendenti di Abramo, il padre dei credenti, a cui fu detto: "E sii benedizione per tutte le famiglie della terra" (Gen 12,3)[89].

E il rapporto con la fede dei padri emerge in maniera significativa nella seconda benedizione che precede la recita dello *Shema'*, dove nella prima parte si dice:

> Di un amore eterno ci amasti, JHWH Dio nostro, con grande e generosa pietà ci trattasti. Nostro Padre, nostro Re, per riguardo al tuo grande Nome, per riguardo ai nostri padri che confidarono in Te [...] abbi pietà di noi e ispira nel nostro cuore intelligenza per capire, comprendere, ascoltare imparare e insegnare, osservare, eseguire e mantenere tutte le parole dello studio della tua *Torah* con amore; illumina i nostri occhi con la tua *Torah*, fai aderire i nostri cuori ai tuoi precetti e unisci i nostri cuori per amare e temere il tuo Nome[90].

Ogni elemento liturgico è pertanto orientato alla testimonianza che diventa adesione ai precetti, ad una fede che si mostra attraverso le opere, capace di confidare in JHWH così come lo hanno fatto i padri. La storia dell'ebraismo annovera molti martiri che sono andati incontro alla morte recitando lo *Shema'*, testimoniando la loro "saldezza" in Dio nonostante la prova e credendo al Suo amore anche in un contesto che sembrerebbe negarlo.

---

[89] E. Kopciowski, *Shema'. Queste parole saranno nel tuo cuore e le ripeterai ai tuoi figli*, p.24.
[90] *Siddur hashallem*, a c di Rav S.J. Sierra e Rav Shlomo Bekhor, p. 105.

3. Attendendo i "tempi messianici"

L'attesa messianica è uno dei capisaldi della vita religiosa ebraica, e per questo è uno degli elementi che caratterizzano la liturgia, nell'ambito della quale il richiamo alla venuta del Messia emerge in maniera significativa nella quindicesima benedizione che segue la recita dello *Shemaʿ*:

> Fai presto crescere il germoglio del tuo servo David, che sollevi la fronte, grazie al tuo aiuto; perché noi continuamente speriamo nella salvezza che ci viene da Te. Benedetto sei Tu, Signore, che porta gloria e salvezza[91].

Come si può notare, nonostante l'iniziale riferimento esplicito ad un Messia davidico, l'accento si sposta poi sulla salvezza che "viene da Dio", lasciando intendere che, comunque vadano le cose, tutto dipenderà da Lui. Nell'ebraismo infatti l'attesa messianica va considerata soprattutto in riferimento ai "tempi messianici", che si manifesteranno con un cambiamento storico visibile nell'orizzonte della profezia di Isaia: scompariranno la malattia, il dolore e la morte, nel mondo regnerà la pace e ci saranno segni visibili di un'era nuova (cfr. Is 11,1ss.), segni parzialmente ripresi nel Salmo 91 (cfr. Sal 91,13) che richiamano quelli della "nuova alleanza" nel Libro di Geremia (cfr. Ger 31,33-34) e "dell'acqua che risana" in quello di Ezechiele (cfr. Ez 47,9). Seguirà poi il "mondo avvenire", del quale faranno parte anche i morti ai quali Dio "ridarà la vita" così come profetizzato da Isaia ed Ezechiele (cfr. Is 26,19; Ez 37,1-14) e nel Libro di Daniele (cfr. Dn 12,2-3). Se tale processo sarà mediato o meno dall'azione di un Messia è oggetto di discussione. Il *Talmud* raccoglie le posizioni più svariate al riguardo: il "figlio di Davide", prescelto e "consacrato" da Dio[92], giungerà secondo alcuni quando gli uomini faranno il bene, secondo altri quando il male dilagherà ovunque, ma c'è anche chi ritiene che Dio stesso potrebbe cambia-

---

[91] *Ibidem*, pp. 126-127.
[92] Messia significa "unto" e non ha connotazioni sovrumane.

re la storia senza bisogno di intermediari[93]. E ancora: «Se Israele osservasse due *Shabbat* secondo la *Torah* immediatamente sarebbe redento»[94]. Non dimentichiamo inoltre l'attesa legata al ritorno del profeta Elia che potrebbe avvenire proprio durante la celebrazione di una cena pasquale, motivo per cui si recita in questo contesto una benedizione su di un calice di vino destinato a lui – che quindi non si beve – e si lascia la porta aperta per invitarlo ad entrare[95]. Interessante, anche se minoritaria rispetto a quella davidica, è la posizione di chi ritiene che il Messia potrebbe essere un discendente di Giuseppe, figlio di Giacobbe, un Messia sofferente sul modello del Servo del Signore deuteroisaiano, un Messia "nascosto" destinato alle "genti" e inviato da Dio per preparare i "tempi messianici" per tutti[96].

In tale orizzonte si colloca quindi la fiducia nel compimento della redenzione che introduce nel "mondo avvenire", variamente descritto nelle fonti rabbiniche e naturalmente oggetto di discussione riguardo alle sue caratteristiche. C'è tuttavia un elemento fondamentale sul quale tutti ripongono la loro fiducia: Dio è fedele alle sue promesse, quindi la creazione sarà redenta. Pertanto è importante non perdere la speranza, soprattutto nei momenti difficili nei quali è messa a dura prova, così come è necessario essere sempre pronti all'ingresso nel "mondo avvenire" del quale non è dato conoscere in anticipo il momento.

(a) Anche se tardano a venire

Riguardo alla fede nell'avvento dei "tempi messianici", nonostante le contraddizioni storiche che sembrerebbero negarli, è particolarmente significativa una famosa preghiera di origine post-biblica, molto più sintetica rispetto allo *Shema*, la quale riprende il dodicesimo dei "Tredici principi di fede" di Maimonide che vengono recitati come conclusione della preghiera del mattino[97], ed è nota come *'Ani ma'amin*, "Io credo/rimango saldo", che sono le parole iniziali del se-

---

[93] Cfr. *Talmud Babilonese, Sanhedrin* 98a; *Jomah* 86b.

[94] *Talmud Babilonese, Shabbat* 118b.

[95] Cfr. *Haggadah di Pasqua*, a c. di A.S. Toaff, pp. 80-91.

[96] Cfr. *Talmud Babilonese, Baba Batra* 126b.

[97] Sono riportati in appendice e sono ritrovabili in: *Siddur hashallem*, a c. di Rav S.J. Sierra e Rav Shlomo Bekhor, pp. 202-205.

guente testo che è stato cantato anche in occasione della famosa visita di Giovanni Paolo II alla Sinagoga di Roma il 13 aprile del 1986:

> Io credo ('*ani ma'amin*) con fiducia illimitata alla venuta del Messia. E nonostante che tardi a venire, nonostante tutto io credo![98].

Questa attestazione di fede fa parte tra l'altro del "Rituale della Rimembranza" che molte famiglie introducono nella liturgia di Pasqua, sia per ricordare i superstiti del Ghetto di Varsavia che, assieme ad altri sei milioni di ebrei, sono andati incontro alla morte durante la *Sho'ah*, sia per far memoria dei martiri di ogni tempo. Molto spesso viene cantata sulla base di una melodia attribuita al Rebbe Azriel David, proveniente da una famosa dinastia di maestri chassidici[99] di Deblin, una città della Polonia, il quale l'avrebbe composta mentre veniva deportato a Treblinka. Questo canto sarebbe poi diventato noto fra molti altri *chassidim* deportati che, assieme allo *Shema'*, lo hanno utilizzato per testimoniare la loro fiducia in Dio e nei "tempi messianici" mentre venivano portati alle camere a gas. Una testimonianza che attesta la capacità di mantenere viva la dignità umana in un contesto volto invece all'annientamento della persona.

A tale proposito vale la pena ricordare che Wiesel, dopo l'orrore di Auschwitz, ritiene di poter credere ancora nel Messia ma solo ad una condizione:

> Credo in lui con tutto il mio cuore, e più di prima. Ma la sua venuta dipende da noi. Come dicono i testi della Cabbalà, è l'uomo e non il Signore che determina le modalità e l'ora della venuta del redentore[100]. [...] Certo, come tutti, ho conosciuto la collera e ho alzato

---

[98]   *Haggadah di Pesach. Ricordare per essere liberi*, a c. di L. Campos e R. Di Segni, Carucci, Roma 5746-1986³, p. 49. Mie le precisazioni fra parentesi.

[99]   Il chassidismo è lo sviluppo più recente della *qabbalah*, la mistica ebraica, fondato attorno al 1750 da Jisra'el ben Eliezer denominato il *Ba'al Shem Tov*, il "Signore dal Nome Buono". Per un approfondimento al riguardo si rimanda a: G. Laras, *La mistica ebraica*, Jaca Book, Milano 2012; G. Scholem, *Le grandi correnti della mistica ebraica*, Il Melangolo, Genova 1990.

[100]   Si riferisce alla prospettiva mistica per la quale quando l'uomo fa il bene "redime" Dio che è coinvolto nel mistero del male e della sofferenza e affretta i tempi messianici. Per un approfondimento al riguardo si rimanda a: *I grandi temi della mistica ebraica*, a c. di G.

la mia voce per protestare. Non lo rimpiango. Ma, con gli anni, ho capito lo sdoppiamento dell'interrogazione che l'uomo moderno subisce: come ho il diritto di domandare al Giudice di tutti gli uomini: perché hai permesso Auschwitz?, così Lui ha il diritto di domandarci: perché avete rovinato la mia creazione? Con che diritto avete tagliato gli alberi della vita per farne un altare alla gloria della morte?[101].

È la stessa domanda che si pone anche Hans Jonas nella sua riflessione su Dio dopo la *Sho'ah*, rimettendo al centro la libertà umana usata male come "limite" all'agire di Dio nella storia[102]. In altri termini: di fronte al male per così dire "assoluto", è necessario credere sia in Dio che nell'uomo.

In questa prospettiva, vale la pena ricordare che esiste anche un'altra versione di *'Ani ma'amin*, dove le parole sono le stesse ma la musica è molto più allegra, che viene utilizzata in occasioni felici – come i matrimoni – e che è stata coreografata nell'ambito della danza popolare, dimensione fondamentale nella vita dell'ebreo, ampiamente utilizzata anche a livello liturgico durante le feste e le tappe religiose della vita[103].

Ascolto, testimonianza, adesione ai precetti e fiducia "nonostante tutto", emergono pertanto come aspetti di un'unica professione di fede fra loro correlati.

(b) Per non rischiare di essere esclusi dal "banchetto divino"

L'ortoprassi ebraica non solo ci testimonia una dimensione di fede dove si comprende facendo, ma è in stretta connessione con un concetto di verità che, più che un presupposto, si delinea come una meta, un punto di arrivo alla fine della storia – compresa come storia di salvezza – verso la quale gli uomini sono chiamati a camminare insieme comprendendone progressivamente la portata. La

---

Burrini, EDB, Bologna 2003; G. Laras, *La mistica ebraica, cit.*; G. Scholem, *Le grandi correnti della mistica ebraica, cit.*

[101] E. Wiesel, *Credere o non credere*, Giuntina, Firenze 1986, p.197.

[102] Cfr. H. Jonas, *Il concetto di Dio dopo Auschwitz*, Il Melangolo, Genova 2004.

[103] Per un'approfondimento di questo aspetto si rimanda a: E. L. Bartolini, *Come sono belli i passi... la danza nella tradizione ebraica*, Ancora, Milano 2000; *Danza ebraica o danza israeliana? La danza popolare nel farsi dell'identità del paese*, Effatà, Cantalupa (TO) 2012.

funzione della *Torah* e dei precetti è quella di orientare, di "indicare la strada", secondo vie che, in quanto "vie di Dio", come ricorda Isaia non sempre corrispondono alle vie degli uomini (cfr. Is 55,8). "Rimanere saldi" in JHWH significa pertanto misurarsi costantemente con l'imperscrutabilità divina camminando alla luce degli insegnamenti rivelati, "facendo" quanto prescritto nella Sua *Torah* compresa come "via" di salvezza.

In tale prospettiva i maestri di Israele ricordano che è importante dedicare tutta la vita alla *teshuvah*, alla "conversione", in quanto non è dato sapere quale sarà il momento in cui sopraggiungerà la morte. Il termine *teshuvah* in ebraico ha fondamentalmente due significati: "risposta" e "ritorno", e pertanto esprime una dinamica di conversione che comprende la volontà di rispondere alla misericordia divina, sempre pronta ad accogliere il peccatore pentito, ritornando a Lui con una sorta di "inversione ad U". È la dinamica del giorno di *Kippur*, in riferimento alla quale la tradizione insegna che Dio può perdonare a condizione che la riconciliazione fra gli uomini sia già avvenuta[104]:

> *Jom Kippur* [il giorno di *Kippur*] procura il perdono solo per le trasgressioni commesse tra l'uomo e Dio; per le trasgressioni commesse tra uomo e uomo *Jom Kippur* procura il perdono solo se uno si è prima rappacificato con il suo fratello.

La conversione implica quindi risposte concrete, gesti autentici che, ancora una volta, rimandano all'importanza di una prassi capace di veicolare dei valori, che non può limitarsi ad un giorno all'anno ma deve costituire un atteggiamento costante, dove la fede si esprime nella vigilanza in attesa del compimento della vita terrena.

C'è una spiegazione famosa al riguardo fissatasi nel *Talmud* che utilizza l'immagine dell'invito al "banchetto divino" tanto cara anche ai Vangeli[105]:

---

[104] *Talmud Babilonese, Shabbat* 151b. Cfr. M. Maimonide, *Hilkhot hateshuvà* (*Norme sulla teshuvà*), Unione delle Comunità Israelitiche Italiane, D.A.C. Dipartimento Assistenza Culturale, Roma 1983-5743, pp. 21-26.

[105] *Talmud Babilonese, Shabbat* 153a. Cfr. Mt 22,1-14; Lc 14,16-24.

Rabbi Eliezer insegnava: "Convertiti un giorno prima della tua morte!". I discepoli gli domandarono: "Ma si può sapere in che giorno
si muore?". Rabbi Eliezer replicò: "Ragione di più per convertirsi già
oggi; poiché si potrebbe morire anche domani. Così si dedica tutta
la vita alla conversione. Anche Salomone intendeva questo quando
nella sua saggezza diceva: Siano sempre bianche le tue vesti e al tuo
capo non manchi il profumo" (Qo 9,8).

Rabbi Jochanan ben Zakkaj applicò a questo una parabola: questo è
simile a un re che invitò i suoi servi a un banchetto, senza indicare l'o-
ra esatta del convito. I servi prudenti si prepararono subito e attesero
all'ingresso del palazzo. Pensavano che nel palazzo reale non man-
casse nulla e che la porta potesse aprirsi ogni momento. I servi stolti
invece continuarono il loro lavoro. Credevano che per un convito si
dovessero prima fare i preparativi e ci fosse ancora tempo all'apertura
della porta. Improvvisamente il re richiese la presenza dei suoi servi.
I servi prudenti entrarono con l'abito di gala, i servitori stolti con l'a-
bito sporco. Il re si rallegrò con i servi prudenti, ma si adirò con i servi
stolti. Egli comandò: "Coloro che si sono preparati per il convito, si
siedano per mangiare e bere. Quelli invece che non si sono cambiati
d'abito per il banchetto stiano in piedi a guardare!".

Il giusto che "vive della sua fede" (cfr. Ab 2,4) è dunque colui
che è "sempre pronto" per non rischiare di "stare in piedi a guardare". Essere pronti "con Dio" o "lottando" con Lui, l'importante è non
mancare all'appuntamento.

Selezione bibliografica

G. Auzou, *Dalla servitù al servizio. Il libro dell'Esodo*, EDB, Bologna 1988³.

M. Buber, *Due tipi di fede. Fede ebraica e fede cristiana*, tr. it., San Paolo, Cinisello
       Balsamo (MI) 1995.

Id., *Il cammino dell'uomo*, tr. it., Qiqajon, Magnano (VC) 1990.

Id., *La fede dei profeti*, Marietti, tr. it., Casale Monferrato (AL) 1983.

Id., *Mosè*, Marietti, tr. it., Casale Monferrato (AL) 1983.

D. Hartman, *Sub specie humanitatis. Elogio della diversità religiosa*, tr. it., Aliberti,
       Reggio Emilia 2004.

A. J. Heschel, *Dio alla ricerca dell'uomo*, tr. it., Borla, Roma 1983.

Id., *L'uomo alla ricerca di Dio*, tr. it., Qiqajon, Magnano (BI) 1995.

H. Jonas, *Il concetto di Dio dopo Auschwitz*, tr. it., Il Melangolo, Genova 2004.

E. Kopciowski, *Shema'. Queste parole saranno nel tuo cuore e le ripeterai ai tuoi figli*, Effatà, Cantalupa (TO) 2004.

P. Lapide, *Leggere la Bibbia con un ebreo*, tr. it., EDB, Bologna 1985.

D. Lattes, *Nuovo commento alla Torah*, Roma (1986).

A. Neher, *L'esilio della Parola*, Marietti, tr. it., Casale Monferrato (AL) 1983.

M. Perani, *Personaggi biblici nell'esegesi ebraica*, Giuntina, Firenze 2003.

J. Riemer-G. Dreifuss, *Abramo: l'uomo e il simbolo*, tr. it., Giuntina, Firenze 1994.

E. Wiesel, *Cinque figure bibliche*, tr. it., Giuntina, Firenze 1988.

Id., *Credere o non credere*, tr. it., Giuntina, Firenze 1986.

Id., *Il processo di Shamgorod*, tr. it., Giuntina, Firenze 1982.

E. Zenger, *Un Dio di Vendetta? Sorprendente attualità dei salmi "imprecatori"*, Ancora, Milano 2005.

La tradizione cristiana. Letture neotestamentarie e riflessioni globali

di Ernesto Borghi

Che cosa significa "aver fede" oppure essere "uomini e donne di fede" a partire dalla Bibbia per chi faccia riferimento al Dio di Gesù Cristo? Molti, ancora oggi, risponderebbero a questa domanda più o meno così: quelli che hanno fede, sono tali perché frequentano regolarmente il culto domenicale, perché affermano di credere nella Trinità divina e in altre verità dottrinali, perché vivono, con gli alti e bassi propri di esseri umani, secondo principi e valori che si ispirano al Vangelo di Gesù. Si potrebbe dire altro, ma già queste motivazioni delineano un quadro abbastanza preciso, anche se non paiono delineare il cuore effettivo del discorso. Soprattutto non sembrano esprimere in che cosa consista, in ultima analisi, per la globalità dell'esistenza individuale, la fede stessa.

All'inizio dell'introduzione generale a questo volume abbiamo proposto il significato etimologico della parola *fede*. Questa base semantica, di ordine umano generale, è importante ma insufficiente per spiegare l'accezione cristiana originaria dell'espressione *fede* e della condizione e azione del *credere* relative. A tale scopo è necessario risalire alle radici culturali di tali concetti, che sono notoriamente ebraico-giudaiche.

1. Il fondamento ebraico/giudaico

In ebraico, la parola *fede* è espressa da vocaboli quali *'emûnáh* e *èmet*, la cui area semantica esprime questi elementi: fermezza, sicurezza, stabilità, rettitudine, integrità, verità.

Questa valenza tanto pregnante deriva dalla radice verbale *'mn* (= essere saldo, essere fondato, alzarsi, essere collaudato), soprattutto nelle forme normale passiva e causativa attiva, in cui il significato è rispettivamente "aver consistenza, durare, essere attendibile, fedele" e "star fermo, confidare, aver fede, credere"[1].

L'idea ebraico-giudaica di fede, che trova la sua rappresentazione fondamentale nell'AT, fa riferimento, quindi, ad un rapporto totalmente affidato nei confronti dell'oggetto della fede stessa. In ambito primotestamentario per descrivere l'atteggiamento chiamato "fede" si utilizzano anche altre derivazioni: *batah* (fidarsi), *qiwwah* (sperare), *hikkah* (attendere con ansia), *hasah* (rifugiarsi). Ed è certamente interessante notare che per esprimere i rapporti dell'essere umano con Dio si fa ricorso, in egual misura (150 volte circa ciascuno) a due gruppi semantici chiaramente diversi: timore e fiducia. Si tratta, però, di gruppi di termini così concomitanti che non di rado il timore di Dio non è che espressione di fede.

Le attestazioni primotestamentarie del vocabolario della fede sono moltissime. Eccone un breve saggio: Gen 15,6; Es 14,31; Nm 14,11; Dt 6,20-24; 26,5-9; Gs 24,2-13; Ne 9,5-25; Sal 22; 27; 57,2; 119,66.81; Is 65,16; Ger 39,18.

La relazione di fede tra Dio e gli esseri umani implica l'esperienza di tutti gli aspetti esistenziali etici sovracitati, in un clima e in una prospettiva che possono non essere di comprensione agevole ed immediata per noi oggi[2]. Infatti, nel nostro patrimonio semantico contemporaneo, l'ambito del credere ha in sé una dimensione di carattere soggettivo – il senso del ritenere, considerare, stimare, reputare – che associamo al termine credere e che non è certo di provenienza ebraico-cristiana[3]. Nell'AT *credere/aver fede*, nel loro senso pieno, fanno riferimento ad un senso oggettivo, in cui vi è identità tra la persona e le sue affermazioni secondo un concetto di credibilità che avvolge tutto e tutti: «La Bibbia non insiste sul credere che..., perché non nutriva dubbi. Il senso della presenza divina

---

[1] H. Wildberger, *'mn*, DTAT, I, coll. 156-169.

[2] Un esempio eloquente: la famosa profezia (2Sam 7,8-16), con cui Natan promette al re Davide che la sua casa e il suo regno saranno stabili e che la sua sarà la dinastia messianica, è vera, perché Dio è *colui che si dimostra fedele*.

[3] Si pensi alla tradizione filosofica greca (ad es. la corrente sofista del V secolo a. C.) e a successive tappe della storia del pensiero umano, dal filosofo francese Descartes in poi.

come realtà vivente e palpabile andava da sé»[4].

Nella formulazione caratteristica del NT con le espressioni *credere in, aver fede in* si indica ovviamente l'accoglimento dell'opera di salvezza compiuta da Dio in Gesù Cristo. In altre parole, la fede neotestamentaria è, anzitutto, grata accettazione, nella propria esistenza, che Gesù è il Cristo, è morto ed è risorto[5].

Su questa base si innesta l'essenza della predicazione dei discepoli di Gesù sull'evento Gesù Cristo, sperimentato nella loro vita. Si tratta del *kérygma* (= proclamazione, predicazione)[6], che viene proposto nella prima lettera di Paolo ai cristiani di Corinto: «Cristo morì per i nostri peccati secondo le Scritture e fu sepolto ed è risorto il terzo giorno secondo le Scritture» (15,3b-4).

Dopo questa serie di nozioni globali e introduttive[7], orientiamo la nostra analisi in due direzioni diverse e, in un certo senso, complementari. Anzitutto considererò globalmente i dati oggettivi della presenza del vocabolario della fede e del credere nei ventisette libri neotestamentari: ciò fornirà a lettrici e lettori una base di riferimento utile anche ad approfondimenti assai maggiori rispetto a quanto possibile in questo libro. Successivamente proporrò una lettura sintetica di alcuni passi neotestamentari particolarmente eloquenti nel far comprendere che cosa sia la fede secondo le testimonianze scritte basilari delle origini cristiane[8].

---

[4] G. Wigoder (ed.), *Dictionnaire Encyclopédique du Judaisme*, tr. fr., Cerf, Paris 1993, p. 416.

[5] Cfr., per es., Rm 10,14-17; 1Cor 1,21; 2,4-5. «Secondo il Nuovo Testamento la natura della fede è vivere secondo la verità che essa riceve; la fede, che poggia nella promessa di Dio, ringrazia per la grazia di Dio, operando per la gloria di Dio» (J.I. Packer, *Fede*, in *Dizionario di teologia evangelica*, EUN, Marchirolo [VA] 2007, p. 271).

[6] Il *keryx* (sostantivo che deriva – come *kérygma* – dal verbo greco *keryssein* = proclamare, predicare) era il banditore che, di città in città, nella grecità antica, annunciava a gran voce il testo di disposizioni giuridico-legislative d'interesse collettivo.

[7] Per una considerazione globale del tema *fede* nella Bibbia si vedano, per es., B. Rossi, *fede*, in *Dizionario Biblico della Vocazione*, a c. di G. De Virgilio, Editrice Rogate, Roma 2007, pp. 309-317; A. Pitta, *fede/fedeltà*, in *Temi teologici della Bibbia*, a c. di R. Penna – G. Perego – G. Ravasi, San Paolo, Cinisello Balsamo (MI) 2010, pp. 476-481.

[8] Non potrò, per ragioni di spazio, presentare i testi che leggerò nei loro contesti storici e testuali, come sarebbe scientificamente corretto. Rinvio, per es., ai riferimenti bibliografici contenuti nelle note a pie' di pagina per una considerazione più adeguata di tutte le questioni testuali, teologiche ed antropologiche inerenti a questi brani. Un'ultima notazione: le traduzioni dei testi neotestamentari proposte sono tutte opera mia.

Tali brevi letture saranno non più che dei "carotaggi" esegetico-ermeneutici che spero servano a stimolare ad andare oltre nell'analisi e nell'interpretazione dei testi neotestamentari che di fede e di credere più o meno ampiamente danno conto.

2. Il lessico della fede nel Nuovo Testamento

Il vocabolario del credere/aver fede nei ventisette libri neotestamentari è assai copioso. Limitiamoci ai dati testuali oggettivi, senza aver la pretesa di considerare analiticamente tutte queste numerosissime ricorrenze verbali. La radice è comune: *pist-* dal verbo *pèithomai* (= essere persuaso, avere fiducia, obbedire).

La distinzione semantica più ampia vede, da un lato, significati "positivi", dall'altro, significati negativi. Della prima categoria fanno parte il sostantivo *pìstis* (= fede, fiducia, affidamento)[9], il verbo *pistèuo* (= credere, fidarsi, fare affidamento su)[10], l'aggettivo *pistòs*

---

[9] 241 attestazioni, così ripartite:
   • 38 tra versioni evangeliche ed Atti degli Apostoli (Mt 8,10; 9,2.22.29; 15,28; 17,20; 21,21; 23,23; Mc 2,5; 4,40; 5,34; 10,52; 11,22; Lc 5,20; 7,9.50; 8,25.48; 17,5.6.19; 18,8.42; 22,32; At 3,16; 6,5.7; 11,24; 13,8; 14,9.22.27; 15,9; 16,5; 17,31; 20,21; 24,24; 26,18);
   • 141 nell'epistolario paolino (Rm 1,5.8.12.17[3]; 3,3.22.25.26.27.28.30[2].31; 4,5.9.11.12.13.14.16[2].19.20; 5,1.2; 9,30.32; 10,6.8.17; 11,20; 12,3.6; 14,1.22.23[2]; 16,26; 1Cor 2,5; 12,9; 13,2.13; 15,14.17; 16,13; 2Cor 1,24[2]; 4,13; 5,7; 8,7; 10,15; 13,5; Gal 1,23; 2,16[2].20; 3,2.5.7.8.9.11.12.14.22.23[2].24.25.26; 5,5.6.22; 6,10; Ef 1,15; 2,8; 3,12.17; 4,5.13; 6,16.23; Fil 1,25.27; 2,17; 3,9[2]; Col 1,4.23; 2,5.7.12; 1Ts 1,3.8; 3,2.5.6.7.10; 5,8; 2Ts 1,3.4.11; 2,13; 3,2; 1Tm 1,2.4.5.14.19[2]; 2,7.15; 3,9.13; 4,1.6.12; 5,8.12; 6,10.11.12.21; 2Tm 1,5.13; 2,18.22; 3,8.10.15; 4,7; Tt 1,1.4.13; 2,2.10; 3,15; Flm 5.6);
   • 62 nelle altre lettere neotestamentarie e nell'Apocalisse (Eb 4,2; 6,1.12; 10,22.38.39;   11,1.3.4.5.6.7[2].8.9.11.13.17.20.21.22.23.24.27.28.29.30.31.33.3; 12,2; 13,7; Gc 1,3.6; 2,1.5.14[2].17.18[3].20.22[2].24.26; 5,15; 1Pt 1,5.7.9.21; 5,9; 2Pt 1,1.5; 1Gv 5,4; Gd 3.20; Ap 2,13.19; 13,10; 14,12).

[10] 240 attestazioni così ripartite:
   • 169 nelle versioni evangeliche e negli Atti degli Apostoli (Mt 8,13; 9,28; 18,6; 21.22.25.32[3]; 24,23.26; 27,42; Mc 1,15; 5,36; 9,23.24.42; 11,23.24.31; 13,21; 15,32; 16,13.14.16.17; Lc 1,20.45; 8,12.13.50; 16,11; 20,5; 22,67; 24,25; Gv 1,7.12.50; 2,11.22.23.24; 3,12[2].15.16.18[3]; 3,36; 4,21.39.41.42.48.50.53; Gv 5,24.38.44.46[2].47[2]; 6,29.30.35.36.40.47.64[2].69; 7,5.31.38.39.48; 8,24.30.31.45.46; 9,18.35.36.38; 10,25.26.37.38[2].42; 11,15.25.26[2]. 27.40.42.45.48; 12,11.36.37.38.39.42.44[2].46; 13,19; 14,1[2].10.11[2].12.29; 16,9.27. 30.31; 17,8.20.21; 19,35; 20,8.25.29[2].31[2]; At 2,44; 4,4.32; 5,14; 8,12.13; 9,26.42;

(= credibile, credente, fedele)[11] e il verbo *pistòo* (= acquistar fede, essere convinto – cfr. 2 Tm 3,14). Nella seconda si trovano l'aggettivo *àpistos* (= incredulo, disobbediente, infido)[12], il sostantivo *apistìa* (= infedeltà, incredulità)[13] e il verbo *apistèo* (= venire meno alla fedeltà, non credere, non prestar fede/fiducia)[14].

Da questa ampia messe di dati testuali credo utile, in queste pagine, proporre solo alcune osservazioni di carattere generale.

• Tra le due parole più ricorrenti rispetto alle nozioni di *credere/aver fede*, ossia il sostantivo *pìstis* e il verbo *pistéuo*, è assai interessante che, nel primo caso, il terreno preponderante sia l'epistolario paolino e, in particolare, le sette lettere dettate direttamente da Paolo (91 ricorrenze pari al 64,53% delle attestazioni paoline e al 37,75% del totale), mentre nel secondo siano versioni evangeliche e Atti degli Apostoli gli ambiti più ricorrenti e, in particolare, il vangelo secondo Giovanni (98 ricorrenze pari a quasi il 58% del contesto vangeli-Atti e a quasi il 41% delle attestazioni globali).

Le motivazioni di questi fenomeni possono essere varie. Una di esse è certamente riconducibile alla formazione culturale di Paolo e dei redattori evangelici. Il retroterra linguistico ed espressivo giudaico – in cui i verbi hanno un ruolo certamente assai mag-

---

10,43; 11,17.21; 13,12.39.41.48; 14,1.23; 15,5.7.11; 16,31.34; 17,12.34; 18,8[2].27; 19,2.4.18; At 21,20.25; 22,19; 24,14; 26,27[2]; 27,25);

• 54 nell'epistolario paolino (Rm 1,16; 3,2.22; 4,3.5.11.17.18.24; 6,8; 9,33; 10,4.9.10.11.14[2].16; 13,11; 14,2; 15,13; 1Cor 1,21; 3,5; 9,17; 11,18; 13,7; 14,22[2]; 15,2.11; 2Cor 4,13[2]; Gal 2,7.16; 3,6.22; Ef 1,13.19; Fil 1,29; 1Ts 1,7; 2,4.10.13; 4,14; 2Ts 1,10[2]; 2,11.12; 1Tm 1,11.16; 3,16; 2Tm 1,12; Tt 1,3; 3,8);

• 17 nelle altre lettere neotestamentarie (Eb 4,3; 11,6; Gc 2,19.23; 1Pt 1,8; 2,6.7; 1Gv 3,23; 4,1.16; 5,1.5.10[3].13; Gd 5).

[11] 67 attestazioni, di cui 16 tra versioni evangeliche e Atti degli Apostoli (Mt 24,45; 25,21[2].23[2]; Lc 12,42; 16,10[2].11.12; 19,17; Gv 20,27; At 10,45; 13,34; 16,1.15); 33 nell'epistolario paolino (1Cor 1,9; 4,2.17; 1Cor 7,25; 10,13; 2Cor 1,18; 6,15; Gal 3,9; Ef 1,1; 6,21; Col 1,2.7; 4,7.9; 1Ts 5,24; 2Ts 3,3; 1Tm 1,12.15; 3,1.11; 4,3.9.10.12; 5,16; 6,2[2]; 2Tm 2,2.11.13; Tt 1,6.9; 3,8); 18 negli altri libri neotestamentari (Eb 2,17; 3,2.5; 10,23; 11,11; 1Pt 1,21; 4,19; 5,12; 1Gv 1,9; 3Gv 5; Ap 1,5; 2,10.13; 3,14; 17,14; 19,11; 21,5; 22,6).

[12] 23 ricorrenze (Mt 17,17; Mc 9,19; Lc 9,41; 12,46; Gv 20,27; At 26,8; 1Cor 6,6; 7,12.13.14[2].15; 10,27; 14,22[2].23.24; 2Cor 4,4; 6,14.15; 1Tm 5,8; Tt 1,15; Ap 21,8).

[13] 11 attestazioni, cioè Mt 13,58; Mc 6,6; 9,24; 16,14; Rm 3,3; 4,20; 11,20.23; 1Tm 1,13; Eb 3,12.19.

[14] 8 attestazioni, ossia Mc 16,11.16; Lc 24,11.41; At 28,24; Rm 3,3; 2Tm 2,13; 1Pt 2,7.

giore di altre parti del discorso, come i sostantivi – è certamente
più univoco in coloro che hanno composto le versioni evangeliche di quanto avvenne per Paolo, senz'altro più multiforme a
questo livello, in ragione anche della conoscenza assai rilevante
della lingua greca. E il fatto che Luca-Atti siano gli ambiti in cui
il sostantivo *pìstis* è maggiormente attestato nel quadro dei primi
cinque libri del Nuovo Testamento è un'altra prova di quanto ho
appena asserito. Infatti chi ha redatto la versione lucana e gli Atti
degli Apostoli mostra una padronanza della lingua greca del tutto
incomparabile rispetto a quanto avviene nel caso delle altre versioni evangeliche.

· Tra le tante attestazioni della parola *pìstis* il valore preponderante
è quello di *fiducia nel Dio di Gesù Cristo* senza connotati dottrinali,
che saranno propri di interpretazioni e sistematizzazioni di secoli successivi. Nelle versioni evangeliche e negli Atti degli Apostoli
tale fiducia è spesso affidamento esistenziale in Gesù e nelle sue
capacità salvifiche e liberatrici in senso ampio[15]. Nelle lettere paoline il valore di *fiducia* prima menzionato ritorna frequentemente[16] e
nelle attestazioni di Eb 11-12 la fede in Dio propria di varie importanti figure della storia giudaica a Gesù di Nazaret è motivazione
costante di scelte di vita salvifiche individuali e globali[17].
Le ricorrenze di *pìstis* in Gal 2 e 3 mostrano che la presa di posizione paolina a favore di una fede libera da legalismi era considerata
eccessiva e anche sostanzialmente scandalosa da parte dei cristiani
della Galazia. Essi infatti ritenevano che, accettando le pratiche giudaiche, simbolo di una vita religiosa e morale altamente qualificata,
avrebbero fatto un notevole progresso nella loro vita cristiana. In
realtà il compito che il cristianesimo deve affrontare in ogni generazione, come avvenne a Paolo anche nei confronti delle comunità
galate, è quello di provocare una ricerca che, senza rifiutare i valori
etici insiti in qualsiasi norma giusta, sappia andare oltre, coinvol-

---

[15] Cfr., per es., Mt 8,10 (= Lc 7,9); Mt 9,2 (= Mc 2,5; Lc 5,20); Mt 9,22 (= Mc 5,34; Lc
8,48); Mc 10,52 (= Lc 18,42); At 3,16(2).

[16] Cfr., per es., i passi citati alla nota 9 di Rm 9.10.11.12.14; 1Cor 2.13.14; 2Cor 4.8.

[17] Per il significato "giudaicamente" esistenziale delle attestazioni di Gc 2 si veda anche
il par. 4.f di questo capitolo.

gendo il credente in un dono totale a Cristo e ai fratelli, analogo a quello che Cristo gli ha fatto morendo per lui sulla croce.

Dio pone l'uomo nella condizione di rispondere alla sua attesa. Secondo Paolo, la *Torah* mostrava la via della vita, ma lasciava l'essere umano privo dello slancio esistenziale necessario per percorrerla. La fede in Gesù Cristo morto e risorto (cfr. 1Cor 15,3-10) cambia tutto (cfr. Rm 3 e 5). Non si tratta di ritenere vere alcune formulazioni dottrinali che saranno codificate ben più tardi del I-II secolo d.C., dunque in presenza di esigenze forse anche estranee al messaggio del Dio di Gesù Cristo in quanto tale. Si tratta invece di un'adesione – nelle azioni concrete di ogni giorno – al Cristo e a quell'amore per l'umanità che ha sorretto il Cristo stesso fino alla morte.

Fino all'avvento di Gesù di Nazaret, la relazione tra gli esseri umani e Dio era stata insoddisfacente; e ciò anche se molti erano i segni che permettevano agli individui di conoscere, con il cuore e con la mente, il Dio creatore del tutto (cfr. 1Cor 1,21a). Con l'avvento di Gesù Dio ha tentato "l'ultima carta", quella più coinvolgente: mettersi a disposizione, nel proprio Figlio, non attraverso discorsi sapienti e affascinanti, ma proponendosi – a quanti si fidassero di lui – tramite la cruda concretezza di un amore disposto a dare tutto se stesso per gli altri (cfr. 1Cor 1,21b).

Non conta il fatto di essere culturalmente elevati o di disporre solo di pochi strumenti intellettuali. Non importa se si è materialmente ricchi o poveri: tutto dipende dal fare affidamento o meno sulla realtà di questo amore; ed è un amore che non è frutto di estasi, non si realizza nel moralismo, ma vuole la bellezza e la bontà impegnative ed esaltanti di una vita felice con gli altri e per gli altri, non senza e contro di loro. La memoria dell'Ultima Cena, per essere memoria vera, deve tradursi in uno stile coerente, in una solidarietà concreta con gli ultimi come appare bene in 1Cor 11,19ss. E la fede in Gesù Cristo, a cui Paolo fa riferimento, guarda al culto come occasione di riflessione interiore e di ricarica etica verso la quotidianità normale della vita (cfr. Rm 12,1-2).

E quale importanza avesse questo valore per Paolo è ulteriormente confermato da 2Tm 4,6-7. L'autore di questa lettera parla proprio della fede come una convinzione esistenziale, quando la riferisce a

Paolo al termine della sua esistenza: «Il mio sangue sta per essere
versato ed è giunto il momento che io lasci questa vita. Ho com-
battuto la buona battaglia, ho terminato la corsa, ho conservato la
fede». Al di là di qualsiasi concessione alle emozioni, il momento dell'ammainare le vele e della resa dei conti con se stessi, ha un
grande valore di testimonianza: si ribadisce che, comunque, alla
fine di tutto, la fiducia nel Dio di Gesù Cristo, che è stato il movente fondamentale dell'Apostolo, dall'evento di Damasco in poi,
è rimasta nella sua saldezza.[18]

- Le molteplici ricorrenze del verbo *pistéuo* nel vangelo secondo
Giovanni, riscontrabili lungo l'intera versione evangelica, offrono
un quadro intensissimo di quanto esistenziale, libera e complessiva debba essere tale opzione etica per ogni essere umano. Al redattore non interessa anzitutto dare la definizione di fede legata a
un sostantivo. La preminenza dei verbi testimonia che secondo i
redattori di questa versione evangelica «il credere è una decisione
presa una volta soltanto perché sia ripresa volta dopo volta oppure
un dono ricevuto non in una sola occasione, ma un poco alla volta. La fede è una dinamica continua, non uno stato dell'essere»[19].
Dal prologo (cfr. 1,7.12) passando attraverso l'incontro di Gesù
con Nicodemo nel cap. 3 (che in parte leggeremo in seguito), si
giunge al confronto arduo ed entusiasmante con la donna di Sama-
ria (cfr. 4,21.39.41.42) e a vari altri passi (cfr., per es., le attestazioni
del verbo citato nei capp. 6.7.11.12.14.17), in cui credere in Gesù
di Nazaret significa fidarsi del Padre vivendo secondo la logica etica proposta dal Nazareno con la sua vita.
Il brano più efficacemente sintetico della prospettiva in cui *pistéuo*
compare e viene utilizzato nella versione giovannea è, a mio avviso,
quello costituito dall'ultimo versetto – il 31 – del cap. 20: «Queste cose sono state scritte affinché crediate che Gesù è il Cristo, il
figlio di Dio, e, fidandovi, abbiate la vita nel suo nome». Queste

---

[18] Circa le lettere paoline anche sotto il profilo della fede neotestamentaria cfr. E.
Borghi, *Scrivere al cuore dell'essere umano. Le lettere neo-testamentarie tra esegesi antica ed
ermeneutica contemporanea*, LAS, Roma 2011, passim.

[19] R. Kysar, *Giovanni Il vangelo indomabile*, tr. it., Claudiana, Torino 2000, p. 148.

poche parole appaiono riassuntive dell'intera serie delle versioni evangeliche (non a caso si trova al termine della più recente tra le quattro canoniche). L'antologia di fatti e parole del Nazareno che costituisce il vangelo secondo Giovanni (come, in forma analoga, è valso per le altre tre versioni evangeliche) ha avuto uno scopo essenziale: suscitare fiducia nell'identità divino-messianica del Nazareno non per ragioni di carattere dottrinale o culturale astratto, ma per rendere chi accoglie tale prospettiva pienamente vivo a partire dalla relazione esistenziale con la sua persona, con la sua potenza, insomma con la sua vita. Credere che realmente Gesù di Nazaret sia il Messia divino non deve essere un'affermazione puramente verbale[20]: è il presupposto di una scelta esistenziale che nei valori testimoniati dal Nazareno crocifisso e risuscitato, dunque essenzialmente l'amore, deve trovare espressione concreta.

• Chi è *fedele* a Dio nei testi neotestamentari e *credibile* nei rapporti con lui? Chi si mette in gioco per sviluppare quanto ha ricevuto in affidamento (i primi due servi della parabola dei talenti – cfr. Mt 25,21.23 [par Lc 19,17]). La fedeltà di Dio, del Dio di Gesù Cristo nei confronti degli essere umani è ampiamente ribadita (cfr., per es., 1Cor 1,9; 2Cor 1,18; 1Ts 5,24; Ap 1,5). E il credente in Gesù Cristo è chiamato ad avere un atteggiamento del tutto diverso rispetto a Tommaso (cfr. Gv 20,27).

Veniamo ora a esaminare due serie di passi neotestamentari particolarmente eloquenti sotto il profilo del credere radicalmente esistenziale, atteggiamento e comportamento che, dalla cultura giudaica, arriva alle origini cristiane che lo hanno interpretato alla luce e nella prospettiva delineata dall'esperienza con e di Gesù di Nazaret crocifisso e risuscitato.

---

[20] La fede «è il modo in cui il singolo individuo passa da un polo all'altro del dualismo umano. Essa è il mezzo di passaggio dalle tenebre alla luce, dalla morte alla vita, dalla menzogna alla verità» (*ivi*, p. 150).

3. La fede che salva: lettura di testi

Se la salvezza è, biblicamente parlando, la vita vissuta in pienezza[21], numerosi sono i testi neotestamentari in cui la fede è considerata una condizione decisiva per porsi seriamente in questa prospettiva esistenziale. Facciamo alcuni esempi significativi.

(a) Marco 5,25-34

[25]E una donna che era in stato di emorragia da dodici anni [26]e che aveva molto sofferto per opera di molti medici e aveva speso tutte le sue sostanze e non aveva avuto alcun giovamento, ma piuttosto era peggiorata [27]dopo aver udito (parlare) di Gesù, era venuta tra la folla e da dietro toccò la veste di lui. [28]Ella infatti andava dicendo: "Se riuscirò a toccare almeno le sue vesti, sarò salvata". [29]E immediatamente si seccò il flusso del sangue suo ed ella riconobbe con il corpo di essere stata guarita dalla (sua) dolorosa malattia. [30]E subito Gesù, avendo percepito in se stesso la forza che era uscita da lui, voltatosi tra la folla, disse: "Chi ha toccato le mie vesti?". [31]E i suoi discepoli gli dissero: "Guardi la folla che ti schiaccia e ti metti a dire: 'Chi mi ha toccato?!'". [32]Ed egli si guardava intorno per vedere colei che aveva fatto questo. [33]La donna, però, avendo paura e tremando, poiché sapeva ciò che le era capitato, giunse e gli cadde davanti e disse a lui tutta la verità. [34]E Gesù disse a lei: "Figlia, la tua fede ha salvato te; va' pure in pace e sii guarita dalla tua dolorosa malattia".

Questo episodio è proposto a incastro con quello dell'incontro tra Gesù e la figlia di Giàiro (5,21-24.35-43)[22]. La donna che, disperata, si era affidata ai poteri guaritori del contatto fugace con il vestito di Gesù è stata guarita fisicamente: ella ha raggiunto il suo obiettivo iniziale. L'impurità a cui la sua terribile emorragia interna

---

[21] Cfr., per es., a titolo di sintesi, dalle versioni evangeliche sinottiche all'insieme dei corpora biblici, J. Delorme, *Salut*, in *Dictionnaire de la Bible-Supplément* 62 (1988), coll. 584-689; E. Borghi, *Scrivere al cuore dell'essere umano*, pp. 269-279; M. Cimosa, *Salvezza*, in *Temi teologici della Bibbia*, pp. 1223-1232.

[22] Per una lettura approfondita di questo passo di Mc 5 cfr., per es., E. Borghi, *Il mistero appassionato. Lettura esegetico-ermeneutica del vangelo secondo Marco*, Messaggero, Padova 2011, pp. 111-132.

l'aveva condannata era alla base della sua marginalità sociale, manifestata dalla sua volontà di toccare Gesù in modo da non farsi vedere.

Tuttavia la volontà di Gesù di conoscere da chi o da che cosa sia dipesa «la forza che era uscita da lui» è un movente che la spinge ad andare al di là di quanto ella aveva perseguito inizialmente. La donna non intende avere più alcuna riserva e reticenza nei confronti di chi le sta di fronte, ella gli presenta *tutta la verità*.

> Quello che avviene in questo istante diventa in lei principio di un nuovo tipo di conoscenza che la fa cadere ai piedi di Gesù e la fa accedere alla parola: "Ella gli disse tutta la verità"... Ciò che salva è il contatto tra la libertà di Dio e quella dell'essere umano, nella trasparenza. Tale è la sua fede, che germina nell'ambito scavato dalla paura[23].

La donna, come il paralitico di Mc 2, è ritornata a un rapporto pieno con la propria vita, dunque con il datore di essa, che è Padre di tutti: non può che essere *figlia*. Nulla se non l'affidamento nella parola efficace di Gesù l'aveva spinta a farsi avanti per toccarne le vesti: la *fede* di quel momento, del tutto propria della donna, ha compiuto la guarigione, ha portato la salvezza a lei e gli effetti di questa decisione fiduciosa permangono ancora nel presente della sua vita.

La donna ha acquisito la pienezza della vita, sia a livello fisico che sociale perché si è fidata completamente del Nazareno. Pertanto l'invito accorato con cui Gesù la congeda non è altro che il segno dell'interesse profondo alla sostanza esistenziale di colei che egli ha cercato di conoscere.

Il coinvolgimento appassionato nella vicenda di questa donna è contenuto interamente in quel binomio di frasi del v. 34 («va' pure in pace e sii guarita dalla tua dolorosa malattia») in cui ogni elemento è fonte di "risanamento" complessivo. Si guardi da vicino il testo. Vi è una serie di elementi di grande intensità espressiva: il movimento suscitato dall'imperativo *va'*, l'obiettivo di questa orientazione esistenziale (= la *pace*, intesa come la sintesi di ogni gioia e benessere possi-

---

[23] J. Radermakers, *La bonne nouvelle de Jésus*, 2, IET, Bruxelles 1974, p. 143.

bili[24]), l'intenso auspicio sul permanere della guarigione fisica da una patologia ancora espressa nei termini del doloroso supplizio.

Tutto converge nel delineare una prospettiva di salvezza "a trecentosessanta gradi", in cui la proiezione verso la felicità globale contiene anche la guarigione fisica, ma non si esaurisce in essa. Gesù mira a togliere alla donna ogni timore e agli astanti ogni dubbio su quello che è più importante:

> Gesù ha il coraggio di svelare l'audacia disperata di questa donna davanti agli occhi di tutta la gente. Egli stesso non si vergogna di lei, e non vuole neppure che lei continui a vergognarsi della sua malattia. Il passo più coraggioso della sua vita verso la guarigione non deve conservare più l'impressione di un furto dissimulato. "Ciò che hai fatto" – sembra volerle dire Gesù – "non era una colpa; è un segno della tua fiducia, del fatto che tu, senza domandare né chiedere il permesso, hai fatto e preteso ciò di cui hai bisogno per vivere". Infatti è proprio questo che Dio desidera, e questo egli intende con fede: superare l'angoscia e il timore che possono rovinare e distruggere la vita portandola fino alla malattia, ed avere la certezza che Dio vuole che noi viviamo[25].

Tutto ciò si verifica grazie all'interazione esplicita della gioia per la salute ritrovata, della fede che dà la salvezza e della pace che accompagna il ritornare a vivere effettivamente la propria vita.

(b) Marco 9,14-29

[14]E, giunti presso i discepoli, videro molta folla attorno a loro e alcuni scribi che discutevano con loro. [15]E subito tutta la folla, vedendolo, fu colpita e fuori di sé per lo sbigottimento e, accorrendo, lo salutavano. [16]Ed egli domandò loro: "Di che cosa discutete con loro?". [17]E uno della folla gli rispose: "Maestro, ho portato da te mio figlio, che ha

---

[24] Il sostantivo *pace* esprime, con la parola greca *eiréne*, la totalità di una vita pienamente armonica, ma senza staticità perfezionistiche, dinamica, serena, di alleanza e accesso senza riserve alla gioia piena dell'amore senza tramonto. In definitiva, quindi, è proprio una salvezza complessiva quella a cui Gesù mobilita e avvia la donna risanata (cfr. Lc 7,50; 10,5-6; Gv 14,27; 16,33; 20,19.21.26).

[25] E. Drewermann, *Il Vangelo di Marco*, tr. it., Queriniana, Brescia 1994, pp. 158-159.

uno spirito muto. [18]E, dovunque esso lo afferra, lo getta al suolo, ed egli schiuma e digrigna i denti e si irrigidisce. E ho detto ai tuoi discepoli di scacciarlo, e non hanno avuto la forza". [19]Ma, rispondendo, dice loro: "O generazione incredula! Fino a quando sarò presso di voi? Fino a quando vi sopporterò? Portatelo da me". [20]E lo portarono da lui. E, vedendolo, subito lo spirito lo scosse con convulsioni e, cadendo a terra, si rotolava spumando. [21]E (Gesù) interrogò il padre: "Da quanto tempo gli avviene questo?". Ed egli disse: "Dall'infanzia. [22]E parecchie volte l'ha anche gettato nel fuoco e nell'acqua per farlo perire. Ma tu, se puoi qualcosa, vieni in nostro soccorso, preso alle viscere per noi". [23]Gesù gli disse: "Questo 'se puoi'! Ogni cosa è possibile per chi crede". [24]Subito, gridando, il padre del fanciullo diceva: "Credo, vieni in soccorso alla mia incredulità". [25]Ora Gesù, vedendo che una folla accorreva in massa, sgridò lo spirito impuro dicendogli: "Spirito muto e sordo, io te lo comando, esci da lui e non entrare più in lui". [26]E gridando e straziandolo molto, uscì. E divenne come morto, al punto che molti dicevano: "È morto". [27]Ma Gesù, prendendo la sua mano, lo risvegliò, ed egli si alzò. [28]E, quando (Gesù) fu entrato in una casa, i suoi discepoli gli domandarono in privato: "Perché noi non abbiamo potuto scacciarlo?". [29]E disse loro: "Questa specie non può uscire in nessun modo, se non con la preghiera".

Dopo la discesa di Gesù e dei tre discepoli dal monte ove si è verificata la trasfigurazione del Maestro e dove il Padre ha invitato a divenire discepoli effettivi del Figlio (9,2-13), appare chiara la differenza tra i discepoli e Gesù rispetto alla liberazione dal male di qualcuno che ne è terribilmente affetto. Lo spirito che domina il ragazzo manifesta la sua consapevolezza dell'avversario che si trova dinanzi a lui: ogni suo atteggiamento va nella direzione di cancellare l'umanità del posseduto. Lo spirito lo vuole ridurre in mille pezzi e far cadere a terra.

Lo stato penoso del ragazzo sembra spingere Gesù a porre a suo padre una domanda che pare di natura esclusivamente quantitativa: egli vuole sapere da quanto tempo questo fenomeno interessa la vita di suo figlio (v. 21).

La risposta appare altrettanto "quantitativa" (dall'infanzia), ma in realtà va molto più lontano. Infatti fare questa affermazione significa

dire che la maggior parte della vita di questo ragazzo era stata stravol-
ta da questa possessione, quindi snaturata quasi dal suo inizio.

Il padre, però, non si limita a rispondere alla domanda rivolta-
gli; fornisce al suo interlocutore ulteriori elementi di valutazione (v.
22). La sua partecipazione emotiva è assai aumentata: le sue parole fanno notare lo scopo dello spirito (distruggere il ragazzo, cioè
strapparlo alla vita) e indirizzano a chi gli sta dinanzi una domanda
che ha una straordinaria, nuova pregnanza. Questo padre, infatti, si
pone nell'atteggiamento di colui che ha bisogno di aiuto istantaneo
(l'imperativo del verbo lo dimostra); chiede questo aiuto per suo figlio
e per sé, visti nell'associazione del complemento *per noi*; non è sicuro
che questo aiuto possa giungere (lo indica chiaramente la frase all'indicativo presente introdotta dalla congiunzione "se"). Comunque è
cosciente che questo aiuto arriverà solo ad una condizione: che Gesù
si lasci coinvolgere profondamente dalla grave situazione esistenziale
che ha dinanzi a sé e che implica contemporaneamente lui e suo figlio.

La risposta di Gesù (v. 23) lega ogni possibile evento al credere. Si tratta di una fede che può riguardare e riguarda chiunque in
questa vicenda, quindi Gesù, il padre e gli spettatori della scena. Dal
punto di vista della fede non vi è alcunché di impossibile e la condizione di qualsiasi realizzazione è anzitutto il credere.

La reazione del padre (v. 24) è immediata ed egli arriva all'api-
ce della sua "crescita" emotiva gridando, nello stesso tempo, la sua
fiducia nell'interlocutore e il suo bisogno di aiuto di fronte alla sua
mancanza di fede. Ed è molto interessante notare due aspetti contestuali in questo versetto:

- la locuzione che esprime il soggetto della frase è un vero e proprio
  riassunto del suo carattere di fondo: il padre del fanciullo, in quanto tale, grida le proprie esigenze;
- il padre concentra la sostanza del discorso su se stesso: è lui, in definitiva, a dichiarare la sua fede personale, è lui ad aver bisogno di
  aiuto, è lui che vive e denuncia la propria mancanza di fede[26].

---

[26] «La fede in Dio secondo Marco dà accesso alla libertà e all'onnipotenza di Dio stesso,
perché in Dio tutto è possibile. Ci sono indubbiamente dei gradi di comunione con questa
libertà. Più avanti, nello stesso episodio, Gesù ritornerà sulla questione del potere, in separata
sede con i discepoli, e spiegherà che è la preghiera che rende capaci di scacciare questa
tipologia particolarmente difficile di demoni (9,29). La preghiera è dunque da comprendere

L'accorata richiesta del padre (v. 24) e il rapido arrivo della folla, che è stata attiva spettatrice di tutto il processo relazionale sin qui articolatosi, suscitano l'azione di Gesù (v. 25).

E, dopo la guarigione del ragazzo, i discepoli, che avevano discusso con gli scribi circondati dalla folla (v. 14), ora, in una casa, ossia in privato, si mettono in questione personalmente (v. 28). Essi sono consci del loro insuccesso dinanzi a colui che aveva conferito loro una «autorità sugli spiriti impuri», da loro felicemente esercitata in altre occasioni (cfr. Mc 3,15; 6,7.13). Desiderano conoscere la ragione del loro fallimento e la risposta di Gesù (v. 29) è, con le diversità del caso, allo stesso livello della sua reazione verso il padre del ragazzo posseduto.

> Per chi, come il padre, è vittima del male, l'azione passa attraverso la parola di verità, che lo fa uscire da sé e l'apre agli altri tramite il credere. Per quanti, come i discepoli, cercano di combattere il male, non vi è altro potere se non la preghiera. Essa è, contemporaneamente, espressione di un augurio, di un desiderio e indirizza verso qualcuno. Nella preghiera come nel credere, la questione del potere è sovvertita. Il potere non risiede né fuori di sé né in qualche capacità di sé. Nell'impotenza, nello scontro con il limite e l'impossibile vi è, più profondo di se stessi, l'appello all'Altro che diventa potenza[27].

La fede personale in Dio, il rapporto con lui in una prospettiva di umanità pienamente acquisita e riacquistata: questo presenta il brano marciano appena esaminato. Di quel male disumanizzante che è l'incredulità, di quella malattia grave che è la debolezza di fede soffrono coloro che seguono Gesù e l'antidoto in questione, la "terapia" necessaria è opera del potere del Nazareno, che aiuta a credere coloro che gli si affidano realmente. Il brano appena letto

---

come la fede e costituisce come un grado supremo di comunione con Dio... Tutto è dono di grazia, perché Dio è Dio, ma nello stesso tempo l'accoglimento della fede esige un impegno integrale della persona, fino all'estremo» (B. Standaert, *Évangile selon Marc*, II, Gabalda, Paris 2010, pp. 688-689), come si vede già nelle cinque parabole di Mc 4.

[27] J. Delorme, *Signification d'un récit et comparaison synoptique*, in Aa.Vv., *The Synoptic Gospels*, ed. C. Focant, University Press, Leuven 1993, p. 546. In Mt la discussione relativa alla fede dei discepoli è più approfondita e concerne una riflessione più globale, che va ben al di fuori dell'episodio in sé (cfr. 17,20). Il v. 21 non è attestato da importanti manoscritti e, soprattutto, sembra un tentativo di rendere il testo matteano uguale a quello di Marco.

parla di un'umanità riconquistata tanto paterna quanto filiale, nella prospettiva di essere discepoli che partecipano alla fede di Gesù nel Padre come obiettivo fondamentale della propria vita.

(c) Matteo 8,5-13

[5]Dopo che Gesù era entrato in Cafarnao, gli venne incontro un centurione scongiurandolo e dicendo: [6]"Signore, il mio servitore è costretto in casa paralizzato, terribilmente tormentato dal male". [7]Gesù gli rispose: "Io verrò e curerò lui". [8]Ma il centurione riprese: "Signore, io non son degno che tu entri sotto il mio tetto, ma tu di' soltanto una parola e il mio servitore sarà guarito. [9]Anch'io, infatti, sono un uomo soggetto ad un'autorità e ho dei soldati sotto di me e dico a uno: Va' ed egli va e ad un altro: Vieni ed egli viene e al mio schiavo: Fa' questo ed egli lo fa". [10]Avendolo ascoltato, Gesù fu ammirato e disse a quelli che lo seguivano: "In verità vi dico, presso nessuno in Israele ho trovato una fede tanto grande. [11]Ora vi dico che molti giungeranno dall'oriente e dall'occidente e si metteranno a tavola con Abramo, Isacco e Giacobbe nel regno dei cieli, [12]mentre i figli del Regno saranno cacciati fuori nelle tenebre; lì sarà pianto e stridore di denti". [13]E Gesù disse al centurione: "Va', e come hai creduto ti sia fatto". E il [suo] servitore fu guarito in quel momento.

Il centurione di questo brano matteano è, sin dall'inizio, in un atteggiamento di scelta inferiorità rispetto a Gesù. Lo slancio del Nazareno sembra eccessivo a chi l'ha interpellato. Egli, mentre ribadisce di considerare la "signoria" gesuana, afferma di non sentirsi adeguato[28] ad accoglierlo nella propria casa. A questo punto del testo non vengono fornite indicazioni dirette per capire il motivo di questa autovalutazione. D'altra parte è sufficiente leggere At 10-11 per capire quanto fosse difficile, per chi era giudeo, avere un contatto privo di timori e rigidità con chi non fosse della propria cultura e tradizione.

Il centurione, comunque, indirizza a lui un invito che è un'inequivocabile dimostrazione di piena fiducia:

---

[28] Circa il senso di questa inadeguatezza, cfr. due ricorrenze dello stesso termine nell'affermazione di Giovanni il Battezzatore in Mt 3,11 e la confessione di Paolo in 1Cor 15,9.

- chiede all'interlocutore di intervenire subito e soltanto verbalmente;
- centrando l'attenzione sul servo, indica chiaramente il soggetto logico evocato (= Gesù stesso) e chiarisce che l'intervento di Gesù non curerà soltanto, ma ristabilirà pienamente l'oggetto della sua azione (= il servitore).

Pienamente esplicito è il fondamento a cui il soldato si affida per chiedere il risanamento del proprio servitore: la parola del «Signore» che ha lì dinanzi a lui. Il centurione ragiona nei termini che gli sono più consueti (v. 9): l'esercizio dell'autorità, sia essa subita da lui o praticata su altri. Egli sa di essere ad un tempo subordinato e subordinante, la sua vita è ritmata da questa logica e «il confronto che egli fa è tra due parole, perché l'uomo nel suo agire, secondo lui, ubbidisce sempre a una parola... Egli si accorge che la sua parola è potente, ma *impotente* per guarire il suo servo; però crede che la parola di Gesù sia potente»[29] e si sottomette senza problemi a questa autorità[30].

La prima reazione di Gesù è di sbalordimento, di stupita ammirazione: egli si rende conto, anzitutto da essere umano autentico, che «la sua presenza sta portando a compimento quanto hanno detto la *Torah* e i Profeti (5,17)»[31]. Quindi rivela subito a coloro che sono attorno a lui per scelta non solo il motivo del proprio stato d'animo a seguito delle parole del centurione, ma anche quale è il movente essenziale dell'atteggiamento di quest'ultimo. Infatti, con una sola affermazione (v. 10b), aperta dalla formula che contraddistingue sempre le sue dichiarazioni solenni di verità, egli sottolinea la straordinaria forza della fiducia nutrita dal soldato nella capacità gesuana di restituire al servitore una vita normale.

Tale straordinarietà è relativa a quella che era ritenuta, per eccellenza, la sede della fede in Dio (= Israele), non per asserire che nessun

---

[29] M. Galizzi, *Vangelo secondo Matteo*, Elledici, Leumann (TO) 1995, p. 141.

[30] A. Sand, *Il vangelo secondo Matteo*, I, Morcelliana, Brescia 1992, p. 254. Per capire il senso del discorso occorre tener conto anche di un altro aspetto, proprio della mentalità antica, ossia di un'epoca che «vedeva potenze demoniache all'opera nei più disparati settori della vita e, in particolare, le riteneva responsabili della malattia umana. Come i soldati obbediscono all'ufficiale, così le potenze devono piegarsi alla parola di Gesù» (J. Gnilka, *Il vangelo di Matteo,* I, Paideia, Brescia 1990, p. 445).

[31] M. Galizzi, *Vangelo secondo Matteo*, p. 141.

ebreo possa essere credente, ma per far comprendere, senza equivoci, che anche chi non è ebreo ha potuto e può entrare nel novero dei credenti più significativi, quelli dalla fede "grande". Infatti ogni distinzione etnica o culturale, sotto questo profilo, non è certo determinante[32]. È possibile, insomma, arguire indirettamente una certa delusione nelle parole di Gesù di fronte all'inadeguatezza della fede di molti di loro, non la volontà di escludere molti suoi correligionari, con una scelta quindi opposta a quella che contrassegnava molti di loro.

L'affermazione gesuana del v. 10 è indubbiamente assai significativa: sino a questo punto, nulla in Matteo legittima l'idea che Gesù abbia potuto sperimentare l'insuccesso nel suo ministero, per altro esiguo; vi è infatti solo «un rapporto conciso di una missione in Galilea (4,23ss) che portò subito molta notorietà a Gesù e attrasse folle di seguaci (il racconto lucano è posto in uno stadio successivo del suo ministero, ed è preceduto da una quantità di racconti di miracoli, di controversie, e dalla nomina dei Dodici, come pure dalla versione lucana del grande discorso; ma nonostante ciò resta ugualmente l'impressione di un grande successo)»[33].

Nulla nel testo matteano aveva fatto pensare che il centurione fosse estraneo all'identità culturale gesuana. Con la sua celebrazione della fede di chi si è rivolto a lui, Gesù l'ha esplicitato e il suo discorso si spinge ancora più a fondo. Tramite un sapiente accostamento di immagini che, così collocate, reciprocamente rafforzano la loro potenza espressiva, il Signore esprime qualcosa di rivoluzionario.

Infatti egli parla della collocazione "beata" di tanti non ebrei nella vita dopo la morte (questo è il significato dell'immagine conviviale nel contesto dei patriarchi che il v. 11 presenta[34]) e dà

---

[32] Cfr., come precedenti nell'AT, Is 66,18; 2,2-4; 45,14-17.20-22; Gen 12,3.

[33] F.W. Beare, *Il vangelo secondo Matteo*, tr. it., Dehoniane, Roma 1990, p. 236.

[34] L'immagine del banchetto viene usata sovente, sia nel giudaismo che in molti culti esoterici ellenistici (ad. es. quelli di Dioniso) come simbolo di beatitudine: lapidi di tombe dell'epoca ritraggono spesso chi è deceduto come partecipante ad un convito, spesso nei Campi Elisi. Questo è il simbolo dell'era messianica: «Sedersi intorno alla stessa mensa significa partecipare alla medesima comunità di beni... Accanto ad Abramo, il padre dei credenti, si trovano solo coloro che accettano Cristo, non i suoi "figli" carnali. Egli è il capostipite di un popolo nuovo che possiede la sua stessa fede. Di fronte alle conversioni dal paganesimo, il giudaismo si irrigidirà nel suo diniego sino ad essere espulso dalla sala conviviale, ossia dal regno messianico. La condizione in cui verranno a trovarsi gli israeliti è la stessa in cui si trovano i pagani prima di essere chiamati» (O. Da Spinetoli, *Matteo*, Cittadella, Assisi 1983[4], p. 259).

per sicura la possibilità che quanti pensano di essere destinati, per nascita, a tale beatitudine vadano incontro ad una sorte assolutamente contraria alle loro aspettative. E ciò significa qualcosa di preciso: far notare che da ogni parte del mondo possono affluire individui in grado di condividere la condizione di coloro che sono i capostipiti del popolo d'Israele. Da quale punto di vista? Quello della fede intesa nel senso più autentico: l'ascolto esistenziale della Parola di Dio.

(d) Luca 7,36-50

[36]Uno dei farisei gli chiedeva che mangiasse con lui. Egli entrò nella casa del fariseo e si mise a tavola. [37]Ed ecco una donna peccatrice nella città, saputo che si trovava nella casa del fariseo, venne con un vasetto di olio profumato; [38]e fermatasi dietro ai piedi di lui, pianse e cominciò a bagnarli di lacrime; poi li asciugava accarezzandoli con i suoi capelli, li baciava e li cospargeva di olio profumato. [39]A quella vista il fariseo che l'aveva invitato pensò tra sé: "Se costui fosse un profeta, saprebbe chi e quale specie di donna è colei che lo tocca: è una peccatrice". [40]Gesù allora gli disse: "Simone, ho una cosa da dirti". Ed egli: "Maestro, di' pure". "[41]Un creditore aveva due debitori: l'uno gli doveva cinquecento denari, l'altro cinquanta. [42]Non avendo essi da restituire, condonò il debito a tutti e due. Chi dunque di loro lo amerà di più?". [43]Simone rispose: "Suppongo quello a cui ha condonato di più". Gli disse (Gesù): "Hai giudicato bene". [44]E volgendosi verso la donna, disse a Simone: "Vedi questa donna? Sono entrato nella tua casa e tu non m'hai dato l'acqua per i piedi; ella, invece, ha bagnato i miei piedi con le lacrime e li ha asciugati con i suoi capelli. [45]Tu non mi hai dato un bacio, ella, invece, da quando sono entrato non ha cessato di baciarmi i piedi. [46]Tu non mi hai cosparso il capo di olio profumato, ma ella mi ha cosparso di profumo i piedi. [47]Per questo ti dico: le sono perdonati i suoi molti peccati, poiché ha molto amato. Invece quello a cui si perdona poco, ama poco". [48]Poi disse a lei: "Sono perdonati i tuoi peccati". [49]Allora i commensali cominciarono a dire in se stessi: "Chi è costui che perdona anche i peccati?". [50]Ma egli disse alla donna: "La tua fede ti ha radicalmente salvato; va' in pace!".

Questo è un brano che presenta certamente distonie, contraddizioni e ambiguità contenutistiche:

- la soltanto parziale rivelazione delle intenzioni della donna (= manifestazione d'amore o volontà di coinvolgimento di Gesù in una condizione di difficoltà etica e religiosa?);
- l'asciugatura dei piedi di Gesù prima della loro unzione;
- il perdono come conseguenza del molto amore (47a) e l'amore conseguenza del perdono (47b);
- le mancanze del fariseo[35] soltanto evocate da Gesù, ma non presenti nel testo;
- l'equivalenza salvezza/amore del v. 47 e quella salvezza/fede del v. 50.

Vi è un livello ascendente di perdono e liberazione che si articola dall'inizio alla fine della narrazione. Esso è fondato su alcune sorprendenti difformità tra ciò che i presenti, a cominciare dal fariseo, si attendono e quello che si verifica. Infatti:

- una donna moralmente censurabile compie una serie di azioni eticamente lodevoli, senza esserne richiesta, al di là dell'attenzione del padrone di casa al suo ospite;
- secondo il fariseo ospitante, se Gesù fosse effettivamente un profeta sarebbe così intelligente da tenersi lontano dai peccatori, una volta individuati, in ossequio alle norme tradizionali sulla purità. Secondo Gesù essere profeti significa anzitutto essere disprezzati nella propria patria (cfr. Lc 4,24) e gli abitanti di Nain gli hanno riconosciuto la qualifica di grande profeta perché ha risuscitato il figlio di una vedova del loro paese (cfr. Lc 7,16). La profeticità chiaroveggente del Nazareno è reale, nel brano che stiamo esaminando, perché egli giunge a valutare in profondità la sostanza dei gesti della donna. Egli ha il coraggio di esprimerne le implicazioni etiche per tutti i presenti.

---

[35] La rappresentazione relativa ai farisei fornita dal redattore lucano fino a 7,36 è certamente negativa (cfr. in particolare 6,7.11; 7,30). Essi appaiono del tutto al di fuori del disegno divino di salvezza, che ha percorso la via proclamata da Giovanni il Battezzatore e attuata da Gesù: essi non accettando né l'uno né l'altro «stanno battendo una strada diversa che non è quella di Dio ... Ad offrire ospitalità a Gesù non è una persona qualsiasi, ma un uomo appartenente ad una categoria che si è più volte opposta al modo di fare di Gesù» (C. Broccardo, *La fede emarginata. Analisi narrativa di Luca 4-9*, Cittadella, Assisi 2006, pp. 165-166).

La donna in precedenza ha dato forse quello che ella era, sbagliando obiettivo. Simone probabilmente ha, per formazione pregressa, un obiettivo esistenziale giusto, ma non dà se stesso. La legalità tradizionale e l'illegalità dinamica si confrontano. E la giustizia in una logica divina passa attraverso la profeticità di cui Gesù è l'attore culminante.

Egli dà riconoscimento a una prospettiva del tutto dinamica: entrare e dimorare nella logica dell'amore per l'altro. In essa ciò che conta non è misurare l'entità di quello che si dona, ma donarsi nella misura utile per gli altri. E quello che è davvero sensato non è far notare debiti ed errori dell'altro in modo moralistico, ma aiutarlo a uscire definitivamente da una condizione di indegnità umana:

> Secondo l'opinione di Gesù, la donna ha "strafatto". Non ha semplicemente fatto quanto Simone aveva omesso; ha fatto molto di più; e questo eccesso Gesù lo chiama amore. Da parte sua Simone non è mai scorretto nei confronti di Gesù: lo invita a cena, gli concede prontamente la parola, lo chiama maestro; quello che gli manca è il "di più" della donna, l'amore[36].

E nella connessione tra amore, riconoscenza e perdono, che è l'asse tematico del testo[37], umiltà, disponibilità, onestà intellettuale e gratitudine sono i connotati delle azioni che rendono possibile la riconciliazione della donna con la propria umanità.

L'interrogativo del v. 49, aperto a tutti i presenti e a qualsiasi lettore, non è accademico, ma narrativamente fondamentale. Esso consente di spostare in avanti e a fondo la "inchiesta esistenziale" del

---

[36] *Ivi*, p. 198. «Gesù colloca tutti, peccatori e giusti, davanti all'abisso insondabile del perdono di Dio. Non vi sono più dei giusti che hanno dei diritti davanti a peccatori privi di diritti. In base alla compassione di Dio Gesù pone tutto in maniera diversa. Il regno di Dio viene offerto a tutti. Rimangono esclusi soltanto coloro che non si rifugiano nella sua misericordia» (J.A. Pagola, *Gesù*, tr. it., Borla, Roma 2009, p. 233), cioè che vivono un'esistenza verso gli altri che non pratica tale generosa apertura di cuore.

[37] «Il verbo *amare* (vv. 42.47) rivela, al di sotto del greco, l'influenza dell'aramaico che non ha altra parola per dire "mostrare della riconoscenza", "ringraziare". La parabola e la fine del v. 47 fanno comprendere che la donna si sapeva già perdonata entrando dal fariseo. Il v. 47 si può comprendere così: "Se io posso dichiararti che i suoi numerosi peccati sono stati perdonati è perché io vedo che ella ha mostrato molta riconoscenza (amato)» (Y. Saoût, *Évangile de Jésus Christ selon saint Luc*, CE, Cerf, Paris 2007, p. 43).

testo sull'identità di Gesù. Si sottolinea così come salvezza signifìchi la libertà dal male e come il Nazareno vi conduca gli individui a partire dall'amore che essi manifestano o meno nella loro vita.

Il riferimento conclusivo alla fede appare assai importante. Infatti collegare l'acquisizione della pienezza di vita (= la salvezza) all'affidamento nel Dio di Gesù Cristo (= la fede) riconduce ogni scelta alla responsabilità divina a partire dalla libera volontà umana di dipenderne. Tutto questo nella consapevolezza che in Lc 4-9

> la fede non è presentata come risposta adeguata alla salvezza offerta da Cristo, ma come sorgente essa stessa di salvezza. Con ciò non si vuol certo negare il valore cristologico della fede, più volte messo in luce; è questione di sfumature: se da una parte è vero che fede è credere in Gesù e perciò è risposta alla sua presenza nella storia, dall'altra Luca sottolinea la parte attiva svolta dalla fede stessa nel rendere presente e operante il salvatore. I personaggi del Vangelo non sono spettatori inermi, sono chiamati a contribuire alla salvezza portata da Gesù[38].

E l'amore, come risposta e condizione per il perdono dei peccati, coincide con la fede che conduce alla salvezza, cioè alla pienezza di vita.

(e) Atti degli Apostoli 10,34-43

[34]Pietro prese la parola e disse: "In verità sto rendendomi conto che Dio non giudica in base a caratteristiche esteriori, [35]ma chi lo rispetta profondamente e costantemente e pratica la giustizia, a qualunque popolo appartenga, è a lui gradito. [36]Questa è la parola che egli inviò ai figli d'Israele, recando il gioioso annuncio della pace, per mezzo di Gesù Cristo: costui è il Signore di tutti. [37]Voi conoscete ciò che è accaduto in tutta quanta la Giudea, incominciando dalla Galilea, dopo il battesimo predicato da Giovanni; [38]cioè come Dio

---

[38] C. Broccardo, *La fede emarginata*, p. 319. Qual è la condizione fondamentale del fariseo? «A causa della mancanza di fede egli è stato perdonato poco e la sua valutazione della donna e di Gesù è totalmente falsa. La pace appartiene a chi crede, la confusione e la costernazione a chi non crede» (J.J. Kilgallen, Forgiveness of sins [Luke 7:36-50], «Novum Testamentum» L [2/1998], 110-111.114).

consacrò in Spirito Santo e potenza Gesù di Nazaret, il quale passò beneficando e risanando tutti coloro che stavano sotto il potere del diavolo, perché Dio era con lui. [39]E noi siamo testimoni di tutte le cose da lui compiute nella regione dei Giudei e in Gerusalemme. Essi lo uccisero appendendolo al legno (della croce). [40]Dio lo risuscitò al terzo giorno e volle che apparisse, [41]non a tutto il popolo, ma a testimoni prescelti da Dio, a noi, che mangiammo e bevemmo con lui dopo la sua risurrezione dai morti. [42]Ed egli ci ordinò di proclamare al popolo e di attestare che egli è il giudice dei vivi e dei morti costituito da Dio. [43]Tutti i profeti gli rendono testimonianza di questo fatto: ottiene la remissione dei peccati per mezzo del suo nome chiunque crede in lui" [39].

La presentazione parallela del centurione Cornelio e di Pietro, che è stata sviluppata dal testo di At lungo tutto il cap. 10, arriva al punto culminante. Il testo di Atti sancisce, nei vv. 34ss, il compimento della presa di coscienza del portavoce dei Dodici (quantunque non sia così certo che egli sia rimasto fedele a quello che viene affermato in questo passo di At 10 – cfr. Gal 2).

Nel rapporto tra gli esseri umani e Dio contano unicamente le scelte esistenziali, che conducono le relazioni tra l'essere umano e Dio e degli esseri umani tra di loro alla concreta e completa realizzazione[40].

Questo atteggiamento è motivato dalla sovranità totale e totalizzante del Dio di Gesù Cristo. La sintesi della proclamazione neotestamentaria che segue (vv. 37-41) rende assai efficacemente tutto quello che si è verificato. Le parole di Pietro richiamano quanto già proclamato. In particolare sottolineano:

---

[39] Per una lettura approfondita di At 10,34-43 cfr. E. Borghi, *Gli Atti degli Apostoli*, in E. Borghi-R. Petraglio (a cura di), *La fede attraverso l'amore. Introduzione alla lettura del Nuovo Testamento*, Borla, Roma 2006, pp. 193-196.

[40] Nell'aggettivo che in italiano si rende con il giro di parole "non giudica in base a caratteristiche esteriori" (si veda anche il sostantivo corrispondente in Rm 2,10-11) si denota «il gesto benevolo di qualcuno che solleva il volto di una persona mostrandole il proprio favore. Secondo le usanze del Vicino Oriente antico salutare un superiore comportava che si chinasse il capo, se non la prostrazione completa; e sollevare il volto voleva dire l'accettazione piena di questo gesto di ubbidienza» (J.-A. Fitzmyer, *Gli Atti degli Apostoli*, tr. it., Queriniana, Brescia 2003, p. 477).

- la consacrazione divina complessiva di Gesù;
- la durativa azione benefica di Gesù che porta alla liberazione dal potere diabolico;
- l'apparizione del Risorto anzitutto a chi ha condiviso materialmente la vita con Gesù, anche dopo la sua risurrezione.

Il ruolo di chi come Pietro ha vissuto questa relazione particolare e culminante con il Nazareno è, a questo punto, molto chiaro. La testimonianza diretta della signoria divina sull'umanità arriva a esprimere una valutazione decisiva sulla qualità etica dell'esistenza di ogni individuo.

Tutto questo viene affermato nella consapevolezza che la possibilità di far trionfare il bene nella propria vita – dunque la riunificazione interiore e la trasparenza nei rapporti con gli altri –, è sempre alla portata di chiunque scelga di affidarsi a Dio in modo fiducioso giorno dopo giorno[41]. Tale affidamento in Gesù Cristo risorto è il punto d'arrivo del discorso petrino, come evidenziano le ultime parole del v. 43, di cui la mia traduzione ha voluto rispettare la successione dei vocaboli nel testo greco, così chiaramente significativa. La fede intesa come fiducia esistenziale nel Dio di Gesù Cristo è la condizione per vivere un rapporto con il Divino che vada al di là delle mancanze d'amore della quotidianità umana.

(f) Aver fede significa arrivare alla salvezza? Cenni di sintesi

Le brevi letture condotte sinora hanno mostrato almeno un comune denominatore tra i testi considerati: una fiducia effettiva nel Dio di Gesù Cristo rende la vita certamente migliore di quanto avvenga in assenza di essa. Tale livello qualitativo assai superiore è variamente complessivo, dalla dimensione fisica a quella spirituale, a partire da condizioni assai migliori nelle relazioni con altri esseri umani. E tutto questo al di fuori di qualsiasi pretesa di contraccambio o retribuzione, di *do ut des* tra gli esseri umani e Dio, in nome di

---

[41] «La parola che Dio ha inviato al popolo ebraico non è una dottrina o un discorso, ma si chiama Gesù Cristo. La buona notizia della pace, ebr. *shalôm*, non è semplicemente la tranquillità o la fine dei conflitti, ma la liberazione, la giustizia che gli uomini aspettano da sempre. Liberazione per gli oppressi e giustizia per i calpestati. Questi doni salvifici sono dati agli uomini oggi attraverso la persona di Gesù Cristo, il quale è "Signore" di tutti» (R. Fabris, *Atti degli Apostoli*, Queriniana, Brescia 1988³, pp. 60-61).

una relazione divino-umana e umano-divina intensa e profonda in termini di sincerità e gratuità, ossia alla ricerca dei valori del regno di Dio, cioè giustizia, pace e gioia[42].

4. La fede che fa vivere: lettura di testi

Il rapporto tra la fede nel Dio di Gesù Cristo e l'esistenza umana, dalla quotidianità normale alle grandi scelte interiori e sociali, è variamente trattato nel corso degli scritti neotestamentari. Vediamo più da vicino alcune testimonianze importanti in proposito.

(a) Marco 1,14-15

[14]Dopo che Giovanni fu arrestato, Gesù si recò in Galilea proclamando il vangelo da parte di Dio. [15]E diceva: "Il tempo è compiuto e il regno di Dio è divenuto vicino; cambiate mentalità e credete sulla base del vangelo".

L'autore fornisce, anzitutto, due agganci al testo precedente, l'uno temporale-relativo (si è nel momento successivo all'imprigionamento del Battezzatore), l'altro spaziale (Gesù si trova nella sua regione d'origine).

Al di là di ogni verificabilità storica diretta, le due notazioni hanno un'importante valenza narrativa. Infatti segnano la definitiva differenziazione della sorte e fisionomia di Gesù da colui che l'ha preceduto e introdotto ed esprimono la condizione favorevole dell'esordio della predicazione gesuana, svolto nella sua patria. Egli se ne allontana verso la Giudea soltanto in due occasioni: per ricevere, come si è visto con il battesimo nel Giordano, l'*investitura divina* nella sua piena umanità; per arrivare, in Gerusalemme, alla definitiva manifestazione di sé con la morte e risurrezione (capp. 11-16).

---

[42] «Quando c'è gioia, cioè una interiore zampillante serenità, quando c'è capacità di leggere ovunque i segni della presenza positiva di Dio, quando ogni situazione è interpretata nel verso giusto, come qualcosa che ci aiuta veramente a crescere, quando ci sentiamo amati da Dio e quando sentiamo che Dio fa tutto per il nostro bene, allora giustizia, pace e gioia sono i segni dello Spirito, sono l'anticipo del regno già presente e operante. Non possiamo rendere presente il regno se non passando attraverso questi valori» (C.M. Martini, *Le ali della libertà*, in C.M. Martini, *Le ragioni del credere*, Mondadori, Milano 2011, p. 842).

In Galilea il Nazareno, figlio diletto di Dio (questo è tutto quello che il lettore sa di lui sino a questo punto), è tornato per uno scopo ben definito: *proclamare l'evangelo di Dio*. Tre aspetti balzano all'occhio del lettore:

- si tratta di un'azione densa e certo non dimessa: è una proclamazione ad alta voce[43], senza che esista un destinatario storicamente indicato;
- si tratta di un'azione certo non estemporanea, ma continuativa[44];
- tale azione sussiste in funzione del suo oggetto: *il vangelo di Dio*[45] appunto. Diversamente l'annuncio in sé sarebbe vuoto, molto di più di quello di molti banditori-proclamatori ufficiali dell'antichità. È la *buona notizia di Dio*[46]: non si sa altro che questo da espressioni che esistono in relazione al loro verbo reggente. Infatti *il vangelo* non esplicherebbe il suo essere *annuncio* se non fosse *comunicato*.

Tutta l'attenzione del testo è quindi concentrata su un interrogativo: si saprà, in sostanza, che cosa Gesù è venuto a proclamare in Galilea? La "risposta" alla "domanda" arriva, ma è complessa.

Anzitutto vi sono due notazioni di tono profetico: il tempo favorevole e opportuno[47], comunque decisivo, è arrivato alla sua realizzazione. Tale compimento fa sentire i suoi effetti nel presente[48]. Perché? Semplice: l'*esercizio della signoria divina*[49] nell'in-

---

[43] Il senso originario del verbo usato è esattamente "gridare con voce forte, proclamare ad alta voce".

[44] Il verbo in questione è un participio presente: l'azione durevole è proiettata anche dal presente al futuro.

[45] Il genitivo qui mi pare oggettivo: ciò di cui Gesù parla nella sua predicazione è *Dio*.

[46] L'espressione *il vangelo di Dio* coniata dalla lingua missionaria delle origini cristiane (cfr. Rm 1,1; 15,16; 2Cor 11,7; 1Ts 2,2.8.9; 1Pt 4,17) ha certamente alle spalle l'eco della pregnante gioia recata dal messaggero di Is 52,7-10.

[47] Si tratta dell'inizio della salvezza escatologica, quindi di una fase che, come suggerisce anche la notazione del versetto precedente che parla di *vangelo*, è un messaggio felice.

[48] Il Regno di Dio «è diventato così imminente da essere "alla porta" o è come un treno che si trova proprio sul punto di entrare in stazione» senza dimenticare, comunque, che «un treno che entra in una stazione potrebbe essere descritto da una passeggero in attesa come un treno che arriva, e da un altro come un treno che sta per arrivare» (J.P. Meier, *Un ebreo marginale. Ripensare il Gesù storico*, tr. it., 2, Queriniana, Brescia 2002, pp. 544).

[49] Il greco *basiléia* (= regno, sovranità) presenta, sin dalle sue origini due significati, ossia "condizione di re, sovranità e territorio governato dal re", quindi "regno", di cui il secondo sviluppo ovvio e consequenziale del primo. Nel NT risulta prevalente il valore primario:

sieme della storia si è approssimato e questo stato di vicinanza è attuale.

In secondo luogo, le due circostanze, pur strettamente collegate tra loro e concomitanti, non sono sovrapponibili *in toto*. Ai suoi destinatari, di cui nulla si sa se non che si tratta di una pluralità di uditori diretti (lo dimostra la II persona plurale – cfr. v. 15b), Gesù dà un'indicazione chiara: il compimento temporale non significa piena attualizzazione, *hic et nunc*, della logica divina.

> Occorrono le due figure della misura colma del tempo e della massima vicinanza per esprimere l'attualità di quello che si dice con l'espressione *il regno di Dio*. Non vi è più indugio, ma quello che è vicinissimo non coincide con il *qui e adesso* dell'esperienza sensibile. Questa non coincidenza predispone uno spazio per il pentimento e l'accoglimento della parola, senza che l'urgenza della chiamata si trovi ad esserne diminuita[50].

Nient'altro se non pressante invito alla revisione della propria vita e alla fiducia nella parola: ecco il senso dei due imperativi, delle due azioni che devono occupare l'agire presente e futuro degli ascoltatori dell'annunciatore[51]. Il testo parla di un pentimento profondo, di un cambiamento di mentalità, destinato a richiedere tempo[52], così come il processo che fa entrare a fondo nella fede. È una conversione in cui la proposta divina chiede che le si faccia posto

---

«Dove malati guariscono e perduti sono ritrovati, dove disprezzati sono accolti e poveri scoprono la loro dignità, dove paralizzati rivivono e una vita vecchia e stanca ridiventa giovane e feconda, lì comincia il regno di Dio... Il regno di Dio significa che Dio è vicino e totalmente presente e che fa partecipare le sue creature alle proprie qualità, alla propria gloria e bellezza, alla propria vitalità e bontà, perché egli condivide nel medesimo tempo le qualità delle sue creature, la loro finitudine, la loro vulnerabilità e la loro mortalità» (J. Moltmann, *Chi è Cristo per noi oggi?*, tr. it., Queriniana, Brescia 1995, pp. 23-24.28).

[50] J. Delorme, *L'évangile structuré et contextualisé selon Marc 1,14-15*, in "Sémiotique et Bible" 75 (1994), 41-42.

[51] «Queste prime parole che Gesù pronuncia annunciano un *fatto* e sollecitano una *risposta* (formulata con due imperativi). All'indicativo (il gesto di Dio) segue l'imperativo (la risposta dell'uomo)» (*Il vangelo di Marco*, a cura di B. Maggioni, Vita&Pensiero, Milano 1997, p. 13).

[52] Non si dimentichi che anche *cambiate mentalità* e *credete* sono, morfologicamente, due presenti imperativi: esprimono, dunque, azioni durative ed iterate nel tempo.

per rinnovare nel profondo la vita di coloro a cui è rivolta. Tale cambiamento radicale implica una fiducia piena in un quadro preciso: *secondo il vangelo*.

Credere nel gioioso annuncio, fidarsi sulla base della buona notizia: i criteri, su cui fondare questo grande cambiamento della propria vita, si trovano in quello che è e sarà proclamato. L'attività di Gesù ha inizio nel contesto in cui raccoglie il messaggio del Battista sulla necessità di un cambiamento di vita, che è la pre-condizione della notizia bella e buona che Gesù stesso dà: l'avvicinamento senza precedenti analoghi del regno di Dio. Che cosa è, allora, in questa sua terza attestazione marciana, la parola "vangelo"?

- È una parola di un "io" ben determinato (Gesù) a un uditorio non immediatamente identificabile, ma non generico (voi);
- è una parola rivolta a un "voi", è indirizzata a pluralità di "tu": ciascuno di essi è chiamato, individualmente in un contesto collettivo, in relazione alla sua libera scelta, a sentirsi destinatario di essa;
- è una parola che costituisce criterio orientativo per la vita quotidiana di chi l'accoglie: il testo non dice «credete al vangelo», bensì «credete in base al vangelo», il che non toglie nulla alla forza dell'adesione invocata, ma accentua il livello di coinvolgimento richiesto al discernimento e alla progettualità individuali, insomma alla coscienza dell'individuo;
- è un invito a riconoscere il segno dell'approssimarsi del regno di Dio in quello che capita a Gesù e attraverso di lui. Di rimando, però, questo accostarsi viene a trovarsi reinterpretato dal racconto della sua vita, morte e risurrezione.

E questo racconto tenderà a prendere, nel vangelo, il posto dell'annuncio del regno di Dio divenuto vicino: «"Il vangelo" è inseparabile da Gesù (cfr. 8,35; 10,29) e si dice che se ne dovrà parlare dopo la sua partenza (13,10; 14,9). Ciò è prevedibile sin dalle prime parole del libro: "il vangelo" che comincia in 1,1 è quello di "Gesù Cristo" ed è l'inizio del racconto che lo riguarda … Quello che compare all'inizio nell'invito al pentimento e alla fede ritornerà, nel prosieguo del racconto, sotto altre espressioni in grado di renderne ed esplicitarne la portata»[53].

---

[53] J. Delorme, *L'évangile structuré et contextualisé*, p. 49.

Fra l'altro, Gesù non annunzia se stesso, non dice «credete in/a me» ma, come si è già sottolineato, «credete in base al vangelo»: egli non si dà come la fonte o il garante di quello che afferma né come l'attore della trasformazione che egli proclama. L'avvenimento che ha compiuto il tempo e l'avvicinamento del regno di Dio sono azione di un Altro e risalgono a Dio. E sta ai destinatari, al plurale evocato dai due verbi "cambiate mentalità" e "credete", reagire in relazione alla situazione nuova che l'annunciatore ha delineato come in atto[54].

E se questa è una reazione di accoglimento, si verifica un fatto decisivo: l'accordo che si stabilisce tra gli ascoltatori e l'annunziatore consiste nella loro relazione comune alla sorgente di questa parola, che è l'oggetto del cambiamento di mentalità evocato: l'Altro, Dio Padre.

E questi vv. 14-15 hanno davvero una forza sintetica e programmatica paragonabile, per esempio, al testo di Rm 1,16-17 (che vedremo nelle prossime pagine), in cui i termini *vangelo* e *fede* hanno un potere evocativo formidabile.

(b) Luca 1,39-45

[39]In quei giorni Maria si mise in viaggio verso la montagna e raggiunse in fretta una città di Giuda. [40]Entrata nella casa di Zaccaria, salutò Elisabetta. [41]Appena Elisabetta ebbe udito il saluto di Maria, il bambino le sussultò nel grembo. Elisabetta fu piena di Spirito Santo [42]ed esclamò a gran voce: "Benedetta tu fra le donne e benedetto il frutto del tuo grembo! [43]A che debbo che la madre del mio Signore venga a me? [44]Ecco, appena la voce del tuo saluto è giunta ai miei orecchi, il bambino ha saltato di gioia nel mio grembo. [45]E beata colei che ha creduto nell'adempimento delle parole del Signore".

L'ingresso di Maria suscita una reazione profonda in Elisabetta, ossia colei che attende la nascita di Giovanni. Pochi giorni di fronte ad oltre sei mesi: i due nascituri, che hanno percorso sinora questo

---

[54] «Credere... è aderire totalmente al regno che ci si manifesta in Gesù... Credere al vangelo, all'uomo Gesù, Figlio di Dio è essere coinvolti nell'avventura di Dio» (Aa. Vv., *Una comunità legge il vangelo di Marco*, I, EDB, Bologna 1979[3], p. 41). Per una lettura globale di Mc 9,14-29 cfr. anche E. Borghi, *Il mistero appassionato*, pp. 347-353.

tratto della loro formazione intrauterina, si "incontrano", e quello che anzitutto ne scaturisce è gioia subitanea, a sottolineare, come in Lc 1,28, che quando Dio incontra l'essere umano ciò che ne deriva è e deve essere anzitutto questo sentimento positivo e non la paura dell'ignoto o il terrore del portentoso[55].

L'evento non è presentato soltanto dalla parte narrativa (v. 41a), ma ripreso esplicitamente da Elisabetta (v. 44), la quale può esprimere efficacemente il suo entusiastico stato d'animo perché l'incontro con la madre del Figlio di Dio l'ha resa partecipe del dinamismo divino più autentico: lo Spirito di Dio (v. 41b)[56]. Ella, di fronte alla gioia che ha provato in sé, non può che essere riconoscente della grazia di tale incontro: questo è il senso della duplice benedizione che Elisabetta rivolge, con voce veemente[57], alla sua visitatrice e alla creatura che costei ha appena iniziato a custodire in grembo (v. 42)[58].

Un notevole dinamismo ha avvolto la moglie di Zaccaria, che conferma l'atteggiamento di lode responsoriale in cui si trova, chiedendo la ragione di un dono così grande come la venuta della madre di Colui che ella reputa guida e sovrano della sua vita (v. 43)[59]. L'espressione *Signore*, utilizzata a pieno titolo dai discepoli solo da Pasqua in poi, costituisce un modo efficace da parte del redattore lucano per condensare il messaggio di fiducia esplicitato da Gabriele durante l'annunciazione (vv. 32-33.35) in chiave post-pasquale. Ciò sottolinea quanto il racconto lucano dei capp. 1-2 sia introduzione al culmine kerygmatico della versione evangelica.

---

[55]   Sulla storicità dell'avvenimento narrato da questo passo lucano cfr., per es., E. Borghi, *Gesù è nato a Betlemme? I vangeli dell'infanzia tra storia, fede e testimonianza*, Cittadella, Assisi 2011, pp. 94-95.

[56]   Questo versetto realizza quanto già preconizzato nel v. 15c.

[57]   Tre "ascendenti" biblici più che probabili di tale grido di Elisabetta e del suo contenuto sono Dt 28,4a, la considerazione di Giaele «benedetta tra le donne» in Gdc 5,24 e la definizione di Giuditta «benedetta dal Dio altissimo presso tutte le donne» in Gdt 13,18.

[58]   «La venuta del Signore è un fatto fisico, non "metafisico", al di là del corporeo: è quella che chiamiamo incarnazione. La beatitudine pronunciata da quest'anonima donna addita... un aspetto fondamentale della nostra fede: Gesù è nato da una donna, inserendosi così nella storia umana» (G. Gutierrez, *Il Dio della vita*, tr. it., Queriniana, Brescia 1992, p. 289).

[59]   Si veda l'importanza di 2Sam 6,2 quale ascendente testuale di quest'affermazione dell'Elisabetta lucana.

Comunque la domanda di Elisabetta nel v. 43 constata, con meraviglia, la rivelazione stravolgente della benevolenza fecondante di Dio. La motivazione essenziale di tutto questo straordinario movimento, dall'esterno geografico all'interno di un grembo materno, è l'accoglimento mariano della proposta divina, dunque la fede di Maria[60] nel compimento delle promessa divina (v. 45). Si tratta di una fiducia che fa vivere la madre di Gesù secondo una prospettiva inimmaginabile prima dell'annuncio nazaretano dell'angelo. Essa si fonda anzitutto – per quanto il testo lucano dice – sulle parole dell'inviato divino, in certo modo riconfermate da quelle della madre di Giovanni. Una fiducia che quanto Dio ha promesso a lei e sul "loro" straordinario figlio, si realizzerà completamente.

(c) Giovanni 3,14-18

"[14]E come Mosè innalzò il serpente nel deserto, così bisogna che sia innalzato il Figlio dell'uomo, [15]affinché chiunque crede in lui abbia la vita eterna. [16]Infatti Dio ha tanto amato il mondo da donare il suo Figlio unigenito, affinché chiunque crede in lui non sia annientato, ma abbia la vita eterna. [17]Dio non ha mandato il Figlio nel mondo per condannare il mondo, ma perché il mondo sia salvato attraverso di lui. [18]Chi crede in lui non è condannato; ma chi non crede è gia stato condannato, perché non ha creduto nel nome dell'unigenito Figlio di Dio".

Il Figlio dell'uomo, cioè il paradigma dell'essere umano, secondo quanto la Bibbia ebraica ha variamente espresso, dal servo sofferente di Is 52-53 alla profezia di Dn 7, è il solo rivelatore autorizzato della volontà di rapporto di Dio con l'umanità. Ciononostante i vertici dell'umanità attuale non lo comprendono: di fronte alla croce i responsabili del mondo terreno non possono più pretendere di essere gli interpreti esclusivi della pietà, della giustizia, della misericordia.

L'atto di culto mosaico del serpente (cfr. Nm 21,8-9) fa da termine di paragone e preparazione, nella sua salvificità, all'elevazione

---

[60] Cfr. Gen 15,6: la fede di Maria, come quella di Abramo, è nell'efficacia della parola di Dio. Comunque «nonostante la sua singolare missione ella non usufruisce che degli sporadici aiuti dei comuni credenti. Lontana da loro per i suoi compiti, rimane sul loro piano per quanto concerne la loro realizzazione. Ella deve dare soprattutto prova di fede e di coraggio» (O. Da Spinetoli, *Luca,* Cittadella, Assisi 1994³, p. 84).

del Figlio dell'Uomo, qui soltanto adombrata, che arriverà alla fine della parabola terrena di Gesù: la croce. Questa morte scandalosa rientra nell'iniziativa salvifica di Dio. Il suo unico scopo è dare la pienezza della vita senza limite a chiunque cerchi di essere stabilmente nella condizione di fidarsi della persona di Gesù.

Un confronto di questi ultimi versetti con l'utilizzazione duplice del verbo *innalzare* in Mc 8,31-33 (e Mt 16,21-23; Lc 9,22), a partire dal verbo salvifico *bisogna* e dal contenuto che ne segue, orienta ulteriormente a pensare che il passo dalla crocifissione alla risurrezione sia già stato sostanzialmente compiuto anche nel brano giovanneo in esame, come potrebbe anche indicare un raffronto tra la triplice menzione della sequenza passione-morte-risurrezione che si riscontra nelle versioni sinottiche[61] e il triplice richiamo giovanneo a questo "innalzamento" del Figlio dell'uomo (cfr. 3,14; 8,28; 12,32). E la vita eterna prospettata nel v. 15

> È la vita dei figli di Dio, la vita generata dall'alto, la vita generata dallo Spirito. Quando Gesù sarà innalzato nella crocifissione e nell'ascensione, la sua comunicazione dello Spirito costituirà una sorgente di acqua di vita per quelli che credono in lui[62].

Tale affidamento è la chiave di volta dell'esistenza responsabilmente felice la cui delineazione ed esperienza comincia nella dimensione terrena. Attraverso un'immagine di impianto primo-testamentario il discorso, in forma anzitutto chiaramente allusiva, risulta chiarissimo. Non già la semplice guarigione dal veleno, dunque la pura *salute/salvezza fisica*, bensì la perennità complessiva e universale di tutto quanto di bello e di buono donne e uomini già possono vivere da mortali: questo obiettivo, che è il più importante in assoluto, passa attraverso l'accettazione divina su di sé dell'infamia più tragica e dolorosa e tramite la persuasione attiva da parte umana che, per cogliere il senso autentico della vita, si possa giungere sino a questo atto supremo di amore.

Dall'allusività si passa alla piena esplicitazione. Il culmine del di-

---

    [61]   Cfr., oltre ai già citati Mc 8,31-33 e paralleli, anche Mc 9,30-32 (Mt 17,22-23; 9,43b-44); Mc 10,32-34 (Mt 20,17-19; Lc 18,31-34).

    [62]   R.E. Brown, *Giovanni*, tr. it., Queriniana, Brescia 1992, p. 193.

scorso di Gesù assume i connotati del monologo. Tre sono i concetti essenziali: amore, fede e la coppia annientamento-salvezza. Uno solo è il destinatario: la globalità del reale, il mondo.

Infatti la scelta di Dio a favore della realtà si è storicamente prodotta ed è un'opzione d'amore non teorico o puramente verbale, ma effettivo. L'innalzamento del Figlio dell'Uomo prima menzionata trova la spiegazione[63] del suo significato nella donazione oggettiva del figlio (16ab)[64] che dimostra come l'amore sia riconosciuto quale «unica ragione della vita e garanzia della sua solidità. Ogni altro legame sociale, fosse pure la legge divina, subisce il giudizio della croce e svela la sua natura transitoria e instabile (1,17)»[65].

Lo scopo di questa determinazione, che è una donazione completa dall'inizio della vita alla morte di croce, è puro altruismo (evitare l'annichilimento e dare la pienezza di vita ad ogni individuo), ma implica una sensibile responsabilizzazione (non chiunque indiscriminatamente, ma chiunque *crede* – cfr. v. 16c).

La donazione di Gesù, conseguenza della scelta d'amore di Dio per l'uomo, non ha secondi fini, non è un modo ambiguo per mettere alla prova chicchessia in cambio di qualche ritorno o per ribadire stabilmente la distanza tra Dio e l'essere umano e la peccaminosità delle creature. Il fine è la salvezza del mondo tramite l'unica via realmente autorevole, il Figlio (v. 17): «Le due funzioni che la scuola farisaica attribuiva alla Legge: essere fonte di vita e norma di condotta, vengono ormai sostituite dalla persona di Gesù, l'uomo levato in alto (cfr. 1,17); solo da lui procede la vita (3,13-18) e, come la luce, rivela la bontà o malvagità dell'azione dell'uomo (3,19-21). Manifestando l'amore di Dio, si trasforma in norma di condotta»[66].

Il v. 15 ha già un paragone al suo interno, in sé conchiuso (quello tra il serpente "mosaico" e l'innalzamento del Figlio dell'Uomo) che

---

[63] Essenziale è la funzione della congiunzione "infatti", vero e proprio ponte semantico tra i vv. 14-15 e 16-17, due variazioni sullo stesso tema: il dono efficace del Figlio unigenito per il mondo.

[64] «Ogni croce è strumento di morte per chi come tale la usa e nella morte ripone la sicurezza del proprio potere, ma ogni croce può essere segno di un amore che genera la vita» (R. Osculati, *Fare la verità*, Bompiani, Milano 1974, pp. 48-49).

[65] *Ivi*, p. 49.

[66] J. Mateos-J. Barreto, *Il Vangelo di Giovanni. Analisi linguistica e commento esegetico*, tr. it., Cittadella, Assisi 20004, p. 182.

certamente ha un collegamento stretto con il v. 16, costituito dalla congiunzione *infatti*, già in sé sufficiente. D'altra parte basta leggere attentamente il v. 16 stesso per comprendere che la proposizione reggente di 16a («Dio ha tanto amato il mondo») ha in 16b («da donare il suo Figlio unigenito») proprio una conseguenza e non semplicemente una frase coordinata. Il fatto poi che quest'ultima proposizione abbia, nell'originale, l'indicativo *diede* non fa altro che esplicitare l'obbiettività di quello che essa esprime (= il dono divino dell'unigenito).

Il Dio di Gesù Cristo vive per amare gli esseri umani ed essi sono chiamati a credere che questo amore sia vero, ossia a fidarsi di esso come asse portante della loro vita quotidiana. Tutto questo è al di fuori da ogni timore nei confronti di condanne e punizioni divine, nella certezza che solo gli individui possono escludersi da soli e per loro scelta da questo amore coinvolgente e travolgente.

(d) Galati 5,6
In Gesù Cristo non ha alcuna importanza la circoncisione o l'incirconcisione, ma la fede che si costruisce attraverso l'amore.

Né il proprio giudaismo, e cioè la propria presenza a pieno titolo nella tradizione religiosa dei Padri, né la condizione opposta sono aspetti importanti nel rapporto con il Dio di Gesù Cristo. In un modo o nell'altro, sarebbe come se ci si potesse "giustamente" collocare in posizione di superiorità rispetto ad altri esseri umani. Per Paolo di Tarso la circoncisione non cambia il cuore di chi si fa circoncidere; è un rito che fa entrare in un particolarismo e quindi ostacola piuttosto l'universalismo dell'amore divino; e anche l'incirconcisione lascia l'uomo nel suo stato di peccatore.

In un rapporto con Gesù Cristo, che sia carico della familiarità partecipe e del senso di responsabilità altruistico che Dio propone all'essere umano, conta soltanto fidarsi di Lui amandolo nella pratica della vita. La fede è la struttura portante e l'amore è l'energia che la anima. Si potrebbe dire che la fede è *lo scheletro* e l'amore è *il sistema nervoso* e *l'insieme degli organi vitali fondamentali* a cominciare dal cuore, dai polmoni e dalla circolazione sanguigna.

Si tratta di una fede che, a partire dal radicamento nel Dio di Gesù Cristo, *agisce* ed esiste solo in ragione dell'amore. Ciò vuol dire delineare opere, progettare azioni, stabilire priorità di vita, focalizzare rapporti capendo l'importanza di passione, intelligenza e creatività. Insomma, essa è il soggetto ma il suo esistere è effettivo solo e soltanto in ragione dell'amore che traduce nella realtà, senza limiti anzitutto temporali[67], idee, prospettive e scelte.

La vita umana è davvero *libera* da tutto ciò che ne mortifica i giorni, se si esprime in un amore fatto secondo la figura e a immagine dell'amore di Dio per l'umanità. La connessione pratica e inscindibile tra fede e amore costituisce il punto d'arrivo del discorso paolino. Infatti:

• il cuore strutturale della fede, ossia della fiducia che dà speranza e senso all'esistenza, è l'amore;
• l'amore, però, necessita di costante discernimento circa le sue possibilità d'azione ritornando continuamente alla sua fonte originaria: l'agire di Dio per il mondo e per l'umanità culminato nella scelta sacrificale di Gesù Cristo, proclamatore dell'evangelo del Regno, morto e risorto.

(e) Romani 1,16-17

[16]Infatti non mi vergogno dell'evangelo, poiché è potenza di Dio in vista della salvezza di chiunque crede, sia Giudeo prima sia Greco. [17]Sì, perché la giustizia di Dio in esso (= evangelo) si manifesta da fede a fede, come sta scritto: "Il giusto per fede vivrà".

Paolo, dopo aver introdotto teologicamente e antropologicamente il discorso che vuole rivolgere ai cristiani di Roma (cfr. Rm 1,1-15), afferma di essere pronto a predicare l'evangelo: a questo punto, l'ultimo evento che in lui si potrebbe produrre è la perdita del proprio equilibrio, di più, lo svilupparsi di un senso di annientamento individuale e la destrutturante perdita di dignità sociale e di

---

[67] La locuzione conclusiva del v. 6 è imperniata su un verbo al presente participio (*energumène* = che si costruisce) di valore mediale. Proprio il fatto che questo participio possa essere inteso anche quale passivo, legittima questa interpretazione: il cristiano è chiamato all'amore in duplice senso: a essere *amato* e ad *amare*. Nella teologia paolina questi due momenti sono inseparabili (cfr. V.P. Furnish, *Theology and Ethics in Paul*, Abingdon Press, Nashville 1968, p. 202).

autostima personale che ne deriverebbe: «L'Apostolo vuol dire che è pronto a compiere il suo lavoro missionario con un impegno che non conosce limiti»[68].

Infatti il senso di vergogna è esattamente il contrario, nel NT, della confessione coraggiosa, determinata e chiara della propria fede (cfr. anche Mc 8,38; Lc 9,26; Mt 10,33). È una tentazione sempre viva nell'esistenza umana, dal I sec. d.C. in poi, a motivo della difficoltà umana nel comprendere sino in fondo la natura dell'evangelo stesso, cioè il fatto che Dio abbia inteso lasciare l'uomo libero di assumere le sue opzioni di fede, intervenendo nella storia per salvare gli esseri umani in forma velata e non di rado sorprendente, sino alla suprema debolezza della croce.

Fondare la propria vita sull'evangelo annunciandolo ad ampio raggio: questa è la scelta esistenziale paolina. Quello che Paolo ha ragione di proclamare è *l'essere dinamico*, *l'agire di Dio*, finalizzato alla *vita* di *chiunque* faccia *una scelta di fede in Lui*. Paolo ha capito che la sua esistenza ha senso compiuto a un'unica condizione: che egli presenti, *sempre*, *ovunque* e *in ogni modo*, *l'annuncio di salvezza*, ossia la proclamazione di *bene completo* e *totale* per l'essere umano. Esso non è anzitutto un contenuto intellettuale o una regola giuridica da seguire: «La causa è una persona: non la sua persona, e neppure quella del singolo lettore, o ascoltatore dell'epistola, ma al di sopra della sua persona e delle persone riunite nella comunità romana, la persona di Gesù Cristo»[69].

Che cosa significa *potenza di Dio*? Il termine *potenza* poteva suscitare varie risonanze negli ambienti in cui Paolo portava il suo annuncio. La logica dell'amore crocifisso e risorto è il senso profondo dell'evangelo, cioè la prospettiva d'esistenza, quindi d'azione del Signore Dio: egli *può*, egli *è potente* solo ed esclusivamente perché *ama*, al di là delle possibilità umane, in definitiva *attraverso Gesù Cristo*. «La dottrina di Paolo, che è il motivo della sua attività

[68]   F. Montagnini, *La prospettiva storica della Lettera ai Romani*, Paideia, Brescia 1980, p. 70. In ordine alla *vergogna* da cui Paolo dice di essere assolutamente immune nella sua azione di annunciatore è interessante il confronto tra due tradizioni distinte dell'invio dei discepoli in missione da parte di Gesù: al rinnegamento di Mt 10,32 e Lc 12,8 fa riscontro la vergogna in Mc 8,38 e Lc 9,26, la quale «appare come il modo di fare del predicatore rinunciatario» (*ibidem*).

[69]   K. Barth, *Breve commentario all'epistola ai Romani*, Paideia, Brescia 1990², p. 31.

missionaria, si riassume nel primato della benevolenza di Dio su ogni tradizione religiosa o filosofica, al di là delle divisioni tra pii e peccatori, tra giusti ed ingiusti a norma di peculiari regole»[70].

A Paolo non importa tanto una formulazione terminologicamente univoca e rigorosa della nozione di salvezza. Gli sta a cuore *un'esortazione forte e chiara* che collochi *i suoi destinatari*, tra passato, presente e futuro, *alla presenza del Signore Dio manifestato in Gesù Cristo*, ossia di colui che ha *già realizzato* questa salvezza attraverso la sua morte e la sua risurrezione, che la *comunica oggi* e che *le darà la sua pienezza escatologica*.

Questa è la dimensione globale evocata nel v. 16. Il vangelo è la forza di Dio, l'onnipotenza divina, che è al di sopra di ogni manifestazione umana e tutte le può orientare e governare. E la salvezza proposta dalla potenza d'amore divina non è qualcosa che entri automaticamente o magicamente nella vita degli esseri umani. Infatti l'adesione fiduciosa dell'individuo, come in 1Cor 1,18, è tutt'altro che pleonastica.

Soltanto *l'atteggiamento esistenziale* del *credere*, in un *presente* aperto al *futuro*, può consentire di fruire della salvezza preparata da Dio e da lui annunziata tramite i suoi messaggeri e segnatamente attraverso Paolo. Chiunque può accedere a questa prospettiva: la locuzione «chiunque crede, sia Giudeo prima sia Greco» manifesta l'assenza di qualsiasi barriera o limite. Certamente resta ferma «l'economia della salvezza per cui la strada dell'evangelo passa attraverso Israele per giungere poi ai gentili... Ma pur tenendo conto di ciò, quando si è detto "in primo luogo" si è detto tutto. L'evangelo in quanto potenza salvatrice di Dio[71] vale in egual misura per i pagani che giungono alla fede»[72].

---

[70] R. Osculati, *La lettera ai Romani*, IPL, Milano 1996, p. 13.

[71] Paolo «non teme che il vangelo non sia all'altezza della cultura e dell'incultura che si ammassano nella metropoli, che esso si perda a contatto con le forze lì dominanti dello spirito e della brutalità, dell'umanesimo e della volgarità, compromettendo nella rovina lui stesso... Egli "non si vergogna", non ha paura di tutta Roma, perché il vangelo stesso è *forza*, e precisamente forza di *Dio* e dunque senz'altro una forza superiore. Si noti che egli non parla della propria convinzione o esperienza di questa forza. Si noti che egli non dice che il vangelo *ha* questa forza... Egli invece dimostra che il vangelo *è* tale forza» (K. Barth, *Breve commentario all'epistola ai Romani*, p. 36).

[72] H. Schlier, *La lettera ai Romani*, tr. it., Paideia, Brescia 1982, pp. 93-94.

Il fatto di essere ebreo o pagano non è condizione di poco conto, in ragione del patrimonio culturale che ciascun essere umano è. Tuttavia, proprio in forza del nuovo punto di riferimento comune – la fiducia in Gesù Cristo e nel suo vangelo – le tensioni interculturali devono essere superate nella logica di un reciproco rispetto delle (rispettive) differenze, in nome di un'unità più alta e più profonda.

Ogni essere umano è chiamato a vivere e operare un giudizio in cui la sua responsabilità diretta è imprescindibilmente in gioco nella libertà del suo rapporto con il Dio di Gesù Cristo: «Facendo del credente l'unico beneficiario dell'attività salvifica di Dio, Paolo intende sottolineare, da una parte la libera decisione dell'uomo in risposta all'iniziativa divina e, dall'altra, la rinuncia alla sua autosufficienza di autocrate religioso per accogliere il dono gratuito offertogli»[73].

L'evangelo è allora (v. 17) la rivelazione della *giustizia di Dio*. L'offerta di relazione divina nei confronti degli esseri umani è, quindi, il manifestarsi della giustizia di Dio, dunque del suo amore per gli esseri umani e dell'esigenza divina che la relazione d'alleanza proposta all'umanità sia raccolta e praticata.

Esclusivamente la predicazione dell'evangelo può essere il tramite di quest'offerta e di questo tipo di rapporto verso coloro che non sono stati discepoli conviventi di Gesù. Soltanto questa proclamazione esigente, decisa ed appassionata può contribuire in modo assai significativo, superando/portando a compimento la *Torah d'Israele e la giustizia inerente* e andando al di là delle intelaiature giuridico-religiose non giudaiche, a manifestare «un nuovo volto di Dio: la sua giustizia più vera, che non esclude e non condanna, ma piuttosto rende giusti quelli che per se stessi sono peccatori..., rimasta finora velata, che è perdono, misericordia, chiamata alla rigenerazione e inizio della nuova creazione prodotta dallo Spirito divino»[74].

Ciò che era nascosto è ormai visibile, sperimentabile, ma, ovviamente, a una precisa condizione: che lo scenario sia contraddistinto, anzi disegnato dalla logica di fondo del rapporto uomo-Dio, cioè la *fede*. Essa avvolge necessariamente tutto. Non è un caso che Paolo si avvalga di una locuzione conchiudente («da fede a fede»)

---

[73] G. Barbaglio – R. Fabris, *Lettere di Paolo*, 2, Borla, Roma 1980, p. 218.
[74] R. Osculati, *La lettera ai Romani*, p. 14.

che, tracciando la dimensione entro la quale si attua la rivelazione della giustizia divina, esprime due aspetti contestuali. Infatti non si dà effettivo rapporto con Dio senza una risposta a lui che si articoli costantemente *a partire dalla fiducia nella sua affidabilità come partner*. E non si dà evangelo credibile *senza affidamento* alla *verità di esso*, ossia *alla manifestazione di Dio nella vita, morte e risurrezione di Gesù tramite l'amore* che pervade tutto questo percorso.

La citazione conclusiva (Ab 2,4) è una sintesi tanto breve quanto efficace di tutto quanto il "sommario" che Paolo ha proposto. Il discorso di Rm 1,1-17 verte, in buona sostanza, sul significato di *fede* e di *vita*: la *fede* è la condizione essenziale perché ogni individuo possa riconoscere i due assi del proprio esistere, ossia la relazione con Dio nel rapporto con i propri simili, quindi possa condurre la propria *vita* davvero secondo il modello del proprio Creatore.

L'essere umano è in grado di vivere e non soltanto di sopravvivere a se stesso, se le sue relazioni, a partire da quelle fondamentali, sono pienamente stabilite, coltivate e conservate secondo una linea-guida univoca: l'*affidamento fiducioso all'amore del Dio di Gesù Cristo*, dunque *la fede*[75].

Fede e vita non possono che essere inestricabilmente collegate. Per vari motivi, tra i quali il fatto che per Paolo, come per molti altri giudei, vi è sostanziale sinonimia tra *vita* nel senso pieno del termine e *salvezza*. Chi come lui parlava aramaico quale lingua di casa, probabilmente usava lo stesso vocabolo, cioè *hayye* tanto per "vita" quanto per "salvezza": «"Chi è giusto (giustificato) per fede è colui che vivrà" significa perciò: "Chi è giusto (giustificato) per fede è colui che sarà salvato"»[76]. Secondo Paolo e, più in generale, secondo l'intero corpus neotestamentario, l'essere umano è davvero se stesso soltanto in una logica di rapporto fecondo, maturo e conti-

---

[75] Questa traduzione della citazione paolina di Ab 2,4b («Il giusto per fede vivrà») rispetto a quella lungamente diffusa («Il giusto vivrà per fede») è più corretta, anzitutto per ragioni di contenuto rispetto al discorso complessivo in merito della lettera ai Romani, che verte esattamente sul fatto che si è giusti perché si crede.

[76] F.F. Bruce, *La lettera di Paolo ai Romani*, GBU, Roma 1997, p. 97. «Per Paolo la vita nel senso di salvezza comincia con la giustificazione, ma va più in là di essa (cfr. 5,9-10); include la santificazione (l'argomento trattato in Romani 6-8) ed è resa perfetta nella gloria finale (5,2: 8,30)» (*ivi*, pp. 97-98).

nuo con il Dio di Gesù Cristo, ove tutta l'integralità dell'individuo è coinvolta, in base ad una scelta d'amore radicale e fondamentale.

(f) Giacomo 2,14-26

[14]A che cosa giova, fratelli miei, qualora qualcuno dica di avere la fede ma non abbia le opere? Forse la fede può salvare lui? [15]Qualora un fratello o una sorella siano senza vestiti e sprovvisti del cibo quotidiano [16]e uno di voi dica loro: "Andatevene in pace, riscaldatevi e saziatevi", ma non diate loro il necessario per il corpo, che giova? [17]Così anche la fede: qualora non abbia le opere, è morta in se stessa. [18]Al contrario qualcuno potrebbe dire: "Tu hai la fede ed io ho le opere; mostrami la tua fede senza le opere, ed io a partire dalle mie opere ti mostrerò la mia fede". [19]Tu credi che c'è un Dio solo? Fai bene; anche i demòni lo credono e tremano! [20]Ma vuoi essere consapevole, o individuo vacuo, che la fede senza le opere è senza valore? [21]Abramo, nostro padre, non fu forse giustificato per le opere, quando offrì Isacco, suo figlio, sull'altare? [22]Vedi che la fede cooperava con le opere di lui, e che a partire dalle opere quella fede divenne perfetta [23]e si compì la Scrittura che dice: E Abramo ebbe fede in Dio e gli fu accreditato a giustizia, e fu chiamato amico di Dio. [24]Vedete che l'uomo viene giustificato in base alle opere e non in base alla fede soltanto. [25]Così anche Raab, la meretrice, non venne forse giustificata in base alle opere per aver dato ospitalità agli esploratori e averli rimandati per altra via? [26]Infatti come il corpo senza lo spirito è morto, così anche la fede senza le opere è morta.

Questi versetti hanno un grande rilievo teologico e antropologico. Essi, infatti, costituiscono la base etica, dunque sostanziale, dell'intero discorso della lettera di Giacomo, per almeno tre motivi:
- essere cristiani significa vivere insieme l'affidamento a Dio e la dimostrazione pratica, tangibile della sua esistenza. La fede che viene qui pesantemente criticata è quell'atteggiamento che si accontenta di restare sulle labbra, che consiste soltanto nel credere "intellettualmente" all'esistenza di Dio, che gli stessi spiriti maligni manifestano di avere (cfr. v. 19b). La fede che rende giusti, la fede che salva è ben altro: è una scelta che cambia concretamente la vita, che conduce gli individui che dicono di vivere in essa, a battersi

per la giustizia del vangelo, dunque a evidenziare fattiva solidarietà verso chi è in difficoltà, come il v. 16 dimostra;

• il binomio fede-opere si radica nell'esistenza umana *tout court*, quale che sia il patrimonio esperienziale degli individui: «Senza le opere che vivificano, la fede non "respira"; e al contrario: solo nella realizzazione dell'opera concreta la fede respira, è una fede viva che può salvare»[77];

• l'esempio fondamentale che il testo porta per testimoniare l'essenzialità di azioni conseguenziali alla fede professata è quello di Abramo. Egli nella tradizione biblica neotestamentaria (cfr. per es. Rm 4; Gal 3) è paradigma, per antonomasia, della fede autentica e non immiserita da strumentali buone azioni fini a se stesse. La fede abramica è sostenuta da un agire che non è semplice pensiero, parola e proclamazione di tale fiducia esistenziale in Dio, ma prassi visibile di essa[78]. Lo stesso esempio "complementare" relativo a Raab dimostra chiaramente che, secondo Giacomo, quello che conta è l'esito solidale verso i propri simili che la fede deve portare con sé, se di vero affidamento verso Dio si parla.

Dai vv. 15-18 al v. 26 il discorso è chiaro: una fede che si accontenti di affermazioni verbali, non è fede ebraica, ma neppure cristiana. Basta intendere adeguatamente il significato della parola *opere* secondo i due terreni neotestamentari: Paolo, nelle lettere ai Galati

---

[77] F. Schnider, *La Lettera di Giacomo*, tr. it., Morcelliana, Brescia 1992, p. 116. «Chi credesse che le opere non siano una conseguenza della fede in noi, ma che si debbano *aggiungere* alla fede per ottenerci la salvezza, in realtà ha della fede proprio la stessa idea cerebrale e asettica di coloro ai quali vorrebbe contestare che la salvezza si possa ottenere per la sola fede ed indipendentemente da quello che si compie» (G. Piacentini, *la struttura e il messaggio della lettera di Giacomo*, San Lorenzo, Reggio Emilia 2001, p. 69).

[78] Le differenze essenziali tra le affermazioni di Gc e la prospettiva paolina di Rm e Gal sono il punto di partenza e l'obiettivo critico: «Paolo polemizza con i giudeo-cristiani che cercavano nelle opere la sicurezza della salvezza: quasi una salvezza conquista, una salvezza merito, anziché una salvezza dono. Gli avversari di Paolo ponevano la loro fiducia nelle opere che compivano più che nella Croce di Gesù. Giacomo, invece, polemizza contro certuni che vantavano una fede teorica, di parole, di idee; una fede parlata, dichiarata, ma non praticata né mostrata. Paolo ha di mira i legalisti e Giacomo i lassisti. Giacomo non polemizza contro la giustificazione mediante la fede, bensì contro la pretesa di una giustificazione senza una vita impegnata. Anche Paolo ha sempre esigito una vita impegnata: condannava soltanto chi poneva la ragione della propria salvezza in se stesso anziché nel gratuito amore di Dio» (B. Maggioni, *La lettera di Giacomo*, Cittadella, Assisi 1991[2], pp. 95-96).

e ai Romani, si riferisce alle opere della *Torah* «contrapposte alla fede come mezzo di salvezza... Le "opere" che Giacomo richiede sono le azioni che devono compiere i cristiani una volta che hanno abbracciato la fede... Giacomo non dialoga direttamente con Paolo, ma con persone che si avvalgono di alcuni concetti paolini per sottrarsi alle conseguenze che derivano dalla fede»[79].

L'acquisto e l'annunzio della salvezza non sono mai scissi dai comportamenti concreti degli esseri umani. Infatti l'opera della rivelazione non può essere mai avulsa dal rapporto personale che si appella all'accoglimento libero e responsabile da parte umana della proposta di vita che viene da Dio. Contro ogni legalismo e giuridicismo, così come contro qualunque forma di pietà religiosa che creda di onorare Dio moltiplicando pratiche che, nella migliore delle ipotesi, sono para-pagane.

(g) Credere fa vivere davvero? Cenni di sintesi

I brani letti da Mc 1 a Gc 2 sono solo alcune delle tante testimonianze bibliche chiare dello strettissimo rapporto tra l'affidamento quotidiano a Dio e ai valori del suo regno, *in primis* l'amore verso Dio manifestato in quello per gli esseri umani[80], e, come ho già detto in precedenza da un altro punto di vista[81], il livello qualitativo della vita umana.

Fidarsi dell'amore, che ha quale modello essenziale la scelta di vita di Gesù di Nazaret crocifisso e risorto, allarga gli orizzonti dell'esistenza, anzitutto perché può creare relazioni interpersonali calorose e affidabili. Tutto ciò a due condizioni fondamentali:

• una pratica esistenziale che veda lo sviluppo individuale e sociale di sé perseguito insieme a quello altrui;
• un'attenzione a Dio inscindibile da quella nei confronti degli altri esseri umani, secondo una prospettiva in cui culto e preghiera sono

---

[79] A.J. Levoratti, *Lettera di Giacomo,* in Aa.Vv., *Nuovo Commentario Biblico,* Borla-Città Nuova, Roma 2006, p. 651.

[80] «Niente è più prezioso dell'amore. Quando penso agli amici, ai miei genitori, ai giovani: di chi posso dire che mi vuole bene, che gli voglio bene, che ne ho fiducia? Oppure esiste qualcosa di più grande dei giovani quando sono innamorati?» (C.M. Martini in C.M. Martini-G. Sporschill, *Conversazioni notturne a Gerusalemme,* tr. it., Mondadori, Milano 2008, p. 21).

[81] Cfr. par. 3.f di questo capitolo.

il motore della solidarietà interpersonale e la solidarietà sociale stessa è la concretizzazione fattiva del proprio rapporto con Dio.

In questa prospettiva fare affidamento nel Dio di Gesù Cristo dà alla vita individuale e collettiva "colori" e "sapori" di grande intensità. Può sottrarre all'attendismo, all'ignavia, alla ripetitività soffocante di una quotidianità scialba e insipida, proprio perché rende chiunque cerca di vivere così «sale della terra e luce del mondo», in quanto è alla costante ricerca dei valori del Regno, ossia del modo più concreto ed efficace per amare...

5. Spunti di riflessione conclusivi

Le letture bibliche che ho proposto e le varie osservazioni esegetiche ed ermeneutiche relative hanno permesso, credo, di comprendere quanto la fede nel Dio di Gesù Cristo, biblicamente radicata, non abbia alcun connotato devozionistico e non legittimi alcuna irresponsabilità verso gli altri e verso il mondo. Anzi ...

Cercare di essere donne e uomini di fede vuol dire orientare tutta la propria vita, senza volontarismi e senza arroccamenti apologetici, a dare concretezza all'amore con cui Dio ha amato e ama ogni essere umano.

Quanto più ci si fida dell'amore divino per sé e per gli altri esseri umani, tanto più appare imprescindibile un impegno per il bene proprio e altrui, senza contrapposizioni egoistiche tra se stessi e le altre persone.

La fede cristiana è se stessa se è radicata nell'esperienza giudaica primotestamentaria e dinamicamente aperta alla novità costituita dalla predicazione di Gesù di Nazaret morto e risorto. Tutto questo significa che essa ha una fisionomia precisa, che ciascuno è chiamato liberamente a incarnare nella propria vita, ma che non ha alcunché di generico. Infatti fede cristiana non può essere un'affermazione a parole circa la centralità di Gesù Cristo nella propria esistenza e, contemporaneamente:

- la pratica di un ritualismo che fa essere attenti agli aspetti più minuti e tradizionali del culto cristiano, ma non spinge a realizzare relazioni con gli altri generose e preoccupate delle esigenze quotidiane importanti dei propri simili;

- la scelta di un settarismo che rende attenti solo ai bisogni dei membri del proprio "gruppo" o "movimento" o "parrocchia" e fa credere che solo coloro che fanno parte del proprio contesto ecclesiale e sociale siano davvero credenti, realmente cristiani;
- un prassismo impegnato a fare progetti, a compiere azioni, a preoccuparsi degli altri senza mai o quasi mai chiedersi se si stia agendo secondo l'amore evangelico o secondo un protagonismo personale poco o per nulla rispettoso della libertà altrui.

Essere credenti nel Dio di Gesù Cristo esige di stare alla larga dai tre atteggiamenti anti-evangelici e non cristiani appena citati. Cristiane e cristiani sono chiamati a vivere, a titolo del tutto prioritario, qualcosa di semplice e difficile a un tempo: un'attenzione alla libertà e alla giustizia, giorno per giorno, che faccia essere davvero discepoli di colui che per amore e solo per amore è vissuto, è morto ed è risuscitato.

A titolo riassuntivo cito due testi neotestamentari che, a mio avviso, dicono, nel modo più efficace e completo, quali siano i comportamenti e l'identità di chi cerca di essere un credente cristiano. Sono passi celeberrimi, ma mai abbastanza proposti e compresi (andrebbero scritti in tutte le chiese nei punti di massimo passaggio):

Qualora dunque presenti il tuo dono sull'altare e lì ti ricordi che tuo fratello ha qualche cosa contro di te, lascia lì il tuo dono davanti all'altare e va' prima e riconciliati con il tuo fratello e poi torna ad offrire il tuo dono (Mt 5,23-24).

Qualora qualcuno dica: "Io amo Dio" e odi suo fratello, è un bugiardo. Chi infatti non ama il proprio fratello che ha visto e vede, non può amare Dio che non ha visto e non vede. E questo comandamento abbiamo da lui: chi ama Dio, ami anche suo fratello (1Gv 4,20-21).

Chi ha fede in Gesù Cristo non deve chiedersi in astratto se ha fiducia in Dio o fare ad altri la stessa domanda: ciò è facile e, il più delle volte, inutile. Egli deve domandarsi, giorni dopo giorno, come ama le donne e gli uomini che incontra, tutte persone che sono immagini di Dio concrete, interpretazioni di quel Dio che ha accettato di morire sulla croce ed è stato risuscitato, il tutto al fine di dimostrare che il modo più serio e vero di vivere da esseri umani è farlo per amore.

Se davvero tale consapevolezza fosse diffusa intimamente nelle Chiese e nelle società, non si farebbe tanta esperienza, come purtroppo invece avviene, di prese di posizione di questo o quell'individuo, di questo o quel gruppo, impegnati anzitutto a dire come "gli altri" debbano credere e a presentare se stessi o la propria istituzione come un paradigma di vita cristiana per tutti. E non si confonderebbe neppure il dottrinalismo e il tradizionalismo con la formazione alla fede che aiuti ad essere contenti di credere, condizione del tutto decisiva per ogni persona che cerca di essere cristiana[82].

Tramandare la bellezza e la bontà dell'amore del Dio di Gesù Cristo alle generazioni successive anzitutto attraverso la propria testimonianza di libertà nell'interpretare questo amore per sé e per altri: questo dovrebbe essere *tradizione* della fede cristiana, *tradizione* evangelica come trasmissione liberante di un senso impegnativo ed entusiasmante della vita. Perché oggi spesso il solo sentire parlare di *tradizione* rispetto alla religione in genere e alla fede cristiana in particolare suscita, sia al di fuori delle Chiese sia all'interno di esse, fastidio e volontà di allontanamento crescenti piuttosto che desiderio di approfondimento e di adesione? Le ragioni sono molteplici e trattarle analiticamente esula dai limiti costituzionali di questo nostro breve saggio.

---

[82] «La nuova evangelizzazione non potrà consistere unicamente nella propagazione del catechismo, bensì dovrà piuttosto, come formulava il Concilio Vaticano II, apparecchiare in maniera più ricca la "Mensa della Parola" (*Dei Verbum* 21) e creare nuove possibilità di accedere alla Sacra Scrittura, la prima storia della fede, la fonte originaria della liturgia, la primitiva galleria di persone che hanno creduto… Il catechismo in ogni caso presenta la modalità di fede come un sistema di regolamentazione – e non potrebbe fare altrimenti, visto il suo genere letterario. Esso va perciò tutelato dall'impressione che l'etica e la spiritualità cristiane si limitino ad un insieme di divieti e precetti. Entrambi, precetti e divieti, sono importanti; essi rientrano sin dall'inizio nelle dinamiche della fede, in virtù della necessità di una chiarezza profetica. La Torah è però indicatore di cammino verso il regno della libertà, mentre il Vangelo è invito ad entrare nel regno di Dio. Per tale ragione i precetti e i divieti convincono solo se diviene visibile il loro orientamento alla gioia di vivere che proceda dalla fede, alla gioiosa serietà del gioco liturgico, al premio infinito che è promesso a quanti si impegnano per gli altri, per il Vangelo, per Gesù Cristo» (T. Söding, *Osare un nuovo inizio. Prospettive neo-testamentarie sulla nuova evangelizzazione*, Prolusione al *Dies academicus della Facoltà Teologica del Triveneto*, Padova – 29 febbraio 2012, testo dattiloscritto, pp. 10-11).

D'altra parte le scelte formative di troppi ambienti cristiani sono rivolte al passato nel senso di promuovere riti, comportamenti e scelte etiche che sanno di autoritarismo, di precettismo, di devozionismo, tutte patologie sociali e religiose che con la freschezza vitale del Vangelo di Gesù Cristo e con la libertà dei figli di Dio non hanno alcun rapporto. In queste condizioni e a fronte di un secolarismo economicistico sempre più potente, da cui non di rado persone e gruppi che si dicono cristiani non sono assolutamente immuni, è puerile meravigliarsi della disaffezione di strati sempre più ampi della popolazione che, per esempio, è refrattaria ad "ordini di scuderia" e che desidera capire il senso di quello che le si chiede di fare.

Se non si riesce (o non si vuole riuscire?!) a fare chiarezza effettiva circa la differenza che esiste tra amore per la tradizione e ossequio al tradizionalismo, tra obbedienza cieca e irresponsabile e adesione intelligentemente critica e appassionata a un progetto di vita cristiana davvero liberante[83], la diminuzione di coloro che si dicono fedeli alle Chiese cristiane diverrà un'emorragia sempre più irrefrenabile. Alle gerarchie, sempre più arroccate su se stesse, non resterà che illudersi di essere depositarie della verità. Esse penseranno di mantenere un ampio consenso popolare perché gruppi o movimenti, anche numericamente cospicui, ma sempre più fondamentalisticamente strutturati a livello di dottrina teologica e di etica, continueranno ad affermare la loro fedeltà a codeste autorità poco o per nulla attente a educare altri alla libertà di coscienza e alla testimonianza credibile nel Vangelo del Nazareno crocifisso e risuscitato.

In tale quadro trionferanno sempre più, nel Nord e nel Sud del mondo, lo spiritualismo più emotivo e irresponsabile, il clericalismo e il laicismo, tre cancri della vita sociale e culturale che tutti coloro che hanno a cuore le sorti dell'umanità presente e futura, do-

---

[83] «Perché… Gesù era libero? Perché aveva un progetto. Libertà, infatti, non vuol dire soltanto essere liberi da condizionamenti che ci bloccano e ci impediscono di essere autenticamente noi stessi: vuol dire piuttosto esprimere un progetto, avere un progetto, un riferimento. Gesù sa e sente che la sua vita è intimamente unita al Padre, sa che non è solo, sa che c'è qualcuno in vista del quale egli agisce. Vive la sua esistenza in piena libertà che si traduce in capacità di amare, di dedicarsi, di donarsi. E ci invita ad entrare nella sua libertà, nel suo progetto» (C.M. Martini, *Qualcosa in cui credere*, Piemme, Milano 2010, p. 119).

vrebbero contribuire seriamente a debellare. Perché? Anzitutto per un motivo: in questi atteggiamenti non esiste alcun rapporto con i valori discendenti dalla predicazione e dalla vita di Gesù Cristo e dalla testimonianza delle prime generazioni cristiane, raccolte nel canone neotestamentario.

Il superamento delle perniciose condizioni appena menzionate sarebbe possibile, se anzitutto chi ha responsabilità decisionali nelle Chiese e nelle comunità religiose più ricche di storia pensasse che la qualità delle relazioni umane e la loro maggiore o minore vicinanza all'amore vissuto dal Nazareno crocifisso e risuscitato sono i presupposti di qualsiasi azione formativa, di qualsiasi scelta educativa, di qualsiasi decisione pastorale.

Ovviamente ciò sarebbe possibile, se fosse realmente chiaro ai più, a cominciare dai "vertici" delle istituzioni ecclesiastiche, che cosa significhi essere credente nel Dio di Gesù Cristo, non anzitutto nella propria interpretazione della fede cristiana o in personali letture della vita e delle relazioni umane che sono antievangeliche. Si noterebbe anzitutto una continua, esaltante "gara", senza autocelebrazioni, a chi ama più e meglio gli altri e le tragiche condizioni socio-economiche e socio-culturali di milioni e milioni di persone, dal Nord al Sud del mondo, evolverebbero positivamente assai più di quanto avvenga oggi.

E allora che cosa fare? Favorire in ogni modo le occasioni, pubbliche e private, in cui le relazioni interpersonali siano prove concrete di questa fede che si costruisce attraverso l'amore. Non si chieda anzitutto all'altro se crede nel Dio di Gesù Cristo e non lo si guardi con qualche difficoltà se non risponde o se risponde negativamente. Chi ha scritto queste pagine e chi le sta leggendo si facciano anzitutto una domanda: *guardando la mia vita sinora, in chi e in che cosa ho avuto e ho realmente fede?*

Si confronti la risposta che si riesce a dare a questo interrogativo con quello che la fede e l'amore di Gesù Cristo hanno espresso, dai testi biblici alla vita di tante persone che sono apparse capaci di prendere sul serio questo amore per sé e per gli altri.

Ci si chieda quali possibilità sussistono, dalle celebrazioni sacramentali e dalla preghiera personale alla vita, dalla vita a tutte le

occasioni di culto e preghiera, di progredire in questo amore fatti-
vo e quotidiano. Se ne traggano, quindi, delle conseguenze pratiche per la nostra esistenza: potremo vivere il tempo che ci sta dinanzi, dalla celebrazione del cinquantenario del Concilio Vaticano
II[84], da questo "Anno della fede" (che non può che essere anzitutto
un "Anno dell'amore") a ogni giornata futura, con lo spirito del credente in Gesù Cristo, che ha questa fisionomia:

- non pretende che tutti diventino cristiani, ma fa di tutto per essere
  una testimonianza credibile dell'amore del Dio di Gesù Cristo per
  ogni essere umano;
- crede la Chiesa *una, santa, universale ed apostolica*[85] e, proprio per
  questo, vive la libertà della propria coscienza senza cedere a nessuna obbedienza acritica, a nessuna massificazione comunitaria;
- crede alla libertà di tutti i figli di Dio e opera in ogni direzione per
  favorire il dialogo adulto, il senso di responsabilità, la comunionali-

---

[84] Chi volesse entrare in modo semplice nella serie di documenti che il Concilio
Vaticano II ha prodotto, veda, per es., L. Rolandi (a cura di), *Il futuro del Concilio*, Effatà,
Cantalupa (TO) 2012.

[85] Il 6 dicembre 1996, nella basilica milanese di S. Ambrogio, il card. Martini, scomparso,
come è noto, il 31 agosto scorso, concludeva il suo discorso dicendo, tra l'altro: «Ciò di cui
abbiamo bisogno, visto che i nostri difetti li conosciamo fin troppo bene, è di una visuale
positiva, in altre parole di un sogno di futuro, che ci permetta di affrontare con energia e
coraggio questo passaggio di millennio... E qui mi viene alla mente quel sogno di chiesa capace
di essere fermento di una società che espressi ad un anno dalla mia consacrazione episcopale,
il 10 febbraio 1981, e che ancora mi ispira in questa fine millennio: una chiesa pienamente
sottomessa alla parola di Dio, nutrita e liberata da questa Parola; una chiesa che mette
l'Eucaristia al centro della sua vita, che contempla il suo Signore, che compie tutto quanto fa
"in memoria di lui" e modellandosi sulla sua capacità di dono; (...) una chiesa che desidera
parlare al mondo d'oggi, alla cultura, alle diverse civiltà, con la parola semplice del Vangelo;
una chiesa che parla più con i fatti che con le parole; che non dice se non parole che partano
dai fatti e si appoggino ai fatti; una chiesa attenta ai segni della presenza dello Spirito nei nostri
tempi ovunque si manifestino; una chiesa consapevole del cammino arduo e difficile di molta
gente di oggi, delle sofferenze quasi insopportabili di tanta parte dell'umanità, sinceramente
partecipe delle pene di tutti e desiderosa di consolare; una chiesa che porta la parola liberatrice
e incoraggiante dell'Evangelo a coloro che sono gravati da pesanti fardelli; (...) una chiesa
che non privilegia nessuna categoria, né antica né nuova, che accoglie ugualmente giovani e
anziani, che educa e forma tutti i suoi figli alla fede e alla carità e desidera valorizzare tutti i servizi
e ministeri nell'unità della comunione (...) Dal sogno di una chiesa così e della sua capacità
di servire questa società con tutti i suoi problemi nasce l'invito a lasciarci ancora sognare.
Lasciateci sognare! Lasciateci guardare oltre alle fatiche di ogni giorno! Lasciateci prendere
ispirazione da grandi ideali... Il nostro sogno non sarà allora evasione irresponsabile né fuga
dalle fatiche quotidiane, ma apertura di orizzonti, luogo di nuova creatività, fonte di accoglienza
e di dialogo» (*Lasciamoci sognare*, in "Il Regno-documenti" [3/1997], pp. 316-317).

tà tra persone che hanno stati di vita, ispirazioni e identità diverse, nella Chiesa e nella società.

Insomma: vive la propria scelta cristiana senza settarismi, senza fondamentalismi, insieme a tutti coloro che, vicino e in ogni parte del mondo, credono che amare gli altri in modo intelligente e generoso sia la forma più alta e reale di essere umani, la forma più vera di *avere fede*[86].

Appendice

Al termine del mio contributo a questo volume credo molto interessante proporre un testo[87] che dà a quanto ho scritto un'ulteriore, legittima concretizzazione contemporanea e le cui argomentazioni penso siano condivise oggi da molti credenti cristiani di varie età e da varie altre persone di altra ispirazione culturale:

Per quelli della mia generazione, troppo giovani per vivere in diretta l'evento del Vaticano II e troppo vecchi (e poco convinti) per potersi identificare coi Papa-boys, l'ultimo Concilio ecumenico della

---

[86] «È Gesù la ragione decisiva del mio credere ... Credo volentieri nel Dio che Gesù ha fatto conoscere, nel quale egli stesso ha creduto e del quale ha reso testimonianza in parole e opere. E chi è questo Dio che Gesù ha chiamato "Padre" e che ci ha insegnato a chiamare "Padre"? ... È un Dio discreto, la cui presenza è vicinanza e segretezza, un Dio non spettacolare, oggi diremmo non mediatico, non evidente, non invadente, che non si impone, ma chiama, cerca, aspetta. È un Dio attento alla singola persona, non solo al gruppo, al popolo, al collettivo ... È un Dio che perdona ... È un Dio che guarisce i corpi e le anime, i singoli e le comunità, da malattie, paure, diffidenza, colpe; un Dio che libera da ogni sorta di servitù materiale, morale e spirituale ... È un Dio inclusivo, che reintegra nella comunità i lebbrosi, gli esclusi, gli scomunicati, i ripudiati ... Infine è un Dio che, pur essendo "pietoso e clemente, lento all'ira e di grande benignità" (Sal 103,9), resta il giudice degli uomini e della storia ... Ma quando il giudizio avverrà, ci saranno molte sorprese ... Dio è generoso, questa è la verità ... La fede cristiana è credere con Gesù e come Gesù in questo Dio» (P. Ricca, *Le ragioni della fede,* Claudiana, Torino 2010, pp. 16-17).

[87] Questo scritto è l'editoriale del n. 223 di "Dialoghi di riflessione cristiana", una rivista bimestrale che nel Canton Ticino viene pubblicata da 44 anni. Essa costituisce uno dei frutti diretti, in ambito svizzero, del Concilio Vaticano II per la sua impostazione libera e per la fondazione culturale delle riflessioni proposte e delle posizioni assunte, nei decenni, in ambito politico, sociale, economico ed ecclesiale. Uno dei redattori di questo periodico è l'autore di questo articolo, Carlo Silini (1965). Licenziato in teologia, è giornalista professionista da molto tempo e da diciotto anni è uno dei notisti di punta del più diffuso quotidiano della Svizzera italiana, ossia "Il Corriere del Ticino", giornale dove hanno scritto e scrivono anche figure importanti della cultura italiana come, per esempio, Enzo Biagi, Sergio Romano e Piero Ostellino.

Chiesa cattolica ha il sapore amaro dell'infanzia rubata.

Quando siamo venuti al mondo, la domenica, a Messa, non si parlava in latino. Per noi era naturale che i canti fossero accompagnati dalla chitarra più che dall'organo, che accanto al prete ci fossero anche le chierichette, che il vicario non indossasse la talare, ma il clergyman e a volte neppure quello. Siano cresciuti con l'idea vagamente democratica che il prete fosse uno di noi, non il rappresentante di una razza intermedia fra il Cielo e la Terra. Non abbiamo mai dovuto mandare a memoria il Catechismo di Pio X e quando i nostri genitori restavano sgomenti vedendo che non eravamo in grado di rispondere esattamente alla domanda "chi è Dio?" alzavamo le spalle, perché ci era stato insegnato che non puoi intrappolare il Padreterno dentro una formula.

La religione che imparavamo a scuola, in parrocchia e all'oratorio non ci ha mai fatto pensare di essere un gradino sopra gli atei, gli agnostici o i credenti di altre fedi. Ci ha inculcato il "vizio" di considerare l'umanità delle persone prima del loro credo religioso, filosofico o politico. Ci era stato detto che era quella l'essenza stessa del Vangelo. Prima ancora di essere cattolici o cristiani eravamo, siamo, uomini. Senza aggettivi.

I nostri primi catechisti avevano forse il difetto di parlare più delle magagne dei nostri simili che degli splendori del mondo angelico, ma dobbiamo riconoscer loro il merito di averci insegnato ad accorgerci dei poveri, dei marginali, degli sfortunati, dell'umanità in affanno. Di dedicare tempo ed energie a lottare per loro, invece che ad applaudire i potenti o ad inseguire la ricchezza materiale.

Dobbiamo loro una sana diffidenza nei confronti dell'obbedienza cieca dentro e fuori dalla Chiesa. Ci hanno trasmesso il culto della coscienza, un tribunale che per noi resta più autorevole della voce del Papa.

Di questo ci siamo nutriti da ragazzi e poi da adolescenti. Senza sapere, almeno all'inizio, che era in gran parte un distillato - più o meno cosciente – del Concilio Vaticano II. Non sapevamo di essere i figli spirituali della "Gaudium et spes" che inaugurava un confronto sereno (dopo secoli) con la modernità e celebrava la sacralità della coscienza, della "Sacrosantum Concilum" che introduceva l'uso della lingua volgare nelle celebrazioni, della "Lumen Gentium" che rendeva i laici protagonisti dentro la Chiesa, della "Dei Verbum" che rimetteva la Bibbia al centro della vita dei cristiani, della "Nostra Aetate" che riconosceva "semi di verità" anche nelle altre religioni, della "Dignitatis humanae" che accettava per la prima volta il principio della libertà religiosa.

Solo anni dopo, studiando, avremmo scoperto che l'aria di libertà, l'atteggiamento di apertura e di confronto con chi non la pensa come noi, la voglia di partecipare alla costruzione di un mondo più giusto e pacifico, il fastidio per l'ostentazione del lusso nella Chiesa, il disagio nei confronti del clericalismo e della pretesa di possedere in esclusiva la verità non erano per nulla un fatto naturale; rappresentavano davvero una svolta epocale nel modo di porsi della Chiesa e quella svolta era maturata proprio nel Concilio Vaticano II.

E quando siamo diventati uomini ormai fatti, intelligenze formate su quei ragionamenti, fedi nutrite da quello spirito, costruite attorno a quegli assiomi, ecco che il vento è cambiato. D'improvviso le norme emanate dall'alto ci sono state presentate come più importanti delle scelte elaborate nell'intimità della nostra coscienza. Ogni forma di discussione dentro la Chiesa – sui temi della morale sessuale, della condivisione delle responsabilità tra laici ed ecclesiastici, sul coinvolgimento dei semplici fedeli nelle scelte dei vescovi,... - ci è stata dipinta come espressione di superbia. Ogni tentativo di allargare ai laici e in particolare alle donne la responsabilità della gestione della Chiesa, un errore dottrinale.

Nessuno, ufficialmente, ha mai messo in discussione la validità del Concilio. Ma quando si è cominciato ad osservare che era urgente darne una nuova e più corretta interpretazione a noi è parso che ci stessero cambiando le carte in tavola.

Qualcuno ci ha anche detto che era necessario trovare un nuovo equilibrio dopo le esagerazioni di un'apertura indiscriminata al mondo, dopo le interpretazioni troppo positive di un mondo agnostico e ateo. E quel qualcuno, oggi, siede sulla cattedra di Pietro.

Non è un'accusa, è una semplice constatazione. Ci è stata rubata l'infanzia.

È come se, dopo averti mostrato la via aurea verso la felicità, ti dicessero che la strada giusta è un'altra, che tutte quelle belle idee, quegli slanci fiduciosi nei confronti del mondo vanno presi con le molle, ripensati, riconsiderati (se non addirittura dimenticati).

Ma ormai è tardi, il "virus" conciliare è dentro di noi. E non abbiamo nessuna voglia di esserne guariti.

Selezione bibliografica

E. Bianchi, *Insieme*, Einaudi, Torino 2010.

G. Ferretti, *Essere cristiani oggi*, Elledici, Leumann (TO) 2011.

G. Giammarini (a cura di), *Buone notizie su Dio*, Cittadella, Assisi 2011.

G. Gutierrez, *Densità del presente*, tr. it., Queriniana, Brescia 1998.

H. Küng, *Essere cristiani*, tr. it., Rizzoli, Milano 2012.

A. Maggi, *come leggere il Vangelo e non perdere la fede*, Cittadella, Assisi 2009.

V. Mancuso, *La vita autentica*, Cortina, Milano 2009.

C.M. Martini, *Le ragioni del credere*, Mondadori, Milano 2012.

J. Moltmann, *Il Dio crocifisso*, tr. it., Queriniana, Brescia 2008[7].

P. Ricca, *Le ragioni della fede*, Claudiana, Torino 2010.

B. Sesboué, *Credere*, tr. it., Queriniana, Brescia 2000.

C. Theobald, *Trasmettere un vangelo di libertà*, tr. it., EDB, Bologna 2010.

S. Vitalini-G. Zois, *Ma com'è Dio?*, Fontana, Lugano 2010.

S. Xeres-G. Campanini, *Manca il respiro*, Ancora, Milano 2010.

La tradizione islamica.
Riferimenti generali
e lettura di testi

di Paolo Branca

1. Introduzione

Nell'introduzione generale a questo libro si è dato grande rilievo al ruolo che le religioni stanno tornando ad avere nello spazio pubblico. Siamo consapevoli che questo aspetto non esaurisce certo l'esperienza della fede, ma al tempo stesso non possiamo nasconderci che se si è tornati a discutere ampiamente del fenomeno è proprio a motivo di questo "ritorno del sacro", significativamente definito anche *la révanche de Dieu*... Pur senza disconoscere né trascurare tale situazione, tenteremo tuttavia di avvicinarci alla fede islamica per così dire nel suo nucleo essenziale, dipendente da una determinata concezione di Dio, del suo rapporto con il creato in generale e in particolare con gli esseri umani, delle forme e delle modalità attraverso cui tutto ciò si esprime nella vita quotidiana dei credenti e in un certo modo di percepire, interpretare la realtà e interagire con essa che costituisce la trama profonda di una plurisecolare tradizione religiosa, certamente passibile di variazioni anche notevoli a seconda dei tempi e dei luoghi, ma sostanzialmente coerente e stabile nelle sue linee portanti ed essenziali.

Ricordo che un missionario cattolico, recatosi in un paese arabo-musulmano negli anni '50 per i suoi studi d'islamologia, mi disse di aver incontrato là "l'uomo biblico". Come vedremo, la presenza di una radice ebraico-cristiana nell'islam è evidentissima in molti aspetti e per certi versi accostare questa tradizione religiosa costituisce per noi un'occasione di risalire a un comune passato che ha ancora espressioni di sorprendente vitalità anche tra i fedeli più comuni e persino tra i giovani. Non potrò mai dimenticare la domanda di una giovane musulmana palestinese, non velata, musicologa, che mi sorprese qualche anno fa chiedendomi cosa significasse per me l'esperienza di vedere in sogno figure di santi o profeti...

Pur avendo presenti gli innumerevoli sogni di cui sono costellati l'Antico e il Nuovo Testamento mi sono trovato in seria difficoltà a interloquire sull'argomento. Spesso la convivenza coi musulmani riserva di queste sorprese e sono innumerevoli le domande anche implicite che emergono alla coscienza di chi vi rifletta, foss'anche superficialmente: nell'abluzione che precede la preghiera islamica ho ritrovato il senso del segno della croce fatto entrando in una chiesa con l'acqua benedetta, nelle astensioni previste per il mese di Ramadan ho riscoperto i fioretti quaresimali della mia infanzia, nella fatica a rispondere a chi mi chiedeva se pregando mi rivolgo a Dio o a Gesù ho imparato a interrogarmi sul mio monoteismo...

L'incontro e la relazione con gli altri sono lo strumento più prezioso che abbiamo anche per conoscere noi stessi, e quando si ha la fortuna d'imbattersi in qualcuno che vive intensamente e con onestà un'esperienza spirituale gli orizzonti di confronto che si spalancano per entrambi gli interlocutori costituiscono forse una delle ricchezze meno valorizzate in questo mondo ormai plurale sotto ogni punto di vista. Plurale, ma ancora sorprendentemente incapace di lasciarsi scuotere e interpellare dal troppo che a poco prezzo sembrerebbe alla portata di tutti e che resta paradossalmente quasi inaccessibile nella confusione e nella banalizzazione che infine sembrano spesso prevalere.

2. Di chi stiamo parlando?

Anche se gli aspetti "quantitativi" dei fenomeni religiosi possono sembrarci secondari, se non scarsamente rilevanti, è bene fare un piccolo sforzo preliminare per mettere a fuoco le dimensioni dell'universo islamico e considerarne così meglio l'ampiezza e la pluralità, in quanto troppo spesso accade – e specialmente con le fedi religiose e le ideologie – che la nostra mente, se non altro per semplificare la complessità del reale e illudersi così di capirlo e gestirlo meglio e con minor sforzo, ricorra a etichette eccessivamente riduttive, dietro le quali si nascondono banali e generiche informazioni o addirittura ridicoli pregiudizi di cui neppure ci rendiamo conto.

In un recentissimo e molto attendibile studio[1] si è cercato di andare oltre alcune delle suddette etichette, tramite un'indagine che ha messo a tema – e coi diretti interessati – alcuni criteri di base relativi a come viene avvertita ed espressa la propria identità religiosa musulmana e l'appartenenza all'islam. Non poteva che essere una statistica basata su un numero limitato di interviste, visto che stiamo parlando di oltre un miliardo e seicento milioni di fedeli sparsi in tutto il mondo, ma alcune tendenze di fondo crediamo siano particolarmente significative e che valga dunque la pena di osservarle più da vicino. Com'è noto, il centro della fede islamica è riassunto nei due principi formulati dalla professione di fede (*shahâda*) musulmana che afferma l'unicità di Dio (Allâh) e la missione profetica di Maometto (Muhammad).

È dunque naturale che quasi la totalità degli intervistati si sia riconosciuto in questi due articoli di fede con scarti numerici talmente ridotti da risultare irrilevanti. Se però si passa alla seconda domanda, che chiedeva quanto la religione fosse importate nella vita di ciascuno, le percentuali incominciano a distribuirsi su un ventaglio molto più ampio: si va dall'Europa sud-orientale (Russia e Balcani) dove non viene superato mai il 44% di risposte affermative (con un picco negativo in Albania: 15%), all'Asia centrale, che ha pure medie assai basse tra le quali svetta il notevole ma comunque non plebiscitario 67% della Turchia, al resto dell'Asia e dell'Africa che si mantengono sull'80-90% ma con alcune sorprese: "solo" il 78% in Egitto, il 75% in Tunisia e il 59% in Libano!

Altra cosa nota è che circa il 10% dei musulmani appartengono allo sciismo ed è altrettanto noto che le tensioni tra sunniti e sciiti sono state e restano alla base di molti conflitti, specie in Medio Oriente, per cui non è senza rilievo che proprio dove gli sciiti sono presenti, Iraq e Libano, essi siano considerati autentici musulmani (rispettivamente per l'82% e il 77% degli intervistati), mentre

---

[1] www.pewforum.org/Muslim/the-worlds-muslims-unity-and-diversity.aspx

in paesi arabi dove essi sono quasi del tutto assenti (come Egitto e Marocco) da oltre la metà vengono ritenuti "eretici". Quanto alla possibilità di "interpretare" l'islam oltre a un'unica visione spiccano ancora due paesi arabi, Marocco e Tunisia, entrambi con un 58% di risposte affermative non riscontrabile in nessun altro paese islamico tra i 39 presi in considerazione.

Quanto possano incidere la cultura e la storia di determinate aree rispetto anche ad alcuni articoli di fede e alla pratica religiosa emerge chiaramente dai seguenti dati:

- gli angeli sono espressamente nominati dal Corano tra gli esseri di cui si deve credere l'esistenza, ma nell'Africa sub-sahariana solo il 72% degli intervistati lo ha confermato, mentre nell'Europa sud-orientale si scende al 55%;
- anche la "predestinazione" è un articolo di fede su cui, come anche nelle scuole teologiche classiche e moderne, i pareri sono variabili, mentre meno problematico è accettare l'idea di paradiso e inferno, ma il primo ha tra l'1 e il 7% di "sostenitori" in più del secondo;
- tra i riti più seguiti c'è quello del digiuno di Ramadan, che supera quasi ovunque il 90%, ma crolla al 66% nell'Africa sub-sahariana e al 52% nell'Europa sud-orientale; i dati sull'elemosina sono simili, mentre più ridotto è in generale il numero di chi prega 5 volte al giorno o si reca settimanalmente in moschea;
- ovunque, e con scarti notevoli, la pratica religiosa è maggiore tra gli over 35 che tra i più giovani. Con qualche punto in più quasi ovunque fede e pratica sembrano attestarsi maggiormente tra le donne, ma in Asia da oltre il 50% e fino al 76% delle intervistate non si recano mai in moschea;
- i sufi o mistici al contrario sono ritenuti autentici musulmani dal 77% degli asiatici del sud, ma solo dal 50% degli arabi e ancor meno da altri.

Fatto salvo il valore meramente indicativo di questi dati, sarà opportuno non dimenticarli proseguendo il nostro discorso, altrimenti potremmo rischiare di immaginare l'*homo islamicus* una specie assai più omogenea e monolitica di quel che è in realtà, con gravi conseguenze sulle nostre conoscenze e ancor più sulle possibili interazioni che potremmo intrattenere coi musulmani.

3. Di che cosa stiamo parlando?

In uno studio ormai divenuto un classico dell'islamologia, To-shihiko Izutsu[2] – in base a una serrata analisi semantica del Corano – proponeva quattro relazioni-tipo tra Dio (*Allâh*) ed essere umano (*insân*) nella *Weltanschauung* musulmana: ontologica (creatore-creatura); comunicativa (rivelazione-invocazione); di dipendenza (signore-servitore) ed etica (comando-obbedienza, basata su gratitudine e timore). L'assoluto teocentrismo della concezione islamica comporta un corrispondente antropocentrismo, in quanto l'azione divina (da quella creatrice alla rivelazione) è orientata essenzialmente a comunicare agli esseri umani (prima e più che a qualsiasi altro) un messaggio di cui sono i destinatari privilegiati.

Ma come si è giunti a questo? L'ambiente e il periodo in cui è risuonato per la prima volta il messaggio coranico va almeno delineato nei suoi aspetti essenziali per rendersi conto della portata innovativa che tale evento ha avuto anzitutto sui suoi primi testimoni, per poi dilatarsi nello spazio e lungo i secoli fino a rappresentare oggi una delle religioni maggiormente influenti su scala mondiale.

(a) Una svolta radicale nell'Arabia pagana

Nell'epoca precedente all'avvento dell'islam, pur essendo già in uso i termini *Allâh* e *insân*, essi non erano affatto correlati in un rapporto simile e una ben diversa concezione della vita dominava tra i beduini d'Arabia. Come in altre religioni antiche, anche in quella araba preislamica l'aspetto pratico e rituale prevaleva su quello istituzionale e dogmatico: piuttosto che un sistematico insieme di credenze si trattava di un complesso di atteggiamenti, costumi e tradizioni. Nella religione pagana dell'Arabia antica si ignorava l'idea dell'aldilà e l'esistenza umana veniva considerata completamente e definitivamente chiusa all'interno dell'orizzonte terreno. È appunto tale concezione, propria degli idolatri concittadini di Muhammad, che il Corano ricorda e stigmatizza[3]:

---

[2] T. Izutsu, *God and Man in the Koran*, Ayer, Salem (N.H.), 1987.
[3] La traduzione del Corano che riprenderemo è quella di A. Bausani, pubblicata dalla BUR in varie edizioni.

E disse il Consesso del popolo, gli empi, coloro che reputan menzogna l'avvento dell'Oltre, coloro cui nella vita terrena avevam concesso agi e piaceri: "Costui non è che un uomo come voi, mangia di quel che voi mangiate, beve di quel che voi bevete. E se voi obbedirete a un uomo come voi, certo sarete in perdizione. Vi promette forse che quando sarete morti, e diventati terra ed ossame, sarete di nuovo tratti fuori vivi? Sciocchezze, sciocchezze son queste promesse. Non c'è altra vita che questa vita nostra della terra: moriamo, viviamo e più non saremo richiamati a vita" (23, 33-37).

Da un lato il Corano conferma a più riprese l'ineluttabilità e l'universalità della morte: «Ogni anima gusterà la morte» (3, 185; 21, 35; 29, 57), ma dall'altro nega con forza che essa rappresenti la fine di tutto. La morte viene così ricondotta al volere divino e all'interno di una concezione morale: «Sia benedetto Colui nelle cui mani è il Regno, ed Egli è sovra a tutte le cose potente! Il quale creò la morte e la vita per provarvi, e sperimentar chi fra voi meglio opera» (67,1-3)

(b) Cedere: vocazione e destino dell'Uomo

Sulla base del Corano, la teologia islamica considera l'atteggiamento religioso profondamente radicato nell'uomo, il quale, nel riconoscere e servire Dio, porta a compimento la sua stessa vocazione: «Io non ho creato i jinn e gli uomini altro che perché M'adorassero» (51,56), finalità connaturata agli esseri umani: «Drizza quindi il tuo volto alla vera Religione, in purità di fede, Natura prima in cui Dio ha naturato gli uomini...» (30,30), legata a un misterioso patto primordiale concluso tra Dio e l'umanità ancor prima della creazione del mondo:

E (rammenta) quando il tuo Signore trasse dai lombi dei figli d'Adamo tutti i lor discendenti e li fece testimoniare contro se stessi: "Non sono Io, chiese, il vostro Signore?". Ed essi risposero: "Sì, l'attestiamo!". E questo facemmo perché non aveste poi a dire, il Giorno della Resurrezione: "Noi tutto questo non lo sapevamo!" (7,172).

Patto che implica un impegno nel quale è iscritto lo straordinario destino di grandezza dell'uomo, paradossalmente segnato però allo stesso tempo anche dalla propria miseria:

Noi abbiam proposto il Pegno ai Cieli e alla Terra e ai Monti, ed essi rifiutaron di portarlo, e n'ebber paura. Ma se ne caricò l'Uomo, e l'Uomo è ingiusto e d'ogni legge ignaro (33,72).

(c) Un Dio Uno e Unico

Religione teista e teocentrica quant'altre mai, l'islam insiste sull'unità e unicità di Dio come sue caratteristiche essenziali: mentre l'esistenza di Dio è una verità considerata talmente evidente da non occupare eccessivamente i teologi, fiumi d'inchiostro sono stati versati sul concetto di monoteismo (*tawhìd*) assoluto. Il principale dogma del credo islamico è appunto questo e la professione di fede richiesta a chi voglia convertirsi non contiene altro che l'accettazione incondizionata di questa verità, rivelata per mezzo di tutti i profeti fino alla definitiva formulazione coranica trasmessa da Muhammad.

L'insistenza su questo tasto è marcata al punto che il peccato capitale per l'islam è ritenuto quello di *shirk*, vale a dire "associare" altri a Dio. Persino il poeta Omar Khayyàm (m. 1131), peraltro noto come spirito indipendente e anticonformista, ne dà cenno e, ironicamente, conferma in una delle sue celebri quartine:

Benché io non abbia mai infilato la gemma dell'obbedienza a Te,
Benché mai abbia io deterso dal volto la polvere del peccato,
Con tutto ciò non dispero della generosità Tua,
perché mai l'Uno, io l'ho chiamato "Due"[4].

La vocazione a ricondurre tutto a Dio, principio e fine di ogni realtà, percorre incessantemente la storia del pensiero islamico e lo pervade nei più disparati settori. Non ci stupisce pertanto trovare questa stessa tensione testimoniata anche nei versi del grande mistico al-Rùmi (m. 1273):

In ogni istante il mondo è nuovo, ignoriamo la sua continua trasformazione.
Una vita nuova vi discende senza posa anche se nel fisico come continuità la sperimentiamo.

---

[4] O. Khayyàm, *Quartine*, a cura di F. Gabrieli, Newton Compton, Roma 1973, p. 27.

La sua rapidità la fa apparire ininterrotta come il tizzone acceso che
fai girare velocemente.
Il tempo e la durata sono apparenza, la mano divina li produce.
Come torcia accesa fatta volteggiare con maestria crea l'apparenza di
una lunga orbita di fuoco[5].

Più sorprendente è ritrovare lo stesso principio nelle teorie degli
scienziati del Medioevo i quali, indagando sulla realtà dei fenomeni
fisici, preferivano interpretarla coma *Sunnat Allâh* (consuetudine
di Dio) piuttosto che come concatenazione di cause ed effetti. Pur
nelle mutate condizioni dei rapporti tra scienza e fede, il pachistano
Muhammad Abdus Salam, premio Nobel per la fisica nel 1979, si è
espresso in continuità con questa tendenza quando ha affermato:
«Il fatto che noi abbiamo cercato un'unità dietro l'apparente disparità delle forze della natura, testimonia la nostra fede di fisici e, per
quanto mi riguarda, la mia fede di musulmano»[6].

È infine interessante notare che moltissimi movimenti islamici
che nel corso della storia hanno preteso di restaurare il genuino spirito delle origini e la dottrina musulmana nella sua purezza, benché
siano poi entrati nelle cronache con varie denominazioni spesso
attribuite loro da eresiografi e avversari, abbiano scelto in realtà per
definirsi il nome di *muwahhidùn*, ossia "unitari": difensori cioè del
nucleo centrale e indefettibile del loro credo.

Sono numerosi e di enorme importanza i versetti coranici che
ribadiscono questo principio chiave della fede islamica: «Di': Egli,
Dio, è uno, Dio, l'Eterno. Non generò né fu generato e nessuno gli
è pari» (112,1-4); «Iddio stesso è testimonio che non c'è altro dio
che Lui, e gli angeli, e i signori della scienza testimoniano ancora:
"Non c'è altro dio che Lui, il Governatore con giustizia, il Potente,
il Saggio!"» (3,18); «In verità Dio non sopporta che altri vengano
associati a lui: tutto il resto Egli perdona a chi vuole, ma chi associa
altri a Dio forgia suprema colpa» (4,48); etc.

---

[5]   Citazione in G. Vannucci, *Il libro della preghiera universale*, Libreria Editrice
Fiorentina, Firenze 1978, p. 55.
[6]   M. Abdus Salam, *Il mondo Islamico di fronte alla ricerca scientifica*, in "Levante" (3-
4/1986), p. 51.

(d) Escatologia

Le parti più antiche del Corano – testi brevi, ritmati e ansimanti – non si limitano a richiamare alla fede in un Dio unico, ma insistono sul comportamento iniquo e tracotante degli uomini, ignari che su di essi incombe il giudizio divino. Sono in particolare i benestanti a trovarsi in tale situazione, e la loro insaziabile avidità viene aspramente condannata:

> Lasciami solo con chi ho creato, / a cui ricchezze in copia ho elargito, / e figli vivi ho dato, / e ogni cosa davanti a lui ho spianato, / e dopo ciò egli ancor più brama ch'Io gli dia (74,11-15).

Basando la propria sicurezza sull'illusorio conforto dei beni terreni, costoro sono sempre stati sordi ai richiami divini:

> Mai inviammo a una città un ammonitore senza che dicessero gli abbienti: "Alla vostra missione noi non crediamo" (34, 34).

Nulla sembra poterli distogliere dalla loro brama di possesso, ma ad attenderli sono la morte terrena e il castigo futuro: "Vi distrarrà la gara ad ammassare, / finché le tombe andrete a visitare. / Ma presto voi saprete! / Sì, ben presto saprete! / Se aveste certa conoscenza, / sicuramente scorgereste la Gehenna! / Ma con certezza infine la vedrete / e del vostro benessere quel giorno conto renderete" (102,1-8).

Data l'attività commerciale di molti abitanti della Mecca, abbondano nel Corano – specialmente nel primo periodo – termini e oggetti del mondo mercantile: pesi e misure, registri, bilance... riferiti sia alle frodi operate da taluni, sia e soprattutto al giudizio finale, quando le opere di ciascuno verranno accuratamente soppesate e contabilizzate. Operare con giustizia era dunque un'esigenza in vista del premio e del castigo che attende gli uomini oltre la vita terrena. Si apriva così davanti agli arabi antichi l'orizzonte escatologico, profondamente distante ed estraneo rispetto alla loro mentalità. I capitoli del Corano che risalgono alla prima predicazione sono particolarmente insistenti a tale proposito: continuamente vengono evocati misteriosi eventi futuri che precederanno la fine del mondo, annunciata come imminente, e il giorno del giudizio che incombe sull'umanità.

Il rifiuto di credere a questo annuncio e la condotta iniqua sono spesso appaiati:

> Non vedi colui che taccia di menzogna il Dì del Giudizio? / È quello stesso che scaccia l'orfano / e non invita a nutrire il povero (107, 2-4).

D'altra parte è chiaro che salvezza o condanna saranno strettamente dipendenti dalle opere:

> Quando sarà scossa di scossa grande la terra, / rigetterà i suoi pesi morti la terra, / e dirà l'uomo: "Che cos' ha mai?" / In quel giorno la terra racconterà la sua storia, / ché gliela rivelerà il Signore. / In quel giorno gli uomini a frotte staccate verranno a farsi mostrare le opere loro. / E chi ha fatto un grano di bene lo vedrà. / E chi ha fatto un grano di male lo vedrà (99, 2-8).

Celebri sono poi le vivide descrizioni delle delizie del paradiso e delle pene dell'inferno che il Corano dipinge a forti tinte e delle quali ci limitiamo a dare solo un esempio tra i molti:

> Guai in quel giorno a quei che smentiscono Iddio, / e si gingillano in vani discorsi! / Il giorno in cui saran cacciati a spinte nel Fuoco della gehenna. / "Ecco quel Fuoco che prima voi smentivate! / È magia questa? Non vedete? / Bruciatevi dentro ora, e sarà uguale se lo sopporterete pazientemente o non lo sopporterete, sarete ripagati di quel che avete operato!" / Ma i pii saranno in Giardini e delizie / lieti di quel che avrà dato loro il Signore, e perché li avrà preservati il Signore dal castigo del Fuoco d'Inferno. / "Mangiate e bevete in pace, per quel che avete operato!" / Saranno ivi adagiati su alti giacigli in file, e li sposeremo a fanciulle dai grandi occhi neri. / E quelli che avran creduto, e li avrà seguiti la loro progenie nella fede, li riuniremo colà alla loro progenie e non li defrauderemo di alcuna delle loro azioni: e ogni uomo sarà pegno di quel che s'è guadagnato. / E forniremo loro frutta e carne, quella che desidereranno. / E si passeranno a vicenda dei calici d'un vino che non farà nascer discorsi sciocchi,

o eccitazioni di peccato. / E s'aggireranno fra loro giovani a servirli, giovani come perle nascoste nel guscio... (52,11-26).

(e) Servire Dio

Com'è noto, il termine "islam" significa letteralmente "sottomissione", da cui il participio attivo *muslim*, cioè musulmano, che indica chi si sottomette (a Dio). Alla sensibilità moderna occidentale potrebbe sembrare qualcosa di sgradevole, in quanto rimanda a un rapporto di dipendenza, ma proprio la trascendenza divina e la signoria del Creatore su ogni essere è invece volentieri "sottolineata in questa genuina" prospettiva islamica. Può darsi anzi che il fascino che tale religione esercita su alcuni che l'abbracciano derivi proprio da questa dimensione di rapporto "verticale" con Dio che altrove non è mai stato così accentuato o si è stemperato col tempo. La risposta umana al riconoscimento dell'Essere superiore non può che manifestarsi in un'offerta totale di sé, per cui la traduzione forse più adeguata di "musulmano" potrebbe essere "oblato", "interamente dato a Dio".

L'idea del servizio reso a Dio è talmente radicata da combaciare con la stessa natura umana, che si compie in pienezza nella fede e nell'obbedienza:

C'è la rovina per l'uomo! / Eccetto per coloro che credono ed operano il bene, e si consigliano a vicenda la verità, e a vicenda si consigliano la pazienza! (103,2-3).

Credo e pratica sono indissolubilmente legati:

Non vedi colui che taccia di menzogna il Dì del Giudizio? / È quello stesso che scaccia l'orfano / e non invita a nutrire il povero. / Ma guai a coloro che pregano / e dalla Preghiera sono distratti, / che la compiono per farsi vedere, e rifiutano l'elemosina! (107,1-7).

L'imminenza del Giudizio divino rende drammatica la scelta di aderire alla fede e di comportarsi rettamente:

In quel giorno gli uomini a frotte staccate verranno a farsi mostrare le opere loro. / E chi ha fatto un grano di bene lo vedrà. / E chi ha fatto un grano di male lo vedrà (99,6-8).

Solo un'arrogante autosufficienza e un'altrettanto infondata confidenza nei beni terreni può spiegare l'ingratitudine umana verso Iddio:

> In verità l'uomo è ingrato verso il suo Signore, / ed egli stesso ne è testimone, / feroce d'amore dei beni terreni. / Ma non sa che quando saran sconvolti i morti nei sepolcri, / quando sarà portato alla luce quel ch'è fondo nei cuori, / che quel giorno il Signore saprà tutto di loro (100, 6-11).

(f) Gratuità

La finalità ultima dell'operare bene è quella di compiacere il Signore:

> Ma Io v'ho avvertito di un Fuoco vampante, / dove non brucerà che il più turpe, / che smentì Dio e volse le spalle, / e sarà evitato al più timorato, / che diede i suoi beni per purificarsi / e che non per ottener ricompensa da alcuno avrà fatto favori / ma per pia brama del Volto del Signore suo altissimo: / ed egli sarà in pace (92,14-21).

Progressivamente le buone e le cattive opere vengono precisate dal Testo sacro:

> E a Dio appartiene quel ch'è nei cieli e quel ch'è sulla terra per ripagare coloro che han maleficamente agito secondo il loro operato, per ripagare quei che beneficamente agirono col Premio più Bello. / Coloro, cioè, che si astennero dai peccati gravi e dalle turpitudini, non commettendo che colpe leggere; ché il tuo Signore è largo di perdono; e vi conosce meglio, fin da quando vi fece dalla terra, e quando foste embrioni in seno alle madri vostre. È inutile che cerchiate di purificarvi: Egli meglio sa chi Lo teme! (53,31-32).

Responsabilità strettamente personale e individuale, del tutto inusitata nell'ambiente tribale, basato su protezioni e garanzie incrociate:
E l'amico non chiederà dell'amico / pur potendosi scorgere l'un

l'altro, e il perverso darebbe in quel giorno i figli suoi in riscatto, per fuggire il tormento / i figli suoi, e la sua donna, e il suo fratello / e i suoi parenti che gli diedero asilo / e tutti quanti son sulla terra, per salvarsi. / No! ché questa è cosa che avvampa / che strappa le membra / che chiama chi sdegnò, volse le spalle / e radunò e accumulò. / Davvero l'uomo fu creato avido / quando lo tocca il male, timido / quando lo coglie il bene, sordido (70,10-21).

Particolare attenzione viene riservata alle categorie più marginalizzate e oppresse, così come alla gratuità dell'aiuto offerto loro:

E quei che ciberan per amor Suo il meschino e 'l prigioniero e l'orfano. / "Noi vi cibiamo, diranno, sol per amore di Dio, e non vogliamo da voi compenso alcuno, gratitudine non vogliamo; / ché noi temiamo dal Signore nostro un Giorno corrucciato di disastro!" / E Dio li ha preservati dal malor di quel Giorno, e sopra loro effuse chiarore e gioia (76,8-11).

Specialmente viene richiamata l'onestà dei mercanti, categoria dominante alla Mecca in quel tempo:

Guai ai frodatori sul peso / i quali, quando richiedon dagli altri la misura, la pretendono piena! / E quando pesano o misurano agli altri danno di meno! / Ma non pensano dunque che saranno un dì risuscitati / per un Giorno grande, / il giorno in cui gli uomini tutti staran ritti di fronte al Signor del Creato? (83,1-6).

La loro insaziabilità è duramente stigmatizzata:

LasciaMi solo con colui che ho creato / cui ricchezze ampie ho dato / e figli viventi, / e tutto gli ho piano spianato, / e pur brama ch'io più ancora gli dia! (74, 11-15).

Con espressioni molto simili al linguaggio dei libri sapienziali della Bibbia, la scelta tra bene e male è chiaramente indicata:

Non gli abbiamo indicato i due sentieri alti? / Ma egli non s'avven-

tura sull'Erta. / E come saprai mai cos'è l'Erta? / È liberare un collo
prigione / o nutrire in un giorno di stenti / un parente orfano / o un
povero che giace nella polvere (90,10-16),

fino a possibili paralleli del Discorso della Montagna:

Beati i credenti, / che nella preghiera loro son umili, / che le futilità
schivano, / che l'elemosina donano, / che la castità custodiscono /
(eccetto che con le proprie mogli e con quello che le loro destre pos-
seggono, che in questo non son da biasimare; / ma chi desideri più di
questo sarà un trasgressore). / E che i depositi in fiducia e i giuramen-
ti rispettano,/ che le preghiere osservano! / Essi saranno gli eredi, /
che erediteranno il Paradiso, dove in eterno rimarranno! (23,1-11).

I servi dei Misericordioso son coloro che camminano sulla terra mo-
destamente, e quando i pagani rivolgon loro la parola rispondono:
"Pace!" / Coloro che passan la notte avanti il Signore prostrati e ritti in
piedi. / Coloro che dicono: "Signore! Allontana da noi il castigo della
gehenna, ché il castigo della gehenna è disgrazia lunga, / e la gehenna
è orrendo soggiorno e dimora". / Coloro che, quando danno del loro
bene non si mostrano prodighi né avari, ma tengono il giusto mezzo
fra i due. / Coloro che non invocano assieme a Dio un altro dio, e che
non uccidono chi Iddio ha proibito di uccidere altro che per una giusta
causa, che non commettono adulterio. Or colui che tali cose commette
troverà punizione; / sarà raddoppiato a lui il castigo il dì della Resurrezione e vi resterà umiliato in eterno./ Eccetto chi si pente e crede, e
compie opere buone; a questi Iddio tramuterà le loro opere male in
buone, e Dio è indulgente clemente; / e chi si pente e opera il bene, a
Dio si rivolge davvero. / Coloro che non fanno falsa testimonianza, e
che, quando passano accanto a discorsi vani, lo fanno con dignità, / e
che quando vengan predicati loro i Segni dei Signore non s'abbattono
sordi e ciechi avanti ad essi / e che dicono: "Signore! Concedici nelle
nostre spose e nella nostra progenie una frescura per gli occhi e facci
modelli pei timorati di Dio!" / Questi saran ricompensati con le Sale
Eccelse del Paradiso per la loro paziente costanza e saranno colà accolti
con parole di saluto e di pace / e vi staranno in eterno: quale sublime
soggiorno, sublime dimora! / Di': "Il mio Signore non si occuperà di

voi se voi non Lo pregate. Voi avete tacciato di menzogna Iddio: verrà presto, e inevitabile, il Castigo!" (25,63-77).

(g) Quotidianità

La fede in unico Dio non è separata dalle più elementari opere di pietà, fatte di devozione filiale, disponibilità, fiducia nella Provvidenza, senso della misura in ogni cosa:

> Il tuo Signore ha decretato che non adoriate altri che Lui, e che trattiate bene i vostri genitori. Se uno di essi, o ambedue, raggiungon presso di te la vecchiaia non dir loro: "Uff!", non li rimproverare, ma di' loro parole di dolcezza. / Inclina davanti a loro mansueto l'ala della sottomissione e di': "Signore, abbi pietà di loro, come essi han fatto con me, allevandomi quando ero piccino!" / E tu da' ai parenti quel che a essi spetta, e così ai viandanti ed ai poveri, ma senza prodigalità stravaganti / ché i prodighi son fratelli dei dèmoni, e il Demonio fu ingrato verso il Signore! / E se tu te ne allontani in attesa d'un atto di misericordia del tuo Signore, che tu speri, rivolgi loro almeno una parola gentile. / Non legarti avaramente la mano al collo, ma non aprirla tutta quanta, sì da ridurti a sedertene biasimato e di tutto privato. / In verità il tuo Signore apre la Sua provvidenza a chi vuole e la misura a chi vuole; Egli, in verità, conosce e vede i Suoi servi. / E non uccidete i figli vostri per tema di cader nella miseria: Noi siamo che li provvediamo, e voi, badate! Ché l'ucciderli è peccato grande. / E non accostatevi alla fornicazione: è una turpitudine e una ben trista via! / E non uccidete alcuno (ché Dio l'ha proibito) senza giusto motivo: quanto a chi è ucciso ingiustamente, Noi diamo al suo curatore potestà di vendicarlo; ma questi non ecceda nella vendetta, ché penserà Dio ad aiutarlo. / E non v'accostate alle sostanze dell'orfano altro che nel modo migliore, finché egli non giunga alla maggiore età, e rispettate i patti, perché dei patti vi sarà chiesto conto. / E fate piena la misura quando misurate, e pesate con bilancia giusta. Questo sarà meglio, e il modo più bello pel conto. / E non seguire quello di cui nulla conosci, poiché e l'udito e la vista e il cuore, di tutto questo sarà chiesto conto. / E non inceder sulla terra pieno di gaio orgoglio: non potresti fenderla la terra, non raggiungeresti le montagne in altezza. / In tutto questo c'è qualcosa di abominevole agli occhi del Signore (17,23-77).

Un prudente atteggiamento di distacco dai beni terreni è spesso consigliato:

Non è la vita del mondo altro che un gioco vano, e l'Altra Dimora è molto migliore, per coloro che temono Dio! Non comprendete dunque? (6,32);

O voi che credete! In verità nelle vostre mogli e nei vostri figli v'è un nemico per voi. Guardatevene. Ma se perdonerete e sarete indulgenti e condonerete, ebbene Iddio è indulgente clemente! / Poiché le vostre ricchezze e i vostri figli non sono che una tentazione, mentre presso Dio v'ha mercede immensa! (64,14-15).

Brevi sunti catechetico-morali sono offerti in taluni passi:

La pietà non consiste nel volger la faccia verso l'oriente o verso l'occidente, bensì la vera pietà è quella di chi crede in Dio, e nell'Ultimo Giorno, e negli Angeli, e nel Libro, e nei Profeti, e dà dei suoi averi, per amore di Dio, ai parenti e agli orfani e ai poveri e ai viandanti e ai mendicanti e per riscattar prigionieri, di chi compie la Preghiera e paga la Dècima, chi mantiene le proprie promesse quando le ha fatte, di chi nei dolori e nelle avversità è paziente e nei dì di strettura; questi sono i sinceri, questi i timorati di Dio! / O voi che credete! In materia d'omicidio v'è prescritta la legge del taglione: libero per libero, schiavo per schiavo, donna per donna; quanto a colui cui venga condonata la pena dal suo fratello si proceda verso di lui con dolcezza; ma paghi un tanto, con gentilezza, all'offeso. Con questo il vostro Signore ha voluto misericordiosamente alleggerire le precedenti sanzioni; ma chi, dopo tutto questo, trasgredisca la legge, avrà castigo cocente./ La legge del taglione è garanzia di vita, o voi dagli intelletti sani, a che forse acquistiate timor di Dio (2,177-179).

Ma non mancano anche vividi quadretti in cui le tentazioni sono ritratte nella loro banale quotidianità:

O voi che credete! Allorché, il giorno dell'Adunanza, udite l'invito alla Preghiera, accorrete alla menzione del Nome di Dio e lasciate ogni traffico. Questo è meglio per voi, se lo sapeste! / E quando la Preghiera è terminata disperdetevi per la terra e cercate d'ottener grazia di Dio, e

menzionate il Nome di Dio di frequente, a che per avventura prospe-
riate. / Ma quando costoro vedono qualche commercio o qualche divertimento vi si precipitano e ti lasciano ritto in piedi solo. Di': "Quel
che v'è presso Dio è migliore del divertimento e del commercio, ché
Dio, dei provvidenti è il migliore!" (62,9-11).

(h) Uomini e donne

Persino le distinzioni di genere, pur presenti e sovente rimpro-
verate all'islam, si stemperano nella visione di una realtà saldamente
coesa e solidale:

> In verità i dati a Dio e le date a Dio, i credenti e le credenti, i devoti e le
> devote, i sinceri e le sincere, i pazienti e le pazienti, gli umili e le umili, i
> donatori d'elemosine e le donatrici, i digiunanti e le digiunanti, i casti e
> le caste, gli oranti spesso e le oranti, a tutti Iddio ha preparato perdono
> e mercede immensa (33,35).

Come si potrà vedere dal seguente passo, la lapidazione per
adulterio non è contemplata dal Corano (come poi sarà invece
sancita dalla Sunna) e le condizioni perché la pena prevista venga
applicata sono estremamente improbabili:

> L'adultera e l'adultero siano puniti con cento colpi di frusta ciascuno,
> né vi trattenga la compassione che provate per loro dall'eseguire la
> sentenza di Dio, se credete in Dio e nell'Ultimo Giorno; e un gruppo
> di credenti sia presente al castigo. / L'adultero non potrà sposare che
> l'adultera o una pagana, e l'adultera non potrà esser sposata che da un
> adultero o da un pagano: il connubio con loro è proibito ai credenti.
> / E quelli che accusano donne oneste, e poi non posson portare a
> conferma quattro testimoni, ricevano ottanta colpi di frusta, e non
> s'accolga più in eterno la loro testimonianza: sono degli esseri turpi.
> / Eccettuati coloro che, dopo, si pentano, e si riformino, poiché Dio
> è indulgente clemente. / E coloro che accusano le loro donne, e poi
> non hanno testimoni altri che se stessi, dovranno comprovare l'accu-
> sa con quattro attestazioni ciascuno, fatte in nome di Dio, attestanti
> che dicono il vero. / E la quinta attestazione sia che la maledizione di
> Dio scenda su di lui, se ha mentito. / E alla donna sarà risparmiata la

punizione se attesterà con quattro attestazioni fatte in nome di Dio
che il marito mente, / e la quinta sarà che l'ira di Dio scenda su di lei,
se il marito ha detto il Vero (24,2-9).

Tra le norme dettate ai credenti, non mancano quelle di buona educazione:

> O voi che credete! Non entrate in case altrui senza aver prima chiesto
> il permesso e aver salutato le persone della casa. Questo sarà meglio
> per voi, se ben meditaste (24,27).

Così come le regole del pudore sono ben lungi dalla rigidità in
seguito assunta:

> Di' ai credenti che abbassino gli sguardi e custodiscano le loro vergo-
> gne; questo sarà, per loro, cosa più pura, ché Dio ha contezza di quel
> ch'essi fanno. / E di' alle credenti che abbassino gli sguardi e custo-
> discano le loro vergogne e non mostrino troppo le loro parti belle,
> eccetto quel che di fuori appare, e si coprano i seni d'un velo e non
> mostrino le loro parti belle altro che ai loro mariti o ai loro padri o ai
> loro suoceri o ai loro figli o ai figli dei loro mariti, o ai loro fratelli, o ai
> figli dei loro fratelli, o ai figli delle loro sorelle, o alle loro donne, o alle
> loro schiave, o ai loro servi maschi privi di genitali, o ai fanciulli che
> non notano le nudità delle donne, e non battano assieme i piedi sì da
> mostrare le loro bellezze nascoste; volgetevi tutti a Dio, o credenti,
> che possiate prosperare! (24,30-31).

La vita celibataria è sconsigliata, all'interno di una concezione
che non vede con favore eccessive rinunce e il superamento delle
dimensioni consuete della condizione umana:

> E unite in matrimonio quelli fra voi che son celibi e gli onesti fra i
> vostri servi e le vostre serve; e se saran poveri certo Dio li arricchirà
> della Sua grazia, ché Dio è ampio sapiente. / E quelli che non trovano
> moglie si mantengano casti finché Dio li arricchisca della sua grazia;
> quanto a quelli dei vostri servi che desiderino lo scritto di manomis-
> sione, concedeteglielo, se li sapete buoni, e date loro delle ricchezze

di Dio che Egli ha dato a voi, e non costringete le vostre ancelle al meretricio, se esse voglion conservarsi caste, per brama degli agi della vita terrena. Se poi qualcuno le avrà costrette, dopo che saran state costrette Iddio sarà con loro indulgente clemente (24,32-33).

(i) Conflitti e concordia

In genere la concordia è raccomandata, salvo casi di estrema gravità:

E se due partiti, fra i credenti, combattesser fra loro, mettete pace fra essi: ma se l'uno avesse commesso eccessi contro l'altro, combattete quello che tali eccessi ha commesso, sin che torni all'obbedienza degli ordini di Dio. E tornato che esso sia a Dio mettete pace allora fra essi con giustizia, e siate equi, perché l'equità è amata da Dio. / Perché i credenti son tutti fratelli: mettete dunque pace fra i vostri fratelli, e temete Iddio, che per avventura Iddio abbia pietà di voi (49,9-10).

Quand'anche non ci si riferisca ad aperti conflitti, è comunque sollecitato il rispetto reciproco:

O voi che credete! Non ridano alcuni di voi, di altri: può darsi che sian migliori di loro; e non ridano donne di altre donne: può darsi che siano quelle migliori di loro; e non vi diffamate gli uni con gli altri; e non vi scagliate appellativi ingiuriosi: brutto è il nome d'empietà dopo quello di fede. E coloro che non si pentono, quelli sono gli iniqui! / O voi che credete! Evitate molte congetture, ché alcune sono peccato, e non spiate gli altri, non occupatevi degli affari altrui, e non mormorate degli altri quando non sono presenti. Piacerebbe forse a qualcuno di voi di mangiar la carne del vostro fratello morto? No, ché certo la schifereste! Temete dunque Iddio, ché Iddio è benigno clemente (49,11-12).

La violenza verso gli altri, salvo casi estremi, è condannata senza appello:

E recita loro la storia dei due figli di Adamo, secondo verità, quando essi offrirono a Dio un sacrificio, e quello dell'uno fu accetto e non fu accetto quello dell'altro. E questi disse: "Io t'ucciderò!"

ma il fratello rispose: "Iddio non accetta che il sacrificio dei pii! / E certo se tu stenderai la mano contro di me per uccidermi, io non stenderò la mia mano su di te per ucciderti, perché temo Iddio, il Signor del Creato! / Io voglio che tu ti accolli e il mio peccato e il tuo e che tu sia del Fuoco, che è la ricompensa degli oppressori!" / E la sua passione lo spinse a uccidere il suo fratello, e lo uccise, e fu in perdizione. / E Iddio mandò un corvo, che grattò la terra per mostrargli come nascondere la spoglia di suo fratello. Ed egli disse: "O me infelice! Che son stato incapace perfin d'essere come questo corvo e nasconder la spoglia di mio fratello!". E divenne perseguitato dai rimorsi./ Per questo prescrivemmo ai figli d'Israele che chiunque ucciderà una persona senza che questa abbia ucciso un'altra o portato la corruzione sulla terra, è come se avesse ucciso l'umanità intera. E chiunque avrà vivificato una persona sarà come se avesse dato vita all'umanità intera. Son dunque venuti a loro i nostri Inviati con prove evidenti, eppure molti di loro, con tutto ciò, furon sfrenati peccatori sulla terra (5,27-32).

Uno tra gli ultimi versetti rivelati, pur dopo tanti conflitti dolorosi e sanguinosi, sembra ristabilire l'ordine primigenio che non esclude le divergenze:

E a te abbiam rivelato il Libro secondo Verità, a conferma delle Scritture rivelate prima, e a loro protezione. Giudica dunque fra loro secondo quel che Dio ha rivelato e non seguire i loro desideri a preferenza di quella Verità che t'è giunta. A ognuno di voi abbiamo assegnato una regola e una via, mentre, se Iddio avesse voluto, avrebbe fatto di voi una Comunità Unica, ma ciò non ha fatto per provarvi in quel che vi ha dato. Gareggiate dunque nelle opere buone, ché a Dio tutti tornerete, e allora Egli vi informerà di quelle cose per le quali ora siete in discordia (5, 48).

4. Il Corano nella vita dei credenti

Se persino tra i dotti e gli intellettuali musulmani il Corano resta un testo che sfida qualsiasi disinvolto approccio storico-critico, presso i comuni fedeli ancor più persistenti sono forme tradizionali e per così dire istintive che caratterizzano il rapporto con la Parola di Dio. Il linguaggio quotidiano è zeppo di espressioni coraniche, ma non soltanto passi del Testo sacro quanto lo stesso Libro inteso come oggetto, le sue riproduzioni in ogni foggia e formato, le registrazioni fino a ieri su dischi e cassette ma oggi anche in CD e software multimediale, conoscono una diffusione impressionante che non ha forse paragone con quella di nessun altro testo per capillarità e tipologia di forme. Esistono perfino stazioni radiofoniche e canali televisivi che diffondono esclusivamente trasmissioni a carattere religioso, in gran parte dedicate alla diffusione e al commento degli insegnamenti coranici.

La devozione e la venerazione per il Corano è qualcosa di palpabile: una copia di esso non viene ammassata alla rinfusa in mezzo ad altri libri, ma posta rispettosamente a parte e chi si appresti a leggerlo o anche ad ascoltarne la proclamazione assume in genere un atteggiamento adeguato, benché non sia raro che la cantilena delle sure salmodiate possa anche fare da sottofondo alle situazioni più comuni della vita quotidiana: un affollato mercato, un viaggio in automobile, una riunione a carattere anche non strettamente religioso possono risuonare di versetti coranici riprodotti da autoradio o registratori, spesso ad alto volume e per ore e ore di seguito...

Se una volta l'apprendimento a memoria dell'intero Testo sacro era la prima tappa di qualsiasi corso di studi ben strutturato e la scuola coranica è stata per lungo tempo l'unica forma di alfabetizzazione diffusa anche nelle campagne, oggi si ha comunque cura che un certo numero di sure o versetti utili al culto siano imparati al più presto, ma non mancano concorsi e premiazioni o persino agevolazioni negli studi e riduzioni del servizio militare per quanti giungano a memorizzare perfettamente tutto il Corano e a recitarlo appropriatamente. La conoscenza di almeno qualche passo coranico, oltre che indispensabile per scopi liturgici, è sempre stata anche per i più umili un motivo di vanto e di orgoglio e non a caso una definizione corrente lo presenta come "il vocabolario dei poveri", al quale anche il credente più modesto e privo di istruzione può attingere espressioni eleganti che suonano sulle sue labbra un po' come il latino "ecclesiastico" dei nostri nonni.

Chi è particolarmente devoto può leggere di seguito l'intero Corano come pratica di pietà ed esso, a tale scopo, è stato diviso in parti: 30 *juz'* o 60 *hizb* espressamente marcati nelle edizioni correnti in modo che sia possibile in uno o due mesi leggerlo tutto in porzioni giornaliere uniformi. Non è detto che tale lettura (o semplice recitazione, quando la memoria basti) debba essere fatta necessariamente in solitudine, né tanto meno in moschea: capita di notare un portinaio seduto all'ingresso di un edificio o un passeggero di un tram o di un autobus, impegnati in tale pratica, muovere leggermente le labbra e consultare a tratti una copia tascabile del Corano per ricordarlo meglio.

La recita di alcuni versetti o di interi passaggi del Corano sottolinea i momenti salienti della vita, dalla nascita e dalla circoncisione fino all'agonia e alla sepoltura, oppure festività e ricorrenze particolarmente significative, e non è raro che tale compito sia svolto da professionisti appositamente ingaggiati e retribuiti, quando sia possibile permetterselo. Una certa secolarizzazione e l'invadenza di altri tipi di messaggi diffusi dai mass media hanno portato anche queste pratiche a ridursi, specie in ambiente urbano, ma esse persistono in taluni casi, come in occasione del fidanzamento che viene solennizzato dalla recita della prima sura la quale sacralizza e garantisce il contratto.

Sin qui siamo sul versante di una buona educazione religiosa di base e delle pratiche pie, ma la fede nelle proprietà taumaturgiche del Corano si concretizza in manifestazioni che vanno ben al di là di quanto si è detto fino a questo momento. La recita di taluni passaggi – come la prima sura, le ultime due o certi singoli versetti – può accompagnare una malattia a mo' di conforto o per implorare la guarigione, ma riprodurre passi del Corano su ciondoli e amuleti è una pratica comunissima non soltanto curativa, bensì preventiva quando non scaramantica.

Per quest'ultimo scopo sono particolarmente impiegate le due ultime sure, dette appunto apotropaiche:

> Nel nome di Dio, clemente misericordioso! / "Io mi rifugio presso il Signore dell'Alba / dai mali del creato, / e dal male di una notte buia quando s' addensa, / e dal male delle soffianti sui nodi / e dal male

dell'invidioso che invidia" (113)

e

Nel nome di Dio, clemente misericordioso! / Di': "Io mi rifugio presso il Signore degli uomini / Re degli uomini, / Dio degli uomini, / dal male del sussurratore furtivo / che sussurra nei cuori degli uomini, / dal male dei jinn e degli uomini" (114)

ove le "soffianti sui nodi" sono le fattucchiere e il "sussurratore" è il demonio.

La benedizione divina è invocata mettendo un esemplare del Corano sul cruscotto dell'automezzo che si guida, nella vetrina del negozio che si possiede, a mo' di soprammobile nella casa o nell'ufficio in cui ci si trova, spesso adagiato in un'elegante scatola o su un morbido panno riccamente decorati e dai colori vivaci, senza che si avverta alcun disagio per quella che ai nostri occhi potrebbe apparire un'indebita commistione tra sacro e profano. I funerali sono comunque l'occasione più comune per la recita del Corano, e in particolare di alcune sure come la 36 e la 92, ripetute anche nei raduni al quarantesimo giorno o in altri anniversari della morte, durante i quali la famiglia colpita dal lutto è visitata da parenti e amici per le condoglianze. Vi sono però anche eventi lieti accompagnati dalla recita del Corano, come il ritorno dal pellegrinaggio alla Mecca, le notti e la fine del mese di ramadan, festeggiamenti familiari per nascite e circoncisioni, fino ad occasioni più pubbliche come inaugurazioni di edifici, feste nazionali, compleanni di sovrani e così via.

Esistono poi confraternite e gruppi religiosi che stimolano e incoraggiano l'apprendimento e la recitazione del Corano, mostrando di preferire determinate sure o versetti legati alla propria forma di spiritualità, accanto a quelle parti del Libro sacro di uso più comune e la cui conoscenza è maggiormente diffusa presso tutti i credenti. Tra queste una particolare potenza evocatrice è riconosciuta a determinati versetti impiegati come formule di benedizione, spessissimo riprodotti su piccoli quadri finemente decorati e appesi ovunque.

Uno dei più comuni è il cosiddetto "versetto del Trono":

Dio! Non v'è altro Dio che Lui, il Vivente, che di Sè vive: non lo prende mai sopore né sonno, a Lui appartiene tutto ciò che è nei cieli e sulla terra. Chi mai potrebbe intercedere presso di Lui senza il Suo permesso? Egli conosce ciò che è avanti a loro e ciò che è dietro di loro, mentre essi non abbracciano della Sua scienza se non ciò che Egli vuole. Spazia il suo trono sui cieli e sulla terra, né Lo stanca vegliare e custodirli: è l'Eccelso, il Possente! (2,255).

Un altro è il "versetto della luce", che ben si presta a interpretazioni esoteriche e misticheggianti:

Dio è la luce dei cieli e della terra e si rassomiglia la sua luce a una nicchia, in cui è una lampada, e la lampada è in un cristallo, e il cristallo è come una stella lucente, e arde la lampada dell'olio di un albero benedetto, un olivo né orientale né occidentale, il cui olio per poco non brilla anche se non lo tocchi fuoco. È luce su luce; e Iddio guida alla sua luce che Egli vuole, e Dio narra parabole agli uomini, e Dio è su tutte le cose sapiente (24,35).

Molto comune è anche la breve sura 112 o "del culto sincero":

Nel nome di Dio, clemente misericordioso! Di': "Egli è Dio, è uno, / Dio, l'Eterno. / Non generò né fu generato / e nessuno Gli è pari".

Ma la più ripetuta in assoluto, e non solo durante la preghiera canonica, è la prima sura del Corano, detta appunto "L'Aprente" e considerata una sorta di *Pater Noster* islamico:

Nel nome di Dio, clemente misericordioso! / Sia lode a Dio, il Signor del Creato, / il Clemente, il Misericordioso, / il Padrone del dì del Giudizio! / Te noi adoriamo, Te invochiamo in aiuto: / guidaci per la retta via, / la via di coloro sui quali hai effuso la Tua grazia, la via di coloro coi quali non sei adirato, la via di quelli che non vagolano nell'errore! (1, 1-7).

La recitazione di questa sura è generalmente conclusa aggiungendo *âmîn* (amen), assente nel testo, ma non si tratta dell'unica formula supplementare che deve accompagnare la lettura di brani coranici. Le più comuni sono un'invocazione introduttiva contro il malefico influsso del demonio («Quando reciterai il Corano, rifugiati in Dio da satana, il maledetto»: 16,98) e una chiusa che ribadisce il carattere veritiero di quanto si è recitato.

Ben oltre queste semplici regole di "galateo", la lettura del Corano ha conosciuto formalizzazioni molto tecniche che stabiliscono, oltre naturalmente a un atteggiamento di rispetto e di attenzione, tutta una serie di norme finalizzate a renderne non soltanto corretta, ma anche elegante ed efficace la recitazione. È lo stesso Testo sacro che spinge in tal senso, pur senza entrar nei particolari: «E recita, cantando, il Corano» (73,4); «Coloro cui demmo il Libro e lo recitano come si deve, quelli sono i veri credenti» (2,121). Vi sono quindi scienze che si occupano di fissare le modalità della pronuncia delle singole lettere (*tajwîd*) e le regole della la lettura salmodiata (*tartîl*) del Corano, le quali prevedono stili diversi a seconda che si tratti di una recitazione privata o pubblica, lenta, media o veloce...

Non è possibile in questa sede entrare in maggiori dettagli, ma basti dire che si tratta, fra l'altro, di una serie di disposizioni relative alle pause, agli allungamenti vocalici e alla pronuncia delle varie lettere singolarmente intese o nelle loro diverse combinazioni, specificando come la gola, le labbra, la lingua e il naso debbano intervenire. Un certo numero di segni inseriti nel testo, oltre alle consonanti e alle vocali che lo compongono, aiutano a rispettare tali norme, così come vi sono indicati i punti nei quali eseguire prosternazioni o dove cadono le già ricordate suddivisioni che ripartiscono il Corano in porzioni da recitarsi in determinate occasioni, come durante il mese di ramadan.

Talvolta le pause previste dalle tecniche di recitazione possono avere una grande importanza anche per l'interpretazione del Corano, oltre che per la sua elegante declamazione, poiché hanno una funzione analoga a quella della punteggiatura, assente nel testo arabo. Il versetto 3,7 che distingue le affermazioni coraniche 'solide' da quelle 'allegoriche' dichiara che il senso di queste ultime lo conosce soltanto Dio, ma una diversa e parimenti ammissibile lettura consentirebbe di aggiungere che anche gli uomini dotati di salda scienza lo comprendono...

Analogo è il caso del versetto 57,27 che può essere inteso come una negazione della validità stessa del monachesimo cristiano:

> E ponemmo nei cuori di coloro che lo (Gesù) seguirono mitezza e misericordia; quanto al monachesimo fu da loro istituito (e non fummo Noi a prescriverlo loro) solo per desiderio del compiacimento di Dio; ma non lo osservarono come andava osservato.

Mentre una diversa scansione dei periodi permetterebbe di intenderlo soltanto come una critica a come esso viene praticato:

> Ponemmo nei cuori di coloro che Lo seguirono mitezza e misericordia e il monachesimo che essi fondarono; Noi lo prescrivemmo loro solo perché ricercassero il compiacimento di Dio; ma non lo osservarono come andava osservato.

La differenza non è di poco conto, e non si tratta affatto di una mera congettura di orientalisti occidentali: anche alcuni musulmani di tendenza mistica, favorevoli al sufismo, preferiscono la seconda lettura, in base alla quale si può sostenere che il monachesimo cristiano – simile per molti aspetti all'ascesi praticata dai sufi – sia sorto per volere divino. Questioni così tecniche sono naturalmente fuori dalla portata dei credenti comuni, ma non sono assenti nella riflessione dei più acculturati, benché sia ormai lontana l'epoca delle appassionate dispute tra i sostenitori di diverse "lezioni" del Corano.

Può tuttavia capitare che l'eco di queste riemerga talvolta, adattata ai tempi, come nella provocatoria lettura che un drammaturgo egiziano contemporaneo ha proposto del versetto che afferma: «temono Dio, fra i Suoi servi, solo i sapienti» (35, 28), intendendolo invece "teme Iddio, fra i Suoi servi, solo i sapienti", come la grammatica consente di fare, dato che il verbo in testa a una frase può rimanere al singolare pur avendo un soggetto plurale. Si tratta certamente di una forzatura operata da un autore di tendenza razionalista e impegnato nella difesa della libertà di pensiero, ma è anche un esempio significativo di come il modo in cui ci si accosta al Corano e lo si interpreta sono tutt'altro che fenomeni avulsi da problemi più generali di grande rilevanza culturale.

5. Modello profetico

Il termine "Sunna" indicava già presso gli arabi antichi gli usi e i costumi delle tribù che si uniformavano nel loro comportamento ai valori degli antenati. Il concetto di tradizione permane anche nell'accezione islamica della stessa parola, ma assume un significato più specifico. Nel Corano, infatti, il vocabolo indica principalmente il modo di agire tenuto da Dio verso i popoli ai quali, nel corso dei secoli, ha mandato i propri profeti e inviati; successivamente il termine si è specializzato e con Sunna si è venuta a indicare anzitutto la consuetudine del Profeta e dei suoi primi Compagni, destinata ad assumere col tempo un valore normativo sempre maggiore.

Il Corano, infatti, non tratta sistematicamente e nei dettagli né delle dottrine né dei precetti della religione, ma si limita a enunciazioni di carattere generale. Fu così che gli insegnamenti, le azioni e gli stessi silenzi con cui il Profeta offriva un tacito assenso a quanto altri compivano divennero altrettanti precedenti sui quali fondare la legittimità della condotta dei musulmani nelle più varie situazioni. I racconti che riportano i fatti in questione sono detti in arabo *hadîth*, termine che significa originariamente "detto" o "fatto". In ogni *hadîth*, il testo (*matn*) del racconto è preceduto dal una lista di nomi, detta *isnâd*, ossia "sostegno", che elenca la serie di quanti si sono tramandati il racconto nel corso del tempo.

Così come era avvenuto per il Corano, la spinta decisiva per il passaggio dalla forma orale a quella scritta venne anche per la Sunna dalla progressiva scomparsa di quanti ne erano stati testimoni diretti. Nacquero così le prime raccolte, seguite da altre sempre più voluminose, ove i *hadîth* erano raggruppati in base a svariati criteri: talvolta prevaleva il tema trattato, altre volte il nome del più antico trasmettitore e così via...

Vari gruppi fecero in modo di far confluire nella Sunna espressioni attribuite al Profeta favorevoli ai propri interessi e ciò metteva potenzialmente in pericolo la credibilità della Sunna stessa, così alcuni specialisti sottoposero ad attenta analisi una mole impressionante di *hadîth*, riunendo quelli più sicuri in apposite raccolte che hanno costituito la base della giurisprudenza islamica. La loro opera di verifica si basò, più che su criteri contenutistici e formali, sull'attendibilità della catena dei trasmettitori. I *hadîth* passati al vaglio confluirono nei cosiddetti "Cinque Libri": i due *Sahîh* (ossia "Libro genuino") di al-Buhârî (m. 870) e Muslim (m. 875), le *Sunan* (ossia "Tradizioni") di Abû Dâ'ûd (m. 889), al-Tirmidhî (m. 893) e al-Nasâ'î (m. 915), cui se ne aggiunge talvolta un sesto.

Nella Sunna è confluita una grande quantità di materiali che trattano di una straordinaria varietà di temi, legati non soltanto al culto, ma anche a transazioni commerciali, disposizioni penali, regole di educazione... La funzione di questi testi divenne di fondamentale importanza per l'elaborazione del diritto musulmano il quale è forse il frutto più caratteristico e sofisticato dell'islam, religione poco incline a complesse formulazioni dogmatiche e più attenta alle disposizioni giuridiche e comportamentali.

Eccone alcuni tra i più noti, tratti dalla celebre raccolta di 40 hadith di al-Nawâwì (XIII sec.)[7], simile a molte altre versioni concise che con poche decine di detti (sulle migliaia reperibili) forniscono al fedele non specializzato in questioni legali indicazioni quasi catechistiche e raccomandazioni di base destinate a creare in lui il giusto atteggiamento di persona retta e devota:

HADITH I
Le azioni valgono secondo le intenzioni ed ogni uomo avrà secondo il suo intento. Chi emigra per Allah e il suo Messaggero sappia che la sua emigrazione vale come fatta per Allah e il Suo Messaggero; mentre chi emigra per avere dei benefici materiali o per sposare una donna, sappia che la sua emigrazione vale per lo scopo per cui è emigrato.

È significativo che il primo detto profetico riportato in questa come anche in altre e più complete raccolte enfatizzi il valore dell'intenzione (*niyya*): con grande realismo e spirito di tolleranza si prende atto che alcune scelte possono avere anche altre motivazioni rispetto alla fede, ma pure in tal caso una ricompensa non viene negata, bensì proporzionata all'intento che muove chi compie l'azione. Per inciso segnaliamo che è questa una delle giustificazioni

---

[7] Al-Nawawî, *Il Giardino dei Devoti*, a cura di A. Scarabel, SITI, Trieste 1990.

addotte da molti musulmani quando si fa loro notare la facilità con cui è possibile abbracciare formalmente il loro credo nel caso si voglia sposare una delle loro donne.

Il detto profetico equivale in tal caso al nostro "le vie del Signore sono infinite" a significare che l'avvicinamento alla fede dovuto all'inizio all'innamoramento potrà condurre col tempo a un'adesione più sostanziale all'islam da parte del coniuge.

HADITH II

Un giorno, mentre eravamo seduti accanto al Messaggero di Dio, ecco apparirci un uomo dagli abiti candidi e dai capelli di un nero intenso; su di lui non traspariva traccia di viaggio, ma nessuno di noi lo conosceva. Si sedette di fronte al Profeta, mise le ginocchia contro le sue e poggiando le palme delle mani sulle sue cosce gli disse: O Muhammad, dimmi cos'è l'Islam. Il Messaggero di Allah disse: "L'Islam è che tu testimoni che non c'è altro Dio che Allah e che Muhammad è il Messaggero di Dio; che tu compia la preghiera rituale, versi la Zakat, digiuni nel mese di Ramadan e faccia il pellegrinaggio alla Casa, se ne hai la possibilità". Tu dici il vero! disse l'uomo. Ci sorprese che fosse lui ad interrogare il Profeta e lo approvasse. Gli chiese allora: Dimmi cos'è l'Iman. Egli rispose: "È che tu creda in Dio, nei Suoi angeli, nei Suoi libri, nei Suoi Messaggeri e nell'Ultimo Giorno, e che tu creda nel decreto divino, sia nel bene che nel male". Tu dici il vero! replicò l'uomo che riprese dicendo: Dimmi cosa è l'Ihsan. Egli rispose: "È che tu adori Dio come se lo vedessi; perché se tu non lo vedi, certamente Egli ti vede". L'uomo disse: Dimmi cos'è l'Ora. Egli rispose: "L'interrogato non ne sa più di chi lo interroga". L'uomo disse: Parlami allora dei segni premonitori. Egli rispose: "Quando la schiava genererà la sua padrona e quando vedrai i pastori, miseri, scalzi e nudi, competere nelle costruzioni più elevate". Dopodiché l'uomo sparì ed io rimasi assorto. Allora il Profeta mi chiese: "Omar, sai tu chi mi ha interrogato?". Io risposi: Allah e il Suo Messaggero ne sanno di più. "Era Gabriele – disse – che è venuto per insegnarvi la vostra religione".

Chiaro è l'intento catechetico di questo detto che, attraverso un aneddoto, riassume i principii del credo islamico e i precetti fondamentali del culto musulmano, confermati in modo più sintetico anche dal seguente:

HADITH XXII

Un uomo chiese al Messaggero di Dio: Secondo te, se compio le preghiere prescritte, digiuno nel mese di Ramadan, rispetto ciò che è lecito ed evito ciò che è illecito e non aggiungo altro, entrerò in Paradiso? Egli rispose: "Sì".

Si evidenzia qui anche un'altra caratteristica dell'islam: quella di non pretendere più di quanto la natura umana possa raggiungere senza oltrepassare i suoi limiti. Probabilmente in polemica rispetto a forme eroiche di ascetismo e di rinuncia praticate dai seguaci di altre religioni e talvolta messe in pratica da scrupolosi musulmani già al tempo del Profeta, il detto si preoccupa di confermare una via mediana a tutti accessibile mediante la quale ci si può ritenere tranquillamente a posto con la propria coscienza e agli occhi di Dio.

HADITH IV

Il Messaggero di Allah, il sincero e il degno di fiducia, ci ha riferito: "Il concepimento di ciascuno di voi, nel ventre di sua madre, si compie in quaranta giorni sotto forma di seme, poi come grumo di sangue per uno stesso periodo e come pezzo di carne per pari tempo. Dopo gli viene inviato l'angelo che gli soffia lo spirito di vita e gli ordina le quattro parole prescritte: il suo sostentamento , il termine della sua vita, le sue azioni e la sua infelicità o felicità. Giuro su Allah, oltre al quale non c'è altro Dio, che anche chi agisce come le genti del Paradiso, tanto da non esserci che la distanza di un braccio tra lui e il Paradiso, sarà sopraffatto da quanto è prescritto e agirà come le genti dell'Inferno e in esso entrerà. Chi agisce come le genti dell'Inferno, tanto da non esserci che la distanza di un braccio tra lui e l'Inferno, sarà sopraffatto da quanto è prescritto e agirà come le genti del Paradiso e in esso entrerà".

Si tratta qui del complesso tema della predestinazione, a proposito del quale va riconosciuto che le visioni di differenti scuole teologiche islamiche sono state spesso contrastanti, il che non ha impedito tuttavia la diffusione di un comune sentimento che attribuisce alla volontà divina ogni minimo avvenimento, incoraggiando un atteggiamento di paziente sopportazione unito alla fiducia nel perdono che sarà accordato proprio in forza di tale quieto affidamento al volere del Signore in ogni circostanza.

HADITH IX

Ho sentito dire dal Messaggero di Allah: "Evitate ciò che vi ho proibito e fate ciò che vi ho ordinato, come meglio potete. In verità, quanti vi hanno preceduto si sono perduti proprio per le loro troppe domande e le loro divergenze con i loro Profeti".

Il pericolo del settarismo è qui chiaramente evidenziato e previsto "profeticamente" come minaccia che effettivamente travagliò la comunità islamica sin da pochi anni dopo la morte di Muhammad. Ne deriva anche un oggettivo scoraggiamento verso le dispute teologiche che comunque non mancarono, anche se la scienza islamica per eccellenza risultò infine quella del *fiqh* o giurisprudenza, con un netto prevalere delle preoccupazioni legali su quelle dogmatiche e un corrispondente diffuso sentimento che fa dell'islam più un'ortoprassi che un'ortodossia, come conferma ancor più chiaramente il detto seguente:

HADITH XXX

Allah Onnipotente ha stabilito dei doveri, non li trascurate; ha fissato dei limiti, non li oltrepassate; ha proibito alcune cose, non le trasgredite; ha mantenuto il silenzio su certe cose per misericordia verso di voi e non per dimenticanza, non cercate di conoscerle .

HADITH XIII

Nessuno di voi è vero credente se non desidera per il fratello ciò che desidera per se stesso.

Siamo qui all'interno di una visione solidaristica che ribadisce un valore tipico dell'antica società beduina, ma esige che esso si espanda oltre i ristretti limiti dell'ambito tribale per abbracciare l'insieme di una nuova e più vasta comunità, fondata non più solamente sui legami di sangue ma sulla comunanza di fede. Il Corano non si esprime esattamente negli stessi termini. Ciò ha fatto supporre che questa formulazione possa essere rifluita nella Sunna successivamente per influsso esterno, ma è altrettanto vero che diverse esortazioni del Testo sacro dell'islam vanno comunque sostanzialmente nello stesso senso. Esiste tuttavia una certa ambivalenza nel Corano relativamente al concetto di "amore", che spesso viene considerato essenzialmente nella sua dimensione istintiva e meno nobile, dal che deriva la necessità di correggerlo o almeno di temperarlo.

L'attaccamento ai beni effimeri del mondo, tra cui gli stessi membri della propria famiglia, viene stigmatizzato poiché solo l'amore verso Dio è in grado di indirizzare nella giusta direzione l'umana affettività:

> Fu reso adorno agli occhi degli uomini l' amor dei piaceri, come le donne, i figli, e le misure ben piene d'oro e d'argento, e i cavalli di purissima razza, e i greggi e i campi. Questi son beni di questa vita terrena, ma presso a Dio è la mèta buona (3,14).

Ciò non toglie che la misura della propria dedizione verso gli altri in questa vita venga comparata a quella che si spera di ottenere da parte di Dio in quella futura:

> Non giurino, coloro che possiedono mezzi e sostanze, di non dare più nulla ai parenti, ai poveri e agli emigranti sulla via di Dio, anzi perdonino e condonino: non amereste anche voi essere perdonati da Dio? (24,22).

Nella Sunna è comunque più facile reperire sentenze che esortano esplicitamente all'amore. Nella maggiore raccolta di detti profetici, quella di al-Bukhârî, troviamo infatti:

> In tre cose l'uomo trova la dolcezza della fede: che Dio e il Suo Profeta siano per lui più amati del resto; che amando l'essere umano non

lo ami se non in Dio; che il ritorno alla miscredenza gli sia odioso quanto l'essere gettato nel fuoco infernale[8],

mentre altre versioni enumerano dettagliatamente altre categorie di persone che meritano di essere amate, quali i credenti poveri, i capi musulmani che amano i propri sudditi, e ancora quanti furono amati dal Profeta – i suoi Compagni, i nipoti Hasan e Husayn, la figlia Fatima e il genero 'Ali – e ad amarli come egli li amò e inoltre a informare il fratello amato del proprio amore. Rispetto al Corano, la Sunna contempla quindi in termini maggiormente positivi l'amore delle creature umane tra loro e non di rado esorta a manifestarlo concretamente: «L'islam migliore consiste nel dare da mangiare a sazietà e nel dare il saluto a chi conosci e a chi non conosci»[9].

Ancora più preciso è il grande teologo al-Ghazali (m. 1111):

Le regole da osservare nei confronti dell'amico sono [...] in breve: trattarlo come tu stesso ameresti essere trattato, perché l'amicizia di chi non ama per l'amico ciò che ama per sé è ipocrisia, ed è dannosa in questo mondo e nell'altro[10].

Altrove consiglia così il proprio discepolo:

Rendi il tuo comportamento nei confronti di Dio l'Altissimo tale che, se il tuo servo facesse lo stesso con te, tu ne saresti soddisfatto, non ti offenderebbe, né andresti in collera; ma ciò che non accetti dal tuo presunto servitore nemmeno Dio l'Altissimo, che è il tuo vero Signore, lo accetterà da parte tua. Quando sei con altre persone, trattale come tu ami essere trattato, perché la fede di un uomo non è perfetta finché non ama per tutti gli uomini ciò che ama per se stesso[11].

---

[8] *Detti e fatti del Profeta dell'Islâm raccolti da al-Bukhârî*, a cura di V. Vacca - S. Noja - M. Vallaro, UTET, Torino 1982, p. 85.

[9] Al-Nawawî, *Il Giardino dei Devoti*, p. 182.

[10] Trad. it. *L'inizio della Retta Guida*, a cura di G. Celentano, SITI, Trieste 1989², pp. 113-114.

[11] R. Caspar, "L'Islam et la Secularisation", in "Comprendre" n. 96/1970, p. 23.

Ma fino a che punto tale espressione va intesa come universale, cioè estesa a ogni essere umano? Certamente la priorità è per la propria comunità di appartenenza, cioè quella islamica. Del resto, il superamento della limitata solidarietà beduina ristretta alla sola tribù comportava un notevole sforzo, non a caso sottolineato dallo stesso Corano:

> Afferratevi insieme tutti alla corda di Dio e non disperdetevi, e ricordate le grazie che Dio v'ha largito: eravate nemici e v'ha posto armonia in cuore e per la Sua grazia siete divenuti fratelli; eravate sull'orlo di una fossa di fuoco e v'ha salvato (3,103).

Anche secoli dopo, la convinzione che sia la comunità dei credenti quella in cui deve regnare l'armonia viene comunque ribadita:

> La creatura non giunge alla vera fede finché non ama per gli altri musulmani quel che ama per se stessa; anzi, è necessario che sia compartecipe nella buona e nella cattiva sorte. I musulmani sono infatti come un unico edificio di cui una parte è connessa all'altra, sono come un unico corpo in cui, se un membro soffre, soffre anche il resto del corpo[12].

L'unità dell'intero genere umano, nelle sue varie accezioni e sfumature, è presente in numerose tradizioni religiose che nel loro stesso annuncio preconizzano la ricomposizione di una realtà frammentata e ferita da vari tipi di separazione (tra uomo e Dio, uomo e natura, uomo e uomo...).

Quale che sia la loro visione della natura umana, del rapporto con l'Assoluto e nonostante le differenti vie di liberazione o di perfezionamento che esse propongono, si tratta spesso di variazioni sul tema della pacificazione, della ricerca dell'armonia, del superamento di ogni tensione e conflittualità, sia nella sfera della coscienza sia in quella della vita di relazione. Di qui la pregnanza del termine "pace": un uomo pacificato e un mondo pacificato sono l'orizzonte a cui si tende e non soltanto in prospettiva escatologica.

---

[12] *L'inizio della Retta Guida*, p. 94.

Ciò non significa che nelle religioni sia assente anche un principio di discriminazione, e questo non vale solamente per le cosiddette religioni dualiste, ma anche per le altre dove si opera una distinzione tra quanti aderiscono alla fede e quanti invece la rifiutano, tra coloro che la seguono sinceramente e chi invece non lo fa, o comunque tra cose lecite e opportune e cose che invece non lo sono, tanto nei comportamenti quanto negli articoli del credo... Non di rado però si trovano nei loro insegnamenti richiami tesi a superare troppo semplicistiche contrapposizioni e potremmo dire che quando in un credo viene eccessivamente enfatizzato l'aspetto della frattura nel singolo e nella società, a parte gli effetti devastanti che ciò finisce per avere sull'equilibrio degli individui e delle collettività, ci si trova davanti a un uso strumentale della religione e ci si allontana da un autentico spirito di genuina religiosità.

Naturalmente, la sottolineatura di un atteggiamento rispetto ad un altro, dipende anche dal contesto storico e ogni tradizione religiosa ha visto al suo interno alternarsi momenti in cui esigenze diverse si sono alternate. L'islam non fa eccezione:

> Durante la predicazione alla Mecca il Corano chiama alla fede in un unico Dio come impegno personale in contrasto con la comunità d'origine che è politeista. Bisogna riflettere in proprio e non accontentarsi di seguire ciò che dicevano gli antenati. Occorre rompere i legami sociali e persino quelli familiari, come fece Abramo lasciando suo padre, se questi costituiscono un ostacolo per la fede.

È però altrettanto vero che il nuovo criterio di appartenenza – quello religioso – pur ponendosi a un livello superiore rispetto al precedente di carattere essenzialmente tribale, e quindi particolarista, assunse, com'era inevitabile che accadesse, anche la funzione di fattore di esclusione:

> A Medina invece la nuova comunità è fondata sul monoteismo e non più sui vincoli di parentela. Essa costituisce un involucro sociale che protegge la fede e le permette di informare di sé la vita del credente a tutti i livelli, dai più intimi a quelli pubblici. Allo stesso tempo però,

questo involucro protettivo rischia di imprigionarla: il Corano tolle-
ra la sopravvivenza di comunità non-musulmane (giudei e cristiani)
all'interno della società islamica, ma condanna a morte i musulmani
apostati. La fede rischia di essere ridotta al suo aspetto sociale: appartenenza a una comunità di fatto musulmana, quale che sia la realtà
della fede personale[13].

Basti questo cenno a richiamare i complessi fattori di carattere
antropologico e sociale che spesso ancora prevalgono, trovando nei
principi e nelle forme della vita religiosa più un linguaggio privilegiato per estrinsecarsi che un presupposto teorico che le determini
necessariamente, come invece si è soliti pensare.

Resta il fatto che le divisioni e le conflittualità fra gli esseri umani,
e ancor più tra quanti credono nel medesimo Dio, sono percepi-
te comunque come qualcosa di negativo. Il Corano ne dà esplicita
conferma:

> Erano un tempo, gli uomini, una nazione sola; e Dio mandò i Profeti,
> araldi e ammonitori, e con loro rivelò il Libro pieno di verità per giu-
> dicare delle divergenze sorte fra gli uomini; e le divergenze sorsero
> proprio sul Libro fra quelli cui esso fu dato, dopo le prove chiare che
> ebbero, per mutua gelosia. Ma Dio guidò quei che credettero verso
> quel Vero sul quale, col suo permesso, eran stati discordi, perché Dio
> guida chi vuole al retto sentiero (2,213).

Sull'originario stato di unità e concordia di tutto il genere umano,
tuttavia, né in questa sede né altrove si insiste particolarmente nelle
fonti musulmane. D'altra parte è noto che l'islam non enfatizza la perfezione primordiale, né quindi la disobbedienza di Adamo (pur ricor-
data nel Corano) è considerata peccato originale al quale comparte-
cipi l'intera umanità diventando così bisognosa di una redenzione. Di
conseguenza il motivo dello stato di divisione che si venne a produrre
e precedette, in parte determinandolo, l'invio dei profeti non sembra
di particolare rilevanza. È chiaro però che la rivelazione ebbe anche,
se non principalmente, lo scopo di sanare tale situazione.

---

[13] R. Caspar, "L'Islam et la Secularisation", in "Comprendre" n. 96/1970, p. 23.

Vi riuscì comunque soltanto in parte, poiché nuove divergenze sorsero e paradossalmente proprio riguardo ad essa. L'adesione alla verità è dunque una nuova discriminante tra quanti hanno ricevuto il messaggio. La sura è tarda e ciò spiega perché sia questo il punto che emerge maggiormente: non è più la contrapposizione coi pagani che domina, ma quella con gli altri monoteisti. Si parla anche di tutto questo come di qualcosa che Dio ha permesso e viene da chiedersi se ciò vada inteso come un implicito riconoscimento della necessità di lasciar convivere le divergenze, se non altro perché Dio non le ha impedite, o se invece si tratti soltanto di una giustificazione. Per quanto possa suscitare disagio constatare che anche tra chi crede in un unico Dio sussistano opposizioni, ciò va ricondotto al misterioso volere divino, mosso da una saggezza che per quanto ci sfugga non è meno certa.

Per quanto possa stupire, data la percezione attuale che abbiamo dell'islam come di una fede esclusivista e intransigente, il diritto alla differenza viene sancito dal Corano stesso, come abbiamo già ricordato:

A ognuno di voi abbiamo assegnato una regola e una via, se Iddio avesse voluto, avrebbe fatto di voi una Comunità Unica, ma ciò non ha fatto per provarvi in quel che vi ha dato. Gareggiate dunque nelle opere buone, ché a Dio tutti tornerete, e allora Egli vi informerà di quelle cose per le quali ora siete in discordia (5,48).

Il contatto ravvicinato che le migrazioni e la globalizzazione impongono tra seguaci di fedi diverse, fanno risultare queste dimensioni di particolare pregnanza, poiché vanno nel senso del superamento di ogni tribalismo che rassicuri ciascuno di essere nel vero soltanto per la propria appartenenza e apre al confronto. Se dal punto di vista dei contenuti ancora molta strada dev'essere percorsa, da quello del metodo ci pare che sia questa la giusta direzione, anche se non si può fare a meno di rilevare che negli ultimi decenni i rapporti interreligiosi non si siano sempre evoluti in tal senso, anche come riflesso di difficili situazioni culturali e politiche. Per quanto possa essere faticoso e talvolta sconfortante è uno sforzo irrinunciabile: non certo nel senso banale di un volontaristico e generico "vogliamoci bene" né tanto meno di un fuorviante sincretismo, ma come indispensabile confronto sull'essenza delle nostre rispettive identità religiose.

Tutto ciò si situa ben oltre la mera, seppur utilissima, collaborazione nella promozione umana e il confronto culturale: l'una e l'altro non esauriscono infatti lo specifico di ogni fede, ma lo interrogano ed esigono che esso si estrinsechi in modi sempre più adeguati, inducendo i fedeli di ogni religione a riflettere sul senso e le modalità del proprio essere nella storia segno e strumento del Mistero, senza poter più pretendere di ignorare gli altri o di ridurli forzatamente alla propria misura, «accettando il provvisorio, lavorando per l'impossibile» per dirla con uno dei massimi esperti di dialogo islamo-cristiano e divenendo sempre più gli uni per gli altri «testimoni esigenti»[14] che osino porre a se stessi e agli altri anche domande scomode, come quella sull'estensione della regola d'oro che fino a ieri poteva essere forse concepita come riguardante soprattutto la propria comunità di appartenenza, ma che oggi e in questo mondo ormai tanto piccolo e interdipendente esige di essere riletta in una nuova e più completa prospettiva.

HADITH XIV

Non è lecito versare il sangue di un musulmano se non in tre casi: di chi, essendo sposato, commette adulterio; di chi deve pagare vita per vita; di chi rinnega la propria religione e abbandona la comunità

In questo caso possiamo chiaramente vedere come le disposizioni della Sunna non solo siano più precise di quelle coraniche, ma che addirittura giungano a stabilire cose che nel Corano non ci sono affatto. Nell'immaginario collettivo, e per ragioni più che fondate, la fede religiosa è saldamente collegata all'idea di un Dio giudice o almeno a forme di giustizia che già in questa vita (cfr. la legge del karma) e in quella – o quelle – future prevedono compensazioni, premi o castighi conseguenti non soltanto a determinate azioni, ma più in generale allo status di ogni persona rispetto all'ethos incluso nel credo in questione.

---

[14] Le due espressioni sono di M. Bormmans, *Orientations pour un dialogue entre chrétiens et musulmans*, CERF, Paris 1981, tradotto in molte lingue tra le quali anche l'italiano.

Esiste certamente anche una morale laica, non dipendente cioè da alcuna confessione, prevalentemente priva di orizzonti ultraterreni ma forse proprio per questo talvolta ancor più determinata a stabilire e promuovere regole e comportamenti che possano, nella misura del possibile, limitare diseguaglianze, torti e ingiustizie già da ora. Per molti secoli, tuttavia, è stata comunque dominante un'idea di rettitudine fortemente connotata da elementi religiosi.

Ne era consapevole lo stesso Foscolo che nei Sepolcri, accanto a "nozze e tribunali" mise significativamente anche le "are" (vale a dire gli altari) tra le cose che «diero alle umane belve esser pietose di se stesse e d'altrui...».

Per quanto spesso presentato come giudice severo e implacabile, Dio è anche visto come Onnipotente e in quanto tale capace di andare oltre una funzione di mera contabilità, infinitamente Giusto quindi ma nello stesso tempo altrettanto Misericordioso, capace cioè di perdonare, ossia di non rinunciare alla relazione col peccatore pentito, e addirittura di trasformare il male in bene:

...Or colui che tali cose commette troverà punizione; / sarà raddoppiato a lui il castigo il dì della Resurrezione e vi resterà umiliato in eterno./ Eccetto chi si pente e crede, e compie opere buone; a questi Iddio tramuterà le loro opere male in buone, e Dio è indulgente clemente; / e chi si pente e opera il bene, a Dio si rivolge davvero (25,68-71).

Anche nelle relazioni umane, quando si produca una frattura, è raccomandato di fare qualcosa che possa preparare almeno la via a una ricomposizione:

E tu da' ai parenti quel che a essi spetta, e così ai viandanti ed ai poveri, ma senza prodigalità stravaganti / ché i prodighi son fratelli dei dèmoni, e il Demonio fu ingrato verso il Signore! / E se tu te ne allontani in attesa d'un atto di misericordia del tuo Signore, che tu speri, rivolgi loro almeno una parola gentile... (17,26-28).

Né si può dire che tale raccomandazione valga solo in caso di conflitti di minore entità:

O voi che credete! In materia d'omicidio v'è prescritta la legge del taglione: libero per libero, schiavo per schiavo, donna per donna; quanto a colui cui venga condonata la pena dal suo fratello si proceda verso di lui con dolcezza; ma paghi un tanto, gentilezza, all'offeso (2, 178-179).

Come si può notare, la "legge dell'occhio per occhio" non esclude la possibilità di forme conciliatorie e, pur nella crudezza dell'espressione, intende piuttosto porre una giusta proporzione tra il danno subito e la compensazione. Il fine ultimo era anzi proprio quello d'interrompere annosi conflitti, che potevano condurre in ambito tribale a faide sanguinose e interminabili, e il bene supremo da ristabilire sia tra individui sia tra gruppi antagonisti è quello della concordia:

E se due partiti, fra i credenti, combattesser fra loro, mettete pace fra essi: ma se l'uno avesse commesso eccessi contro l'altro, combattete quello che tali eccessi ha commesso, sin che torni all'obbedienza degli ordini di Dio. E tornato che esso sia a Dio mettete pace allora fra essi con giustizia, e siate equi, perché l'equità è amata da Dio. / Perché i credenti son tutti fratelli: mettete dunque pace fra i vostri fratelli, e temete Iddio, che per avventura Iddio abbia pietà di voi (49,9-10).

La violenza verso gli altri, salvo casi estremi, è nettamente condannata con chiaro riferimento a disposizioni già presenti nella Bibbia:

...Prescrivemmo ai figli d'Israele che chiunque ucciderà una persona senza che questa abbia ucciso un'altra o portato la corruzione sulla terra, è come se avesse ucciso l'umanità intera. E chiunque avrà vivificato una persona sarà come se avesse dato vita all'umanità intera (5,32).

L'asprezza delle pene bibliche e coraniche, come la fustigazione, l'amputazione degli arti o la condanna a morte, non può essere separata a nostro parere da questa visione più generale che definisce il contesto in cui i testi delle singole disposizioni va sempre inserito, mitigandone un'applicazione meccanica che come si può notare stride con altre ed altrettanto significative espressioni e denota un'interpretazione letterale e quindi fondamentalista delle Scritture.

Il compianto professor Nasr Hamid Abu Zayd (m. 2010), coraggioso pioniere egiziano di una nuova ermeneutica coranica, amava ricordare agli inflessibili fustigatori dei corrotti costumi moderni che se noi non sbagliassimo priveremmo Dio del piacere di mostrarsi clemente nei nostri confronti. Non era certo un'espressione provocatoria, dato che la ritroviamo molto simile nella Sunna, ossia nella raccolta dei detti e delle opere del Profeta il quale ebbe a dire:

> Se voi non commetteste peccati, Dio vi farebbe certo scomparire, poi ritornerebbe con altri che commettono peccati e chiedono perdono a Dio in modo da perdonarli[15].

Per quanto "innaturale" possa apparire il perdono all'interno di una morale che prevede la legge del taglione, come si vede la relazione tipica tra l'uomo e Dio sembra prevedere necessariamente la fallibilità dell'uno e la disponibilità dell'Altro a non interrompere la relazione nonostante tutto.

Ciò si riverbera anche sulle relazioni interumane, come si evince da quest'altro detto profetico:

> Chiunque picchia uno dei suoi giovani servitori infliggendogli una pena legale per un atto che non ha commesso o che lo schiaffeggi, l'espiazione del suo gesto consiste nell'affrancarlo

ove l'errore nel giudizio e nella punizione è superato non tanto dal perdono, ma dalla diversa relazione che il padrone è costretto a instaurare con lo schiavo maltrattato, lasciandolo libero[16].

L'azione sbagliata può dunque preludere a una crisi degli equilibri precedenti, portandoli persino a migliorare, così come quella benevola è in grado di ribaltare lo status di un peccatore, persino infedele, come il Profeta stesso disse raccontando questo aneddoto:

> Un cane mezzo morto di sete girava attorno a un pozzo fino a quan-

---

[15] H. Ramadan, *La Misericordia nell'Islam*, at-Tariq, Milano 2007, p. 23.
[16] *Ivi*, p. 103.

do fu notato da una prostituta ebrea, che si tolse una scarpa e se ne
servì per abbeverarlo. Questo gesto le valse il perdono[17].

Dunque la pena di morte per chi abbia commesso un omicidio,
pur presente nel Corano, ma soprattutto per adulteri e apostati (invece non chiaramente stabilite dal Testo Sacro) resta una questione
aperta sia per la coscienza dei musulmani sia per gli stati che pretendono di applicare la legge islamica.

6. Significative forme di devozione

Se i cinque pilastri del culto (professione di fede, preghiera,
digiuno, elemosina e pellegrinaggio) rappresentano i precetti fondamentali a cui teoricamente ogni musulmano è tenuto, molte altre sono le forme in cui si esprime anche in forma non canonica
la devozione islamica. Enumerarle e descriverle tutte è impossibile,
anche perché possono variare nel tempo e a seconda delle latitudini
fino a pratiche difficilmente conciliabili con lo stretto monoteismo.
La visita a tombe e santuari di uomini pii, ad esempio, che è diffusis-
sima ma anche talvolta inficiata dal culto delle reliquie fino a forme
di magia o di superstizione, è molto discussa da dotti e teologi benché spesso tollerata in quanto radicata soprattutto nelle zone rurali
e tra popolazioni che troverebbero troppo astratta la totale trascendenza divina predicata dai testi.

Più utile in questa sede ci pare offrire esempi di invocazioni libe-
re, che col tempo si sono fissate in formule giaculatorie ormai stabili,
in grado di farci "gustare" il tipo di intima relazione che si instaura e
si esprime tra il fedele e Dio[18]. Come si vedrà, ce ne sono un po' per
tutte le occasioni ed esprimono anzitutto il senso di dipendenza e di
affidamento verso Dio, con qualche concessione alla scaramanzia...
Al mattino o alla sera:

O Dio, si è fatto giorno [è calata la notte] su di me, ed eccomi benefi-
ciare della Tua grazia, della salute e della Tua protezione. Perfeziona

---

[17] *Ivi*, p. 110.
[18] H. al-Banna, *al-Ma'thurat*, at-Tariq, Milano 2011, *passim*.

su di me la Tua grazia, la salute che Tu mi doni e copri le mie manche-
volezze in questo mondo come nella vita ultima.

O Dio, in questo giorno che si leva [in questa notte che cala], qualunque beneficio io riceva o riceva qualsiasi altra Tua creatura proviene
da Te solo, a cui nulla è associato, a Te la Lode e a Te il ringraziamento.

Espressioni di lode e richiesta di soccorso:

O mio Signore, a Te ogni Lode come si conviene alla maestà del Tuo
volto e all'immensità della Tua autorità.

Invoco il nome di Dio, grazie al quale nulla può nuocere sulla terra o
nel cielo, Egli ode e conosce ogni cosa.

O Dio, mi rifugio in Te contro la preoccupazione e la tristezza, mi
rifugio in Te contro l'incapacità e la pigrizia, mi rifugio in Te contro la
viltà e l'avarizia, mi rifugio in Te contro l'eccesso di debiti e la domi-
nazione degli uomini.

O Dio, Tu sei il mio Signore, non c'è divinità all'infuori di Te, sei Tu
che mi hai creato e io sono il Tuo servitore, mi conformo al Tuo patto
e alla Tua promessa per quanto mi è possibile, mi rifugio in Te contro
il male che ho commesso, ritorno a Te riconoscendo il Tuo favore su
di me e ritorno a Te riconoscendo il mio peccato. Perdonami dunque, in verità nessuno perdona i peccati all'infuori di Te.

O Dio, rendi luminoso il mio cuore, rendi luminosa la mia vista, rendi luminoso il mio udito, rendi luminosa la mia destra, rendi luminosa la mia sinistra, illumina sopra di me, illumina sotto di me, rendi
luminoso davanti a me e rendi luminoso dietro di me, o Dio, conce-
dimi la Tua luce.

O Dio, sottometto a Te il mio volto e a Te affido tutte le cose che mi
riguardano, mi appoggio a Te, per amore e per timore, non esiste rifugio né salvezza da Te se non in Te, credo nel Libro che Tu hai rivelato
e nel Profeta che Tu hai inviato.

O Dio, le stelle son tramontate e gli occhi si sono placati, solo Tu sei
il Vivente, Colui che sussiste da Se stesso, né torpore né sonno Ti col-
gono, o Vivente, Tu che sussisti da Te stesso, rendi calma la mia notte
e porta il sonno ai miei occhi! Nel Tuo nome, mio Signore, io mi co-

rico e mi alzo, se Tu trattieni la mia anima perdonala, se me la rimandi preservala così come Tu preservi i Tuoi integri servitori.

O Dio, aiutami a ricordarTi, a ringraziarTi e ad adorarTi nel modo migliore.

O Allah Ti chiedo [di fare] la scelta migliore in virtù del Tuo Sapere, Ti chiedo la capacità in virtù della Tua Potenza e Ti chiedo il Tuo magnifico Favore, in verità Tu puoi e io non posso, Tu sai e io non so e Tu sei Colui che conosce l'Ignoto... se Tu sai che questa cosa è un bene per me, per la mia fede, la mia vita e per le conseguenze che avrà sul mio avvenire, falla succedere, rendila facile e metti in essa la Tua benedizione per me, se al contrario Tu sai che essa è un male per me, per la mia fede, la mia vita e per le conseguenze che avrà sul mio avvenire, allontanala da me e allontanami da essa, decreta per me il bene ovunque esso sia e fa' che io ne sia appagato.

O Dio, fa' che questa pioggia cada attorno a noi, non su di noi. O Dio, fa' che essa cada sulle colline, sui boschi, nei letti dei fiumi e là dove crescono gli alberi.

O Dio, preservaci dalla Tua collera, non distruggerci con il Tuo castigo e risparmiaci prima che questo accada.

Io mi rimetto al Vivente, Colui che non muore.

O Dio, è la Tua misericordia che richiedo, non abbandonarmi a me stesso, fosse anche solo per un istante, risolvi tutto ciò che mi riguarda, non c'è divinità all'infuori di Te.

Al risveglio:

Lode a Dio che mi ha ridato il mio spirito, che ha preservato la salute del mio corpo e che mi ha permesso di ricordarLo.
Lode a Dio che ha creato il sonno e lo stato di veglia, lode a Dio che mi ha risvegliato sano e integro, testimonio che Dio dona vita ai morti e che Egli ha potere su ogni cosa.

Espressioni di gratitudine:

Lode a Dio che mi ha fatto indossare questo abito e che me ne ha provvisto, senza alcun potere né forza da parte mia.

Lode a Dio che mi ha fatto gustare il sapore [degli alimenti], che ha preservato in me la loro forza e mi ha liberato da ciò che vi era di dannoso.

Lode a io che ci ha nutriti, dissetati e reso musulmani.

In caso di lutto:

O Dio, non c'è nulla di facile tranne quello che Tu rendi facile, sei Tu che, se lo vuoi, rendi il difficile facile. A Dio appartiene quello che ha preso ed è Suo ciò che ha dato, tutto presso di Lui ha un termine stabilito, sii paziente e credi nel compenso divino.

O Dio, perdonalo abbi misericordia di lui, risparmialo e sii indulgente con lui, accoglilo con generosità e spalancagli la Porta [del Paradiso], lavalo con acqua, neve e grandine, purificalo da tutti i peccati così come Tu restituisci il candore a un abito bianco, offrigli una dimora, una famiglia e una sposa migliori di quelle che aveva, fallo entrare in Paradiso, preservalo dal castigo della tomba o dal castigo del Fuoco.

Che la Pace sia su di voi, o gente di queste dimore, credenti e musulmani, che Dio conceda la Sua misericordia ai vostri predecessori e a quelli che verranno dopo di voi, e se Dio vuole, noi vi raggiungeremo, chiedo a Dio per noi e per voi che Egli ci risparmi (il suo castigo), voi siete i nostri predecessori e noi vi seguiremo, o Dio, non privarci della loro ricompensa e non sviarci dopo la loro morte.

7. La famiglia

Vista la grande diffusione dell'islam e la sua storia plurisecolare un discorso sugli usi legati alla nascita di un figlio comporterebbe la distinzione di zone e periodi ben delimitati e richiederebbe una trattazione ampia e articolata. A mo' di esempio ci limitiamo a ricordare usi legati alla tradizione arabo-islamica antica, quali il sacrificio di un animale, generalmente sette giorni dopo la nascita e in concomitanza con l'imposizione del nome al bambino al quale, al momento della venuta al mondo, si sussurra all'orecchio la professione di fede islamica.

Va inoltre ricordato che, come forse non tutti sanno, anche i musulmani praticano la circoncisione, non strettamente obbligatoria ma comunque molto diffusa, anche se a proposito di quella femminile sussistono pareri discordanti.

Senza voler entrare nella polemica suscitata dalle accuse spesso mosse al Profeta di essere un uomo passionale se non addirittura lussurioso va ricordato che l'islam ha, per quanto concerne l'etica sessuale, una sua propria e caratteristica posizione e che, in questo come in altri settori dell'ortoprassi, non propugna una morale eroica che oltrepassi i limiti della natura umana. Il celibato viene dunque disapprovato e il matrimonio, salvo rare eccezioni, è lo stato obbligatorio dei credenti, uomini e donne, raccomandato dal Corano stesso e confermato da numerosi detti del Profeta che lo stimano raccomandabile («Il matrimonio fa parte della mia consuetudine; colui che ama la mia religione quale io la pratico segua dunque tale mia costumanza») quando non indispensabile («La devozione del devoto non è completa finché non è sposato»). Se non è del tutto assente l'idea che il matrimonio abbia anche la funzione di scoraggiare pratiche sessuali illecite («Chi si sposa mette al sicuro metà della sua religione», disse il Profeta), i piaceri della carne non sono demonizzati in se stessi, ma vengono anzi a volte esaltati, né si teme di paragonare al piacere sessuale la beatitudine del paradiso.

Gli usi legati alla celebrazione del matrimonio sono molto vari e, com'è ovvio, legati alle tradizioni locali. Si tratta comunque di un evento di grande rilevanza, ma non di particolare significato religioso. La legge islamica lo concepisce come un contratto e molte norme sono desunte direttamente dal Corano che torna a più riprese sull'argomento, specialmente nelle sure 2, 4 e 33.

In particolare sono elencate una serie di persone tra le quali non è lecito concludere matrimonio, soprattutto per ragioni di parentela di sangue o di latte, ma anche per disparità di fede religiosa (all'uomo è consentito il matrimonio con una monoteista, alla donna soltanto con un musulmano e comunque i figli seguiranno la religione del padre) o di stato sociale. Inoltre è necessario il consenso dei nubendi (anche se talvolta quello della donna può essere espresso dal suo tutore) e il versamento di un dono nuziale da parte del marito alla sposa. La presenza di testimoni garantisce la pubblicità oltre che la validità dell'atto. All'uomo sono consentite fino a quattro mogli, ma la condizione della perfetta equità fra di esse, esplicitamente richiesta dal Corano, ha indotto alcuni riformatori a considerare tale poligamia limitata una sorta di fase di passaggio verso la monogamia, la quale ha comunque finito col prevalere anche per motivi economici. La disparità di trattamento tra uomo e donna è più evidente nel caso di scioglimento del matrimonio, sempre possibile per volontà del marito e solo in casi ben definiti se richiesto dalla moglie. Il ripudio della donna da parte del coniuge prevederebbe un periodo di ripensamento per salvare l'unione, ma sono prevalse pratiche che hanno reso possibile al marito attuarlo in maniera rapida e definitiva. Una donna ripudiata per tre volte può essere ripresa dallo stesso marito, ma soltanto se sia stata nel frattempo sposata con un altro uomo, l'unione con il quale si sia a sua volta conclusa.

Il settore del diritto di famiglia rappresenta da sempre una roccaforte delle disposizioni della legge religiosa musulmana, ad essa intimamente collegato nel quadro generale della concezione islamica che non concepisce un diritto del territorio ma dell'appartenenza religiosa: a ciascuno è cioè applicata la legge alla quale fa riferimento in base alla sua fede. È stato questo un ambito protetto da interferenze esterne anche nel periodo di massimo influsso da parte di modelli occidentali, non essendo ammesso il matrimonio che con capofamiglia musulmano né il passaggio dei membri della famiglia stessa dall'islam ad altra religione, ed essendo mancato in passato un interesse diretto da parte delle potenze coloniali a stimolarne la trasformazione, anche per non urtare la sensibilità dei credenti alterando una materia esplicitamente regolata da disposizioni dello stesso Corano. Non è mancato tuttavia un processo di modernizzazione anche in questo ambito, ne siano prova ad esempio le profonde novità in materia di poligamia e di divorzio adottate in Tunisia, la quale peraltro rimane, insieme alla Turchia, un caso limite.

Strettamente collegata al matrimonio è la procreazione, alla quale il Profeta avrebbe esortato i suoi seguaci: «Sarò fiero del vostro numero nel Giorno del Giudizio» e ancora: «Sposate donne amanti e feconde, perché desidero che diveniate numerosi più di qualsiasi altro popolo». Sui metodi di limitazione delle nascite il Corano tace, mentre la Sunna ammette la pratica del *coitus interruptus*, non solo al fine di evitare di avere più figli di quanti se ne pos-

sano mantenere, ma anche per conservare più a lungo la bellezza e
la freschezza della sposa. La visione classica di questo problema si
trova oggi a confrontarsi con una realtà di impressionante crescita
demografica che si presenta maggiore nei paesi islamici rispetto a
qualsiasi altra parte del mondo.

8. La fine dell'esistenza terrena

Uno speciale ruolo è riservato nel momento del trapasso agli
angeli e ad uno in particolare: «Vi farà morire l'Angelo della Morte, a voi preposto, poi al vostro Signore sarete ricondotti» (32,11).
Il Corano dunque non lo identifica, ma la tradizione ne riporta il
nome (`Izrâ'îl) attardandosi nel descriverne le enormi dimensioni
e il terribile aspetto.

Al fatto della morte `Izrâ'îl o i suoi assistenti (sura 6,61) prele-
vano l'anima dal corpo (estraendola con l'ultimo respiro dalla gola,
sura 56,83), gentilmente nel caso dei credenti, altrimenti in modo
violento e brutale (sura 8,50 e 47,27).

A ciò farebbe seguito un interrogatorio del defunto nella tomba
ad opera di due angeli di cui la tradizione riferisce i nomi, Munkar e
Nakîr (il riferimento coranico è soltanto allusivo: «Quando i Due
deputati a ricevere, riceveranno la sua deposizione, l'uno seduto a
destra, l'altro a sinistra seduto, egli non proferirà parola che non sia
notata da un osservatore, attento», 50,17-18).

Se l'affermazione che questo interrogatorio sarà seguito da un supplizio immediato per quanti non avranno risposto adeguatamente
circa la loro fede è generalizzata, solo le fonti più tarde parlano anche
di un godimento riservato ai credenti. La formulazione più antica è
piuttosto propensa a considerare un privilegio per i profeti e i martiri la dispensa da questo interrogatorio. Se anche i credenti debbano
patire nel sepolcro è dubbio, ma in ogni caso si tratterebbe di un tormento limitato come espiazione delle violazioni della legge. Quando
si disperi per la vita di un ammalato lo si aiuta a recitare la professione
di fede islamica o, se non ne è in grado, la si pronuncia in modo che
almeno l'ascolti, seguendo in ciò alcune raccomandazioni del Profeta:
«Colui le cui ultime parole sono: "Non vi è dio oltre a Dio" entrerà in
Paradiso».

Dopo il decesso si procede a lavare il cadavere un numero dispari di volte. Si tratta di una pratica altamente meritoria per chi la fa. È anche d'uso chiudere gli orifizi del corpo con cotone profumato. Il corpo è poi avvolto nel sudario (generalmente bianco), che spesso il defunto ha portato con sé nel pellegrinaggio alla Mecca, bagnandolo nell'acqua del pozzo benedetto di Zamzam. Ancora piuttosto diffuse sono le lamentazioni sul morto da parte di donne della famiglia o di professioniste, benché la pratica sia stata esplicitamente proibita da parte del Profeta. È anche conveniente astenersi dal tessere gli elogi dello scomparso. Naturalmente tali interdizioni si riallacciano sia alla necessità di accettare il volere di Dio sia a ragioni di opportunità ed è probabilmente anche per questo motivo che viene scoraggiata la partecipazione delle donne ai funerali.

Sono invece permesse e raccomandate preghiere che risalgono sempre all'insegnamento del Profeta:

> Mio Dio, perdonagli, usagli misericordia, preservalo dal castigo e cancella i suoi peccati, forniscilo generosamente nella sua nuova dimora, rendigli spazioso il luogo in cui entra, lavalo coll'acqua, la neve e i chicchi di grandine, e mondalo dai peccati come mondasti l'abito bianco dalla sporcizia; dagli una dimora migliore di quella che lascia, e fallo entrare in Paradiso; mettilo al riparo dal tormento della tomba e da quello del Fuoco.

Seguono poi i funerali e l'inumazione, possibilmente nella stessa giornata o al massimo entro 24 ore. La premura si giustifica forse anche per motivi igienici, dato il clima, ma non è da escludere che si volessero scoraggiare pratiche antiche incompatibili con l'islam. Seguire il funerale è atto meritorio. Il corteo funebre può sostare in moschea, ma non è indispensabile. La sepoltura in moschea è stata talvolta praticata per personaggi ragguardevoli, ma viene sconsigliata dai giuristi che preferiscono per tutti il cimitero. Perché la terra non comprima il corpo si provvede, quando è possibile, a riporlo in una nicchia laterale all'interno della fossa e sono disapprovati in linea di principio tumuli e monumenti funerari ai quali dovrebbe essere preferita una semplice lapide con l'indicazione del nome, della data e alcuni versetti coranici. Il cor-

po è generalmente adagiato col viso rivolto alla Mecca e leggermente girato sul fianco destro.

Le cose sin qui menzionate non darebbero un'idea completa ed
equilibrata della concezione della morte nell'islam. È infatti necessario considerare anche l'approccio spirituale che ha trovato nei
mistici la sua massima espressione. Per essi, infatti, la morte non
ha un significato prevalentemente negativo, ma anzi il loro sforzo
si può considerare come una ricerca continua della morte quale
condizione necessaria a una esistenza più piena e autentica e come
premessa per l'ottenimento del loro scopo: la vera conoscenza e
l'unione con Dio.

Alcuni simboli della vita e dell'esperienza mistica implicano l'i-
dea della morte: tra essi il viaggio rappresenta la provvisorietà della
condizione umana, il ponte significa la funzione di passaggio che
ha la vita terrena e il sogno l'inconsistenza dell'esperienza concreta
che attende la sua autentica interpretazione dopo il risveglio, ossia
dopo la morte. In questo senso è stato detto: «La morte del corpo è
la nascita dell'anima».

Sussiste quindi la necessità di distaccarsi dalla realtà del mondo:
si comprende allora il detto del Profeta: «Morite, prima ancora di
morire!». È la logica al rovescio propria di tutte le tradizioni spirituali: l'apparente rinuncia alla vita nelle sue manifestazioni esteriori e materiali come raggiungimento della vita autentica. In questo
quadro la morte non significa più venir meno ma passare finalmente alla meta agognata, come disse il Profeta: «Rendi la vita terrena
l'oggetto de tuo digiuno e la morte la rottura del digiuno».

La morte è dunque temuta e desiderata allo stesso tempo: il timore nasce dalla consapevolezza della propria pochezza, il desiderio dall'aspirazione al raggiungimento dell'unione con Dio.

La prospettiva spirituale permette anche una diversa interpretazione delle pene infernali e delle gioie del paradiso, che il Corano
descrive con toni molto realistici e pertanto hanno dato vita, nel corso del tempo, a violente polemiche da parte di quanti hanno voluto
contestare il carattere troppo sensuale dei piaceri promessi agli eletti.

Oltre a quelli sin qui ricordati, che sono i più comuni e noti,
sussistono nell'islam altri comportamenti ritenuti generalmente

illeciti o, al contrario, raccomandabili. Tra i primi vi sono il gioco d'azzardo e l'usura, i quali hanno particolare peso per le conseguenze in campo economico: il prestito a interesse e i contratti aleatori, come quelli assicurativi, sarebbero infatti proibiti, ma soltanto in alcuni casi si ricorre a istituzioni particolari che seguono normative in grado di assicurare servizi simili senza infrangere le regole della legge musulmana.

Per quanto attiene all'ambito dei costumi è abbastanza in voga uniformarsi all'esempio del Profeta, ad esempio portando la barba o evitando abiti, suppellettili o semplici gesti che non rientrerebbero nella sua consuetudine riportata dalla Sunna.

9. Ordinare il bene e vietare il male

Per i musulmani esiste anche un dovere collettivo di controllo:

> Voi siete la migliore nazione mai suscitata fra gli uomini: promuovete la giustizia e impedite l'ingiustizia, e credete in Dio. Ché se la gente del Libro anche credesse, meglio sarebbe per loro. Fra di loro vi sono anche credenti, ma i più sono degli empi (sura 3,110).

La predominanza del gruppo sul singolo ha determinato una sorta di diritto-dovere di censura (*hisba*) che è stato di sovente richiamato – specie in periodi di crisi e di decadenza dei costumi – anche da teologi del calibro del celebre al-Ghazâlî (m. 1111):

> Comandare il bene e interdire il male è l'asse attorno cui ruota la religione. È la cosa per cui Dio ha inviato i suoi profeti. Se è messa da parte e se ne trascurano la conoscenza e la pratica, la profezia rimane inoperante, la religione sparisce, il rilassamento diviene generale, l'errore si propaga, l'ignoranza si diffonde, la corruzione guadagna terreno, la scissione si allarga, il paese va in rovina e gli uomini si perdono senza rendersi conto della perdizione, salvo nel giorno del raduno. Ciò che avevamo paventato potesse accadere è accaduto – siamo di Dio e a lui ritorneremo! – di quel principio fondamentale sono sparite scienza e pratica, si sono del tutto smarriti il vero significato dei segni

esteriori, l'attenzione verso le creature domina i cuori, il timore per
il creatore è stato da essi cancellato, la gente si è abbandonata come
bestie alla concupiscenza e alle passioni. È divenuto raro trovare sulla
terra un credente sincero, irreprensibile di fronte a Dio. Perciò colui
che si sforza di rimediare a quel rilassamento e di colmare quella
breccia o assumendosi la pratica dell'obbligo di comandare il bene e
l'Interdire il male o curando perché abbia applicazione, col rinnovare
quella pia consuetudine caduta in disuso, coll'affannarsi a ristabilirla,
col darsi da fare a rimetterla in vigore, si distinguerà dagli uomini per
aver ridato vita a una sunna che il tempo era riuscito a cancellare; egli
avrà il privilegio di accedere ad un grado tanto ravvicinato a Dio che
tutti gli altri gradi ne saranno al di sotto[19].

Nel caso di chi commette l'azione riprovevole sapendo che essa è tale
per sé o che vi persevera dopo aver appreso che lo è, come colui che
è dedito al vino o a commettere iniquità o a denigrare i musulmani
o ad altri peccati del genere, bisognerà esortarlo, ispirargli il timor di
Dio, citargli tradizioni che proferiscono minacce per quella colpa,
raccontargli come si comportavano gli antichi musulmani e come si
comportano le persone che temono Dio. Tutto questo con bontà e
delicatezza, senza violenze né collera. Si guarderà all'interessato come
qualcuno di cui si ha pietà e si considererà il peccato di quell'uomo
come una sventura per la propria anima, poiché tutti i musulmani
sono come una sola anima. Nel censurare altri c'è un grosso pericolo
da evitare, poiché esso è causa di perdizione. Informando l'interessato, il dotto constata la propria nobiltà d'animo grazie alla propria
scienza e la bassezza dell'altro per la sua ignoranza. E allora può darsi che con la sua informazione egli miri ad umiliare, mostrare come
ci si distingue grazie alla nobiltà della scienza e come sia spregevo-
le l'interlocutore per la crassa ignoranza. Se tale è il movente, la sua
censura è un atto biasimevole più brutto in sé di quelli cui pretende
opporsi. Un censore simile è paragonabile a chi vuole salvare un altro dal fuoco bruciando se stesso, il che è il colmo dell'ignoranza. È
un terreno pericolosamente scivoloso, una calamità spaventosa, un

---

[19] Al-Ghazali, *Scritti Scelti*, a cura di L. Veccia Vaglieri - R. Rubinacci, UTET, Torino
1970, pp. 233-234.

inganno di Satana da cui tutti gli uomini si lasciano afferrare, salvo quelli cui Dio ha fatto conoscere i loro difetti e che ha reso chiaroveggenti con la luce della sua retta guida. Giudicare gli altri procura gran piacere all'animo per due motivi: per il senso di superiorità dato dalla scienza e per il senso di verità dato dal giudicare altri e dall'esercizio dell'autorità. Tutto questo nasce dal desiderio di farsi notare e di ottenere prestigio ed è una brama segreta che invita a segreta miscredenza. Il censore deve mettere alla prova il proprio animo con una pietra di paragone, un criterio di cui egli dispone: deve cioè stabilire se preferisce vedere il colpevole allontanarsi spontaneamente dalla cosa biasimevole o evitarla grazie alla censura di altri piuttosto che grazie alla sua. Se la censura è penosa e gravosa e desidera esserne dispensato, altri provvedendo ad essa, allora dovrà esercitarla, perché il movente suo è la religione; ma se preferisce che quel colpevole sia edificato mediante la propria predica e raddrizzato mediante i propri rimproveri, invece che con quelli altrui, egli non fa che obbedire alla passione del suo animo, non fa che sforzarsi di mettere in luce il proprio prestigio per mezzo della censura. E tema egli Dio per sé e cominci col censurare se stesso![20].

10. Conclusioni

Anche se la nostra sensibilità potrà condividere solo fino a un certo punto il paternalismo benevolo di queste ultime espressioni, e pur se il necessario equilibrio tra valori del gruppo e autodeterminazione dell'individuo resta una condizione ancora da raggiungere in molte comunità tradizionaliste, a ben guardare non è cosa del tutto nuova, ma che torna a riproporsi nel corso delle epoche, benché in situazioni differenti. Basti ricordare – almeno per quanto riguarda l'uguaglianza tra le classi sociali – l'efficace ed emblematica pagina che il Manzoni scrisse sul finire del suo capolavoro, che in questa come in altre occasioni sarebbe tanto utile riprendere in mano:

Il marchese fece loro una gran festa, li condusse in un bel tinello, mise a tavola gli sposi, con Agnese e con la mercantessa; e prima di ritirarsi

---

[20] *Ibidem.*

a pranzare altrove con don Abbondio, volle star lì un poco a far compagnia agl'invitati, e aiutò anzi a servirli. A nessuno verrà, spero, in testa di dire che sarebbe stata cosa più semplice fare addirittura una tavola sola. Ve l'ho dato per un brav'uomo, ma non per un originale, come si direbbe ora; v'ho detto ch'era umile, non già che fosse un portento d'umiltà. N'aveva quanta ne bisognava per mettersi al di sotto di quella buona gente, ma non per istar loro in pari[21].

Articoli di fede, pratiche, istituzioni... anche tutto questo fa parte di una tradizione religiosa, ma nessuno di tali elementi la può racchiudere, definire, confinare nel limite augusto ed angusto di un fenomeno storico. Non abbiamo scelto la fede che ci è stata trasmessa dalle nostre famiglie, dall'ambiente, dalle circostanze... se non la faremo nostra, per scelta e convinzione altro non sarà che un abitudine, qualcosa di scontato e apparente. Il fragile e prezioso deposito che ci è stato trasmesso, spesso in forme inadeguate e incomplete, diventa mirabilmente in noi una nuova identità, irripetibile e inevitabilmente personale. Studi, ricerche e riflessioni potranno renderla più consapevole, fondata, convinta, ma senza scampo e per fortuna solo "nostra" e di coloro con i quali la sapremo mettere in gioco e condividere. Sempre fedele a se stessa, ma mai identica per ciascuno.

Chiamata a sfidare i secoli, eppure limitata alla nostra esperienza, alla capacità di ciascuno di interpretarla, riviverla, riattualizzarla. Abbiamo detto molto, ma forse non l'essenziale: dono imponderabile di qualcosa di divino che entra nella storia e si banalizza nei meandri del reale, per noi e per tutti rimane un mistero... non nel senso di qualcosa che non si capisce, ma di ciò che non si finirà mai di capire. Quanto più saprà intercettare e far esprimere ciò che di meglio c'è in noi, tanto più sapremo di non averla vissuta invano.

Queste pagine non hanno avuto altro intento che quello di porci in posizione di ascolto e di rispetto verso una tradizione religiosa a cui non apparteniamo, alla quale tanti elementi ci ricollegano, ma dalla quale altrettanti ci distinguono. È stato un semplice tentati-

---

[21] A. Manzoni, *Promessi Sposi*, a cura di G. Bezzola, BUR, Milano 1977, pp. 456-457.

vo di avvicinare linguaggi, esperienze, modi di vivere. Il molto che non abbiamo saputo esprimere resta tutto nelle mani di chi vorrà proseguire il cammino. Il poco che ci è stato possibile comunicare ci auguriamo che sia almeno una pista, un sentiero che permetta di accostare altri mondi, tanto esotici ed estranei quanto comuni e umanamente sperimentabili, nella speranza che comprendersi e fare un tratto di cammino insieme non resti una mera illusione, ma un percorso praticabile per il comune destino che ci attende, ci sollecita e ci chiama.

Selezione bibliografica

A. Bausani, *L'Islam*, Garzanti, Milano 1999.

M. Borrmans, *Islam e Cristianesimo: le vie del dialogo*, San Paolo, Cinisello Balsamo (MI) 1993.

P. Branca, *Introduzione all'islam*, San Paolo, Cinisello Balsamo (MI) 1995.

Id., *Voci dell'Islam moderno: il pensiero arabo-musulmano fra rinnovamento e tradizione*, Marietti, Genova 1991.

al-Buhârî, *Detti e fatti del Profeta dell'Islam*, a cura di V. Vacca-S. Noja-M. Vallaro, UTET, Torino 1982.

W. Ende-U. Steinbach, *L'islam oggi*, EDB, Bologna 1991.

L. Gardet, *Gli uomini dell'Islam*, Jaca Book, Milano 1981.

B. Ghalioun, *Islam e islamismo. La modernità tradita*, Editori Riuniti, Roma 1998.

M. Rodinson, *Maometto*, tr. it., Einaudi, Torino 1973.

G. Vercellin, *Istituzioni del mondo musulmano*, Einaudi, Torino 1996.

E. de Vitray-Meyerovitch, *I mistici dell'islam*, Guanda, Parma 1991.

Ebraismo, cristianesimo e islam. Uno sguardo riassuntivo

di Renzo Petraglio

A Hussein
e al "Centre Jeunes Kamenge" di Bujumbura (Burundi):
con Hussein abbiamo preparato le letture
per la celebrazione dell'eucaristia,
con i giovani del Centro abbiamo sempre incontri interreligiosi

1. Dio "santo", cioè totalmente diverso

Difficile è dire, in poche righe, l'essenziale della fede all'interno dell'ebraismo. Per parte mia, qui mi limito a due pagine del libro di Isaia, innanzitutto il cap. 6, là dove abbiamo – in prima persona – il racconto della chiamata di Isaia e del compito che gli viene affidato[1]. Ecco l'inizio di questo racconto:

[1]Nell'anno della morte del re 'Uzzjà vidi il Signore seduto su un seggio alto, ed elevato, e i lembi del Suo abito ricoprivano il Santuario. [2]Al di sopra di lui stavano in piedi i Serafini, ciascuno dei quali aveva sei ali; con due si copriva la faccia, con due si copriva le gambe e con due volava. [3]E l'uno rivolto all'altro proclamava: "Santo, santo, santo è il Signore Tsevaoth, tutta la terra è piena della Sua gloria". E le fondamenta delle soglie si scossero al suono della voce che proclamava, e la stanza si riempì di fumo. [5]E io dissi: "Ohimè! Io sono perduto,

---

[1] Scrivendo queste poche pagine su Isaia, non posso non ricordare la lettura che di esse faceva, a Friborgo, Dominique Barthélemy nel 1969. Per me, e per il mio lasciarmi prendere dalla Bibbia, il suo è stato un contributo importante. Molto.

perché essendo io impuro di labbra, i miei occhi hanno visto il Re Signore Tsevaoth"[2].

Il testo comincia con un riferimento storico: l'anno della morte di 'Uzzjà (o Ozia), re di Giuda. Questo riferimento è importante per collocare l'avvenimento nelle coordinate della storia[3]. Superflua, per i contemporanei di Isaia, la precisazione "re" riferita a 'Uzzjà. Tutti infatti sapevano che 'Uzzjà era stato re. Ma, nella pagina di Isaia, questa precisazione è importante. Permette allo scrittore di suggerire un contrasto: da una parte "il re 'Uzzjà" (v. 1), insignificante, addirittura scomparso, dall'altra "il re Signore" (in ebraico il tetragramma *JHWH*), come si legge nel v. 5.

Sempre nel v. 1 c'è poi la formulazione "vidi il Signore". Il profeta vede quindi un sovrano totalmente diverso[4] rispetto a 'Uzzjà, vede il Signore (in ebraico *Adonai*) seduto sul trono, un trono alto ed elevato.

Ma la formulazione "vedere il Signore" non deve trarre in inganno. In Es 33,20 ci viene detto che l'uomo, terreno e terrestre, non può vedere Dio e vivere. E anche il seguito della narrazione di Isaia va nella stessa direzione. Il profeta vede solo "i lembi del Suo abito", letteralmente "le sue frange", e un seggio. D'altronde, anche il tempio non è la "casa" di Dio. Dio non può essere contenuto in una struttura umana[5]. Essa non può contenere se non "le sue frange": la presenza di Dio sfugge a ogni misura, a ogni limite.

Il v. 2 introduce, e descrive, i serafini. La radice ebraica, a partire dalla quale è nata la parola "Serafini", è un verbo che significa bruciare, ardere. Quanto al sostantivo, la Bibbia ebraica lo utilizza raramente, solo sette volte[6]. In Nm 21,6-9, i serafini appaiono come serpenti del deserto, serpenti minacciosi, serpenti "bru-

---

[2] Questa traduzione, come tutte le altre della Bibbia ebraica riprese in questo capitolo, sono tolte da *Bibbia ebraica*, a cura di Rav Dario Di Segni, voll. I-IV, Giuntina, Firenze 1996.

[3] Siamo nell'anno 740 o, secondo un'altra cronologia, nel 734.

[4] Cfr. W. A. M. Beuken, *Jesaja 1-12*, Herder, Freiburg-Basel-Wien 2003, p. 168.

[5] Che il tempio non possa racchiudere Dio è detto a chiare lettere anche in 1 Re 8,27.30. Dal canto suo, il poeta del salmo 24 osa rivolgersi alle porte del tempio interpellandole così: «Sollevate i vostri stipiti, o porte, e sollevatevi voi stesse, o porte eterne, in modo che il Re glorioso possa entrare» (Sal 24,7; cfr. anche il v. 9).

[6] Si tratta di Nm 21,6.8; Dt 8,15; Is 6,2.4; 14,29; 30,6.

cianti" (in ebraico *ha-sᵉrafim*), dal morso mortale. Quanto a Mosè, riceve da Dio quest'ordine: «Fatti un saraf e ponilo su una pertica. Chi sarà stato morsicato lo guarderà e guarirà» (v. 8). Mosè obbedì e – così continua il racconto – «avveniva che, se il serpente aveva morsicato una persona, questa guardava il serpente di rame e risanava» (v. 9).

Anche Dt 8,15 evoca, seppur rapidamente, il deserto grande e il terrore legato a serpente bruciante (in ebraico *saraf*) e scorpione.

Oltre a questi passi del Pentateuco, la parola si legge solo in Isaia. In 14,29 il profeta prende la parola per mettere in guardia i Filistei: «Non gioire, o Filistea tutta, perché la verga di chi ti colpiva si è spezzata; poiché dalla radice del serpente uscirà un basilisco, e il suo frutto sarà un serpente volante». Qui "la verga" che si è spezzata con ogni probabilità fa riferimento a Tiglat Pileser III (745-727), mentre suo figlio Salmanassar è presentato come "basilisco". Ebbene, i filistei non si facciano illusioni: dopo la verga e il basilisco la situazione non migliorerà, occorre aspettarsi un serpente (*saraf*) volante.

Infine, in Is 30, il profeta denuncia la politica delle alleanze con l'Egitto[7] e descrive in modo sarcastico la missione diplomatica degli emissari lì mandati da Gerusalemme:

> Nel paese dell'oppressione e della distretta, di leoni e di leonesse, di basilischi e di serpenti volanti, portano sulla spalla dei muli le loro ricchezze, e sulla groppa dei cammelli i loro tesori, ad un popolo che non giova. E l'Egitto aiuta con cose vuote e vane (vv. 6-7).

Qui il pericolo del viaggio nel deserto viene presentato con elementi realistici, come leoni e leonesse, ma anche con elementi fantastici come il serpente (in ebraico *saraf*) volante[8].

Dopo queste considerazioni sulla parola *saraf* o serafino, è possibile concludere dicendo che, se in Numeri e Deuteronomio la parola può far riferimento a dei serpenti reali, brucianti nel senso di

---

[7] Probabilmente all'epoca in cui il re assiro Sennacherib minacciava le zone costiere della Palestina (tra gli anni 705-701).

[8] Cfr. W. A.M. Beuken, *Jesaja 28-39*, Herder, Freiburg-Basel-Wien 2010, p. 170.

minacciosi e mortali, in Isaia la situazione è molto diversa. Qui *saraf* appare come un'immagine[9], una metafora di quanto di più terribile possa essere immaginato[10].

Ebbene, tornando a Is 6, anche i serafini, cioè le nostre paure più terribili, non possono che nascondersi[11], impotenti, davanti a Dio e riconoscerlo come *qadosh*, santo, totalmente diverso, inimmaginabile. E di lui non si può dire altro. Non si può che ripetere la stessa parola, *qadosh*, tre volte. Sì, perché il linguaggio umano, quando vuole parlare di Dio, di JHWH dal nome impronunciabile, non può che riconoscere i propri limiti[12].

Sempre nel v. 3, la proclamazione[13] fatta dai serafini accosta al tetragramma JHWH la parola "Tsevaoth", un'espressione che è passata nella Bibbia latina, là dove si legge Sabaoth[14], e poi nella liturgia[15].

Ma cosa significa Signore "Tsevaoth" o "degli eserciti"? Questa formulazione attraversa tutta la prima parte del libro di Isaia[16], basti

---

[9] Per le rappresentazioni dei serafini all'epoca del bronzo e nell'iconografia dell'antica Palestina, cfr. A.M. Beuken, *Jesaja 1-12*, p. 170.

[10] Al *saraf* come simbolo delle paure più profonde dell'uomo si potrebbe quasi accostare quella, utilizzata soprattutto parlando ai bambini, dell'orco mangiafuoco, spesso illustrata in opere d'arte come il *Kindlifresserbrunnen* (letteralmente "fontana del divoratore di bimbi"), di Berna.

[11] Ciascuno dei serafini si copre la faccia e le gambe. Così dice la traduzione riportata sopra. In realtà l'ebraico dice "la sua faccia" e rispettivamente "i suoi piedi". Così anche A. Chouraqui (*La Bible*, Desclée de Brouwer, Paris 1989, pp. 732-733) che traduce: «Six ailes, six ailes, l'un. De deux, il couvre ses faces; des deux, il couvre ses pieds; des deux, il vole». E come altrove nella Bibbia (cfr. Is 7,20; Gdc 3,24; Rut 3,4.7 ...), "piedi" è un eufemismo per parlare degli organi sessuali. Il volto, che è sempre visibile, e la sessualità, quindi l'intimità di questi serafini, è un nulla che scompare, che viene velato, davanti alla semplice frangia del "manto" e del trono di Dio.

[12] *Jesaja 1-12*, p. 171.

[13] Vale la pena segnalare che, dietro il verbo "proclamare", in ebraico c'è *qara'*, e sarà la stessa radice che si ritrova nell'arabo *Quran*, il Corano, cioè proclamazione, appello. Da qui il titolo del Corano tradotto da A. Chouraqui: *Le Coran. L'Appel*, Laffont, Paris 1990.

[14] È quanto ha fatto Gerolamo nella Vulgata di Geremia. Infatti, se in Is 6,3 egli usa *Dominus exercituum*, in Ger 11,20 traduce la stessa formulazione ebraica proprio con le parole *Domine Sabaoth*.

[15] Le persone di una certa età ricorderanno certamente l'acclamazione *Sanctus, sanctus, sanctus Dominus Deus Sabaoth*.

[16] Si tratta di Is 1-39, il cosiddetto proto-Isaia. Si veda, in proposito, P. Stefani, *Il libro di Isaia*, in E. Borghi – R. Petraglio (a cura di), *La Scrittura che libera. Introduzione alla lettura dell'Antico Testamento*, Borla, Roma 2008, pp. 230ss.

pensare che vi ricorre ben 57 volte. Essa fa riferimento a Dio come onnipotente, come colui che supera tutte le potenze del mondo e che – in modo davvero sorprendente – vince anche la tenace resistenza di Israele nei suoi confronti.

È quanto appare, ad esempio, in Is 10,33-11,9:

> 10³³Ecco il Signore Dio Tsevaoth recide il ramo con potenza, e i più elevati sono tagliati, i più superbi abbassati. ³⁴E sarà abbattuto l'intreccio degli alberi col ferro, e il Libano cadrà per mano di un potente. 11¹Uscirà un ramo dal tronco di Isciài, e un rampollo spunterà dalle sue radici; ²e si poserà su di lui lo spirito del Signore, spirito di sapienza e di discernimento, spirito di consiglio e di potenza, spirito di conoscenza e di timor di Dio. ³Gli concederà la grazia del timor di Dio; non giudicherà secondo quello che vedono i suoi occhi, né deciderà secondo quanto odono i suoi orecchi; ⁴egli giudicherà con giustizia i miseri, e deciderà con dirittura a favore degli umili della terra, colpirà la terra con la verga della sua bocca, e con il soffio delle sue labbra farà morire l'empio. ⁵Sarà la giustizia cintura dei suoi lombi, e la rettitudine cintura dei suoi fianchi. ⁶Allora dimorerà il lupo con l'agnello; si coricherà il leopardo con il capretto, e il vitello e il leone staranno assieme, e un piccolo ragazzo li guiderà. ⁷La mucca e l'orso pascoleranno, assieme giaceranno i loro piccoli; e il leone come il bue mangerà paglia, ⁸e giocherà il poppante sul covo dell'aspide, e sulla tana del basilisco il lattante svezzato. ⁹Non faranno male né guasteranno su tutto il Mio monte santo poiché sarà piena la terra di conoscenza del Signore, come le acque coprono il fondo del mare.

La pagina[17] è davvero sconvolgente. Già la parola iniziale "ecco" suggerisce che il contenuto della narrazione è tutt'altro che ovvio. È sconvolgente perché ad intervenire è «il Signore Dio Tsevaoth»[18].

---

[17] Spesso, nelle traduzioni della Bibbia, un titolo separa l'inizio del capitolo 11 dalla fine del capitolo 10. Ma questo stacco non permette più di cogliere il messaggio globale della sezione 10,33-11,9.

[18] Così nella Bibbia ebraica a cura di Rav Dario Di Segni. Ma l'ebraico è un po' diverso: c'è la parola *Adôn* che significa "Signore", poi il tetragramma JHWH e infine *Tsevaoth*.

E il suo intervento, invece di essere a favore degli ebrei, si confonde con quello dei nemici di Israele[19] che vengono dal nord e distruggono tutto, come una foresta rasa al suolo: i rami alti come i cedri del Libano, la boscaglia e anche il sottobosco.

Ma poi, da questa devastazione, e più precisamente dal ceppo di uno di questi alberi mozzati, dal tronco di Isciài (= Iesse), ecco un germoglio. E non un germoglio qualsiasi: sarà una persona sulla quale scenderà, con estremo vigore[20], il soffio di Dio. Il risultato, quanto mai sorprendente, sarà la giustizia, l'attenzione agli ultimi e la pace, una pace che coinvolgerà perfino gli animali, il lupo e l'agnello insieme.

È il momento di concludere queste brevi osservazioni sulle due pagine di Isaia. So di aver detto ben poco su questi testi affascinanti. Non posso che invitare lettrici e lettori a prendere in mano il testo stesso servendosi, se possibile, anche di un commentario[21]. Penso però che le osservazioni fatte fin qui mi permettano di dire che fede, a partire da questi testi, vuol dire aprirsi e affidarsi a una "realtà" che non possiamo né nominare né immaginare. La chiamiamo, per comodità, con un latinismo, *Dio*, o con una parola terribilmente umana e abusata, *signore*, anche quando la scriviamo con l'iniziale maiuscola.

Anche l'aggettivo "santo" dovrebbe ricordarci che questa "realtà" è totalmente diversa. È senza confini, abbraccia tutto: la sua presenza, il suo "peso"[22] riempie tutta la terra. È una presenza che incontriamo – e che spesso non sappiamo riconoscere – ad ogni passo. Una presenza che, sorprendentemente, annulla le paure: anche gli esseri più terribili che possiamo immaginare cedono il passo e si eclissano davanti a questa "realtà". E la sua azione nella storia, azione quanto mai sfuggente, ci appare contraddittoria, a volte distruttiva e

---

[19] Con ogni probabilità il testo fa riferimento a Sargon II (722-705) che nel 720 conduce una campagna contro una coalizione di alcune città-stato in Palestina.

[20] Nel v. 2 la traduzione qui riportata utilizza un verbo (*posarsi*) che potrebbe suggerire delicatezza. Ma se pensiamo che questo stesso verbo in 2Sam 21,10 indica l'azione degli avvoltoi che si avventano sui cadaveri di due persone impiccate, la stessa parola usata in Is 11,2 acquista una dimensione ben più intensa: potremmo parlare di una irruzione dello spirito di Dio, di un prendere possesso da parte sua.

[21] In italiano è sempre arricchente la lettura di L. Alonso Schökel – J.-L. Sicre Diaz, *I profeti. Traduzione e commento*, Borla, Roma 1989.

[22] Il significato base della parola ebraica spesso tradotta con "gloria" è quello di "peso", "consistenza".

punitiva come le truppe di un nemico. Eppure, sullo sfondo, davanti a noi, da un punto di vista cristiano, si intravede un volto d'uomo, un figlio che, sconvolto da un soffio sfuggente come il vento, attuerà la giustizia, la solidarietà con gli ultimi, la pace.

2. In mezzo a noi

La sorpresa alla quale la Bibbia ebraica ci ha preparato, il Nuovo Testamento ce la mette sotto gli occhi, anzi, ce la fa incontrare tra la gente. È Giovanni il battezzatore che annuncia: «Viene dopo di me...» (Mc 1,7). E, poco più avanti, sempre nel cap. 1, Marco continua il suo racconto scrivendo:

> [9]E avvenne, in quei giorni: venne, Gesù, da Nazaret di Galilea e fu battezzato nel Giordano da Giovanni. [10]E subito, salendo dall'acqua, vide che i cieli venivano lacerati e lo Spirito come una colomba scendere verso di lui. [11]E una voce avvenne, dal cielo: "Tu sei il mio figlio, l'amato. In te ho riposto il mio amore".

Ci sono i cieli che si lacerano, come alla fine del vangelo di Marco (in 15,38) ci sarà il velo del tempio – quello che nel tempio teneva separato Dio nella sua santità – che si lacera[23]. I cieli si lacerano: la separazione tra l'uomo di Nazaret e Dio si lacera al battesimo mentre, al momento della sua morte, è la separazione tra Dio e il mondo, anche il mondo pagano al quale appartiene il centurione romano, a venir meno.

Sempre nella scena del battesimo c'è poi lo Spirito, un po' come abbiamo letto in Is 11. E c'è una voce dal cielo, una voce che permette a Gesù di prendere coscienza della sua relazione profonda, intima, con Dio: Gesù è il figlio, il figlio amato, il figlio nel quale Dio, come un padre, prova piacere[24]/ripone il suo amore.

La narrazione di Marco è un documento redatto attorno all'anno

---

[23] È Marco stesso a operare questo collegamento utilizzando solo in 1,10 e 15,38 lo stesso verbo *lacerare*, e sempre al passivo.

[24] Per il "valore affettivo" che la formulazione greca esprime, si veda C. Spicq, *Note di lessicografia neotestamentaria*, tr. it., I, Paideia, Brescia 1988, p. 673.

70. Ma già prima di Marco la relazione tra Gesù e Dio era stata oggetto di riflessioni approfondite. E qui vorrei fermarmi un momento
su una pagina della lettera ai Filippesi. Si tratta di uno scritto redatto,
con ogni probabilità, negli anni 56-57[25]. Esso contiene il cosiddetto
"inno dei filippesi", un inno che doveva circolare in alcune comunità
cristiane e che Paolo cita nella sua lettera, al cap. 2. Eccolo:

[6]Lui che essendo in forma di Dio,
non ritenne una preda
l'essere uguale a Dio,
[7]ma svuotò se stesso,
avendo preso forma di schiavo,
diventando simile agli uomini
ed essendo trovato per aspetto come un uomo (qualsiasi);
[8]abbassò se stesso
diventando obbediente fino alla morte,
e alla morte in croce.
[9]Perciò Dio lo ha super-esaltato
e gli ha dato in dono il nome che (è) al di sopra di ogni nome,
[10]affinché, nel nome di Gesù,
ogni ginocchio si pieghi
– degli esseri del cielo, della terra e dei luoghi sotterranei,
[11]e ogni lingua riconosca
che Signore è Gesù Cristo,
a gloria di Dio Padre[26].

Su questa pagina, che è di immenso spessore, mi limito a pochis-
sime osservazioni, consigliando, ovviamente, di tornare su di essa

---

[25] I biblisti pensano che la cosiddetta Lettera ai Filippesi sia, in realtà, un insieme
di tre lettere. Innanzitutto una lettera di ringraziamento (Fil 4,10-20) redatta in carcere
a Efeso nell'anno 56, poi la lettera per eccellenza, essa pure redatta durante la stessa
prigionia (Fil 1,1-3,1a + 4,2-7.21-23), infine la lettera polemica (3,1b-4,1) redatta dopo
la prigionia, dopo che Paolo, visitata nuovamente la comunità di Filippi, si trovava a
Corinto, nel 57. Si veda al riguardo G. Barbaglio, *Le lettere di Paolo*, vol. II, Borla, Roma
1980, pp. 541-542.
[26] Questa traduzione riprende, con leggere modifiche, quella proposta da M. Orsatti,
Il canto della gioia. La lettera di Paolo ai Filippesi, Edizioni Pro Sanctitate, Roma 2004, pp.
59-60.

servendosi anche di un commentario[27]. Anzitutto: il pronome con il quale si apre il v. 6 è stato preparato da Paolo che termina il verso precedente proprio con le parole "Cristo Gesù".

A proposito di Gesù l'inno sottolinea, in primo luogo, la sua relazione a Dio. Sullo sfondo c'è, probabilmente, Gen 1,26-27 con l'uomo, terreno e terrestre (*adam* in ebraico), «a immagine di Dio», e rispettivamente Sap 2,23 dove l'essere umano (*anthropos* in greco) è «immagine dell'eternità» di Dio. Dal canto suo l'inno, per parlare di Gesù, utilizza la parola *morfè*, ossia "forma", "modo d'essere", "condizione", precisando «nella condizione di Dio»[28].

Ebbene il Cristo Gesù non considerò questa sua condizione come una condizione della quale approfittare o da sfruttare, letteralmente come condizione da rapire[29]. E qui sullo sfondo si può vedere Gen 3,5 dove il serpente propone alla donna di mangiare il frutto perché, dice, «diverreste come Dio». Al contrario, il Cristo Gesù «svuotò se stesso» e, invece di diventare come Dio, prese «forma di schiavo, diventando simile agli uomini». E qui è interessante constatare come l'inno parli innanzitutto non della condizione di Gesù come uomo bensì della sua condizione di schiavo. E occorre ricordare che, all'interno della cultura ellenistica nella quale l'inno è stato creato, la condizione di schiavo è un vero annientamento della persona[30].

Sempre nel v. 7, importante è anche l'affermazione che Gesù è stato riconosciuto – nel suo aspetto – "come un uomo (qualsiasi)". In gioco non è quindi solo l'attitudine interna. L'inno sottolinea

---

[27] Oltre a quello di Orsatti citato nella nota precedente, si veda anche G. Barbaglio (*Le lettere di Paolo*, vol. II, pp. 567-576) e, rispettivamente, R. Fabris, *Lettera ai Filippesi. Struttura, commento e attualizzazione*, EDB, Bologna 1983; E. Borghi, *Scrivere al cuore dell'essere umano*, pp. 64-71. In francese J. F. Collange, *L'épître de saint Paul aux Philippiens*, Labor et Fides, Neuchâtel, 1973 e A. Maillot, *Aux Philippiens d'aujourd'hui*, Labor et Fides, Genève 1974. In tedesco si può leggere J. Gnilka, *Der Philipperbrief*, Herder, Freiburg-Basel-Wien 1980.

[28] Per questa formulazione all'interno della cultura ellenistica, si vedano i passi proposti da K. Berger e C. Colpe, *Testi religiosi per lo studio del Nuovo Testamento*, tr. it., Paideia, Brescia 1993, pp. 309-310.

[29] In greco c'è *arpagmós* che significa "rapina", "furto", poi "privilegio".

[30] Plutarco (*De amore prolis*, 5) riferisce «che i poveri temevano a tal punto che i loro figli non potessero ricevere una buona educazione, diventando così simili agli schiavi, che preferivano sopprimerli» (E.M. Štaerman-M.K. Trofimova, *La schiavitù nell'Italia imperiale. I-III secolo*, Editori Riuniti, Roma 1975, p. 184).

come anche gli altri abbiano riconosciuto Gesù nella sua umanità, e
ciò «fino alla morte, e alla morte in croce» (v. 8).

Dopo tre versi nei quali il soggetto era il Cristo Gesù, nei tre successivi ad agire è Dio. L'azione di Dio, in risposta a quella di Gesù[31],
è l'innalzamento – generosissimo[32] – di colui che aveva svuotato
se stesso. Di conseguenza Gesù è riconosciuto da tutti gli esseri, in
cielo, sulla terra e sotto terra, e riceve un nuovo nome, *kyrios* (cioè
"Signore"), la parola che i traduttori greci della Bibbia ebraica avevano usato per rendere in greco il tetragramma (JHWH) impronunciabile di Dio[33]. Dal canto suo, Dio, colui che ha compiuto questo
innalzamento di Gesù, riceve egli pure un nuovo titolo, quello con
il quale si chiude l'inno, e cioè "Padre"[34].

Un'ultima osservazione. L'inno afferma a chiare lettere la morte
di Gesù, la morte di croce, senza entrare nei particolari. Ma, ovviamente, sullo sfondo ci sono le narrazioni dei racconti della passione, racconti che poi saranno ripresi nelle versioni evangeliche canoniche, da Marco, poi da Matteo e Luca, infine da Giovanni.

La solitudine del Getsemani, la preghiera di Gesù alla quale il Padre, sebbene chiamato "abbà", cioè "papà" (Mc 14,36) non risponde,
il grido di un uomo crocifisso che grida «Dio mio, Dio mio perché
mi hai abbandonato» (Mc 15,34 e Mt 27,46) sono esperienze che
fanno di Gesù un fratello, un fratello che pur «essendo in forma di
Dio» ha voluto condividere la "forma di schiavo" e di ogni uomo.
È a questa solidarietà terribilmente umana e davvero sconvolgente
che si affida il cristiano nella sua fede. È in quest'uomo – e nel suo
Dio – che il cristiano ripone la sua fiducia. D'altronde, condividen-
do questa scelta di solidarietà con chi fatica, con chi soffre e muore,

---

[31] In greco il verso 8 comincia con *diò*, che significa "per questo".

[32] Si noti in greco il composto *hyper-ypsóo* (sopra-esaltare, sopra-innalzare), un
verbo pressoché sconosciuto al di fuori della Bibbia. Ed è interessante notare come nella
Settanta lo stesso verbo greco sia usato solo in riferimento a Dio; avviene, ad esempio nel
Sal 97(96),9: «Tu sei il Signore, l'altissimo su tutta la terra, molto sopra-innalzato sopra
tutti gli dei».

[33] K. Barth, illustrando il v. 11 dell'inno, diceva che il titolo "Kyrios" può essere
considerato, rispetto al v. 6, come "la *nuova* forma di Dio", del rivelatore e del riconciliatore.
Il *Signore* è il Dio che chiama, che riunisce, che illumina, che giustifica, che purifica, che
prepara i suoi per il suo regno. Per una traduzione francese di questo scritto si veda Karl
Barth, *Commentaire de l'Epître aux Philippiens*, Labor et Fides, Genève 1927.

[34] Cfr. R. Fabris, *Lettera ai Filippesi*, pp. 68-69.

il cristiano ha la possibilità di scoprire quel soffio che ha animato Gesù fino alla morte, quel soffio, quello spirito che egli, chinando la testa nella morte, ha consegnato[35].

3. Ti ha trovato orfano e ti ha accolto

Per affrontare il tema della fede nell'islam vorrei fermarmi sulla sura 93. È una delle sure[36] più antiche, l'undicesima nella cronologia tradizionale: ovviamente risale al tempo in cui Muhammad viveva alla Mecca. Anzi, la sura in questione si situa dopo un periodo nel quale Muhammad è confrontato con il silenzio di Dio e la gente gli dice che egli è stato abbandonato "dal suo cattivo genio". Quanto alla moglie di 'Abu Lahab[37], gli rinfaccia: «Il tuo signore ha rotto con te»[38]. Muhammad, che in questo periodo non annunciava ancora pubblicamente l'islam ma ne parlava solo in privato a parenti e amici, era profondamente turbato da questo silenzio di Dio. E Dio in questa sura lo incoraggia. Leggiamo:

> Suratu âlDhuhâ. L'albeggiare
> Nel nome di Dio, Misericordioso, Misericorde.
> [1]Per l'albeggiare!
> [2]Per la notte quando ricopre!
> [3]Il Signore non ti ha abbandonato né ti detesta.
> [4]Sì, la vita ultima è migliore per te della prima.
> [5]Il Signore ti accorderà ciò di cui sarai pago.
> [6]Non ti ha trovato orfano e ti ha dato rifugio?

---

[35] Il vangelo secondo Giovanni, raccontando la morte di Gesù, scrive: «E chinando la testa, consegnò lo spirito» (19,30). E il fatto che il narratore non menzioni il destinatario di questa consegna è un invito alla speranza: dicendo addio al mondo, Gesù ha consegnato al mondo (il mondo amato da Dio, come si legge in Gv 3,16) lo spirito, il soffio, la dedizione che l'ha sorretto in tutta la sua vita.

[36] La parola "sura" deriva da una radice araba che significa "chiudere con una cinta", "recingere". Ognuna delle sure (o dei capitoli) del Corano è quindi, idealmente, un *hortus conclusus*, un appezzamento recintato e ben curato. Cfr. *Il Corano*, UTET, Torino 2006, p. 641.

[37] 'Abu Lahab (il nome significa "padre della fiamma") era il soprannome di uno zio paterno di Muhammad e suo nemico dichiarato. Ciò perché Muhammad aveva sostenuto 'Abu Talib, un altro suo zio, al momento in cui i due zii erano in conflitto tra di loro.

[38] Cfr. Si Hamza Boubakeur, *Le Coran. Traduction française et commentaire*, Maisonneuve & Larose, Paris 1995, p. 1961.

⁷Ti ha trovato errante e ti ha guidato.
⁸Ti ha trovato povero e ti ha arricchito.
⁹Quanto all'orfano, non respingerlo.
¹⁰Quanto al mendicante, non mortificarlo.
¹¹Quanto al beneficio del Signore, dillo[39].

Il titolo con il quale questa sura viene indicata è dedotto dal v. 1. A questa sura, come a tutte le altre tranne la sura 9, il Corano antepone la formulazione "Nel nome di Dio, Misericordioso, Misericorde". Queste parole, qualificate come *Basmala* (cioè "nel nome di Dio"), hanno un grande spessore e costituiscono l'inizio di ogni preghiera dei musulmani. Qualificano Dio con parole che ricorrevano già nella tradizione ebraica[40], letteralmente Dio dal grande "grembo materno" (in ebraico *rèhèm*). Quanto al Corano, un grande scrittore del Mali, invitato dalla commissione episcopale dell'Africa occidentale francofona, commentava così le parole "misericordioso" e "misericorde":

Il primo termine evoca piuttosto uno stato, e il secondo un'azione. *Er-rahmân*, è la Misericordia che tutto abbraccia, quella che contiene, come una matrice materna suprema, tutto ciò che esiste nell'universo. In un versetto coranico (7,156) Dio dice: *la mia Misericordia abbraccia tutte le cose.* Nulla e nessuno è escluso da questo amore [...]. Il secondo nome, più attivo, sembra rivolgersi verso il fedele per perdonargli le sue colpe sia quaggiù, sia – è l'interpretazione musulmana tradizionale – al momento del giudizio dei suoi atti nel mondo futuro. Un'altra parola divina rivelata illumina questo significato: *La mia Misericordia supera la mia collera.* Si potrebbe dire che il primo nome, è la mamma che abbraccia nel suo amore tutti i suoi nati, mentre il secondo è la mamma che corre in soccorso di uno di loro in difficoltà[41].

---

[39]   Questa traduzione, come le successive, è ripresa da *Il Corano*, introduzione di K. Fouad Allam, traduzione e apparati critici di G. Mandel, p. 310.

[40]   Si pensi al figlio di Sira che, verso il 180 a.C., nel suo libro per i giovani di Gerusalemme, evocava Dio come il "misericordioso" (Si 2,11; 48,20; 50,19). Cfr., in merito, R. Petraglio, *Il libro che contamina le mani. Ben Sirac rilegge il libro e la storia d'Israele*, Augustinus, Palermo 1993, p. 397ss.

[41]   Amadou Hampâté Bâ, *Jésus vu par un musulman*, Stock - Nouvelles éditions

I primi due versi alludono, implicitamente, alla crisi vissuta da Muhammad: il silenzio di Dio, la sua notte interiore[42]: il giorno della sua missione è appena agli inizi, l'albeggiare. Eppure, così continua il testo, nonostante il suo silenzio, «il Signore non ti ha abbandonato» (v. 3) e ti apre un futuro diverso[43].

La parte centrale della sura allude poi alle esperienze umane vissute da Muhammad. Suo padre morì quattro mesi prima che egli nascesse. Sua madre morì quando lui aveva sei anni, e il nonno che lo prese con sé morì due anni dopo. Finalmente, a otto anni, il ragazzino fu affidato a Abû Tâlib[44], suo zio paterno che «continuò a prodigargli quell'affetto e quella benevolenza che il nipote aveva ricevuto dal nonno»[45].

Infine, nei vv. 9-11, la sura indica le conseguenze che Muhammad deve trarre da queste sue esperienze: innanzitutto la dedizione e la solidarietà con gli ultimi: gli orfani[46], i poveri e tutti quanti sono alla ricerca[47]. Poi l'annuncio della parola, raccontare la propria esperienza di Dio, l'esperienza della sua generosa bontà, sempre sorprendente[48].

Ivoiriennes, Paris-Abidjan 2000, pp. 78-79. Quanto alla formulazione "La mia Misericordia supera la mia collera", essa non si legge nel Corano. È attestata in un *hadith*, cioè in un detto di Muhammad. Lo si può leggere, ad esempio in M. Suhayl Brahami, *Comprendre l'Islam à travers les 40 hadiths Nawawî et ses commentaires*, Tawhid, Lyon-Paris 2006, p. 45.

[42] Cfr. A. Chouraqui, *Le Coran. L'Appel*, p. 1348.

[43] Questo futuro potrebbe essere nell'al-di-là o, forse, nelle fasi successive della vita di Muhammad. Infatti il v. 4 potrebbe anche essere tradotto: «L'ultima parte (*al-âkhira*) della tua vita sarà migliore della prima» (C. M. Guzzetti, *Il Corano. Introduzione, traduzione e commento*, Elledici, Leumann [TO] 2008, p. 343, nota 2).

[44] Cfr. *ivi*, nota 3. Un racconto ben più ampio sull'infanzia di Muhammad si legge in Ibn Jarir Al-Tabari, *Chronique de Tabari. Histoire des prophètes et des rois. De la création à la dernière Révélation*, Editions de la ruche, Paris 2009, pp. 422-425.

[45] M. Lings, *Il profeta Muhammad. La sua vita secondo le fonti più antiche*, Società italiana testi islamici, Trieste 1988, p. 29.

[46] Come non accostare questa sintesi etica del Corano con quella di Gc 1,27: «La religione pura e senza macchia presso colui che è Dio e Padre è questa: visitare orfani e vedove nella loro tribolazione, e conservarsi puri dal mondo».

[47] Non si può restringere la parola araba *sâail* del v. 10 al semplice "mendicante". Essa evoca piuttosto colui che pone domande, colui che cerca, e – sullo sfondo del v. 7 – colui che cerca la retta via, la verità. Cfr. M. Herzog-Tourki, *Paroles du Coran pour aujourd'hui*, Mediacom, Amiens 1998, p. 195.

[48] Un cristiano svizzero di origine palestinese, S. A. Aldeeb Abu-Sahlieh (cfr. *Le Coran. Version bilingue arabe-française*, L'Aire, Vevey, 2009, p. 46), traduce questo stesso verso del Corano in questi termini: «Quanto alla grazia del tuo Signore, raccontala». Poi,

Per concludere. La sura della quale ci siamo occupati è, ovviamente, rivolta a Muhammad. Ma il fatto che sia entrata nel Corano è certo un invito, per tutti i credenti e le credenti, a identificarsi, in un modo o in un altro, nella stessa. Innanzitutto l'esperienza del silenzio di Dio, la notte che tutto ricopre, «la notte, quando s'abbuia»[49]. E fede vuol dire, anche all'interno di questa situazione, affidarsi al Dio Misericordioso e Misericorde come si legge nella *basmala*.

Seguendo l'itinerario suggerito dalla stessa sura, fede è anche aprire gli occhi sulla propria vita, su quel Dio che non ti abbandona e che ti permette di affrontare il futuro con fiducia. È la fiducia che scaturisce dalla storia stessa del credente o della credente: storie diversissime da persona a persona, ma tutte storie nelle quali Dio ti si rivela come colui che ti ha dato rifugio, ti ha guidato, ti ha accolto nella tua povertà.

Partendo da questa scoperta che ognuno può fare nella propria vita, la fede sarà anche un reagire davanti a chi è orfano, senza protezione, senza risorse. Un reagire positivo davanti a queste necessità umane, senza chiudere gli occhi, senza mortificare il povero. Un reagire positivo e riconoscente a Dio per la sua bontà generosa, che si è manifestata nella storia di Israele, in Maria e nel suo figlio Gesù[50] e nella stirpe d'Ismaele e che, ancor oggi, non finisce di stupirci[51].

Sarà questa la nostra celebrazione di Dio e il nostro incontrarci nella *umma*, nella comunità dei credenti[52].

---

in una nota, suggerisce di accostare questo versetto al Sal 26,7: «(girerò attorno al tuo altare, Signore,) per far sentire una voce di ringraziamento e per raccontare tutte le tue meraviglie».

[49] Così S. Noia (*Il Corano più antico*, Marsilio Editori, Venezia 1991, p. 89) traduce il v. 2. Non molto diversa è la traduzione «Pel pieno mattino e per la notte quand'è fonda» (*Glorioso Corano. Dalla Sura "Maria" alla Sura "La gente"*. The World Islamic Call Society, Tripoli 1985, p. 812).

[50] Basterebbe ricordare, per i benefici di Dio a favore dei figli di Israele la sura 2,47; per i benefici a favore di Maria e di suo figlio la sura 5,110. In questi passi, e in molti altri, ritorna proprio la stessa parola "beneficio" che in 93,11 qualifica la vita di Muhammad.

[51] Un ebreo come André Chouraqui, *Le Coran. L'Appel*, nell'ultimo versetto della nostra sura propone di tradurre *ni'mati*, invece che con "bontà", con la parola "ravissement", letteralmente "rapimento", "stupore".

[52] Le conseguenze del v. 11 per la vita della comunità sono ben sottolineate da M. Herzog-Tourki (*Paroles du Coran pour aujourd'hui*, pp. 195-196). Ma tutto il suo commento a questa sura e ad altre del Corano lasciano trasparire – cosa pregevole – una delicatezza femminile.

Selezione bibliografica

G. Filoramo-F. Pajer, *Di che Dio sei? Tante religioni un solo mondo*, SEI, Torino 2011.

Islam Cristianesimo Ebraismo a confronto, tr. it., Piemme, Casale Monferrato (AL) 1998[2].

H. Küng, *Ricerca delle tracce. Le religioni universali in cammino*, tr. it., Queriniana, Brescia 2003.

H. Häring-J. Martin Soskice (edd.), *Apprendere dalle altre Religioni*, tr. it., "Concilium" 4/2003.

J. Potin-V. Zuber (a cura di), *Dizionario dei monoteismi*, tr. it., EDB, Bologna 2005.

L. Tallarico, *Dio in tutte le Religioni*, Borla, Roma 2011.

Osservazioni finali.
Verso fedi religiose che contribuiscano a umanizzare individui e società del XXI secolo

L'obiettivo di questo nostro libro era modesto: offrire alcune piste di approfondimento che facessero capire il valore della nozione di fede nelle tradizioni originarie delle tre religioni che si riconoscono unite in una comune radice abramitica. Ascolto della parola di Dio, affidamento della vita, fiducia relazionale: queste tre formulazioni sono tre comuni denominatori a quanto abbiamo proposto sinora, parlando, sia pure per frammenti e interpretazioni inevitabilmente parziali, della nozione di *credere* nelle tre religioni che si rifanno ad Abramo. Le differenze tra giudaismo, cristianesimo e islam sono numerose anche a questo livello, come lettrici e lettori possono aver agevolmente compreso leggendo i testi e le osservazioni che abbiamo presentato. Ogni falso e forzato concordismo sarebbe pura e semplice follia, oltre che un'operazione scientificamente scorretta e culturalmente improduttiva.

Chiunque abbia modo di fare anche soltanto un viaggio di pochi giorni, per esempio, nella Palestina/Israele di oggi e in particolare a Gerusalemme, toccherebbe con mano l'evidenza anche drammatica di tali diversificazioni. Quella originaria e radicale è la seguente: la ricerca della felicità nell'esistenza, della pienezza della vita dipende, rispettivamente e anzitutto, dall'ascolto/lettura quotidianamente obbediente della *Torah* e dei princìpi da essa derivati, dalla sequela nei confronti dell'esempio esistenziale di Gesù di Nazaret crocifisso e testimoniato come risorto, dall'ascolto/lettura del Corano e dall'applicazione letterale dei dettami religiosi ed etici che vi sono contenuti.

In questo quadro, già i nostri limitati itinerari di letture testuali e le osservazioni esegetico-ermeneutiche, storiche e socio-culturali che abbiamo proposto hanno mostrato come il fondamentalismo integralista non sia una caratteristica ineluttabile e necessaria delle tre religioni considerate. Diciamo questo ben consapevoli delle venature e dei comportamenti terribilmente deteriori in proposito che nella storia dell'ebraismo, del cristianesimo e dell'islam si sono variamente profilati e talora continuano a profilarsi.

In tale prospettiva si noti anche un dato di fatto storico, del tutto oggettivo: ogniqualvolta un gruppo appartenente a una delle tre religioni in questione reputi di offrire l'interpretazione autentica di essa e in particolare della fede, del credere e dei comportamenti religiosi ed etici che ne discendono, le tensioni interne alle singole confessioni e quelle di carattere interreligioso aumentano sino ad esiti che sono stati e sono anche tragici. Si pensi a molti gruppi di ebrei "ultraortodossi", ad alcuni movimenti interni alle Chiese cristiane, a certe componenti islamiche presenti, per es., in Medio-Oriente o in Asia. In questi casi i caratteri comportamentali dominanti sono il settarismo egocentrico e il rifiuto del dialogo anche nel contesto della propria religione di riferimento oltre che verso varie componenti della società umana contemporanea. I risultati più evidenti sono l'esclusivismo, l'emarginazione dei "diversi" e la prevaricazione culturale e sociale su chiunque sia visto come estraneo al proprio gruppo, piccolo o grande che sia[1].

---

[1] «Amici, ...giorno dietro giorno, mano a mano che la mia vita mi permette di entrare in contatto con situazioni di vario tipo e quindi di arricchire la mia esperienza di cristiano che da fedele laico è chiamato a vivere, nel concreto della vita quotidiana, il proprio rapporto con il mondo, sento allargarsi e approfondirsi il significato e quindi il valore di quella "unità dei distinti" che fu già insegna per così dire tomista, rinverdita nei decenni scorsi dal Maritain... Essa sottolinea due esigenze ugualmente importanti e significative sia nel momento in cui cerco di conoscere la realtà nella quale vivo sia nel momento in cui in essa e per essa opero; l'esigenza dell'unità e quella della distinzione. La perdita di una delle due dimensioni non è senza grave danno per la nostra capacità e possibilità di esprimere, come singoli e come corpo, il nostro essere cristiano: rispettarle nella loro ontologica consistenza e nel loro vitale rapporto, se è condizione per dare l'immagine più adeguata possibile dell'essere cristiano – e laico cristiano – non è senza difficoltà... V'è la tentazione di dare in tale misura prevalenza all'unità, da perdere, almeno in concreto, il senso della distinzione, con gli errori che ne derivano per la teoresi e per la prassi... V'è la tentazione, forse anche più diffusa, di dare alla distinzione un tale spessore da trasformarla in separazione... La prima tentazione conduce all'integralismo, la seconda al secolarismo, la prima

Fare affidamento esistenziale sul Signore Dio della rivelazione sinaitica, sul Dio di Gesù Cristo o su Allah implica il rifiuto di chi ha una fede diversa dalla propria – in particolare nel quadro delle religioni abramitiche – solo se si leggono Bibbia ebraica/ Antico Testamento, Nuovo Testamento e Corano al di fuori delle condizioni storiche in cui tali testi o *corpora* di testi sono stati redatti. Se approcci non fantasiosamente interpretativi, ma effettivamente ermeneutici prendono il posto di ogni letteralismo astorico, frutto di concezioni irrealistiche del rapporto con i testi sacri di ebraismo, cristianesimo e islam e dei principi religiosi ed etici che ne discendono, allora diviene assai concreta la probabilità che gli esclusivismi intra e interreligiosi almeno si avviino seriamente al tramonto.

Ovviamente, per raggiungere tale obiettivo, è indispensabile che i fedeli/i credenti delle tre religioni abramitiche conoscano davvero i loro testi sacri e abbiano con essi un rapporto ad un tempo intelligente e appassionato, davvero ermeneutico, in cui lo scopo non è, per esempio, fissare queste o quelle affermazioni che, estrapolate dai loro contesti, sottolineino la superiorità esclusiva di una fede sulle altre o di un comportamento religioso su altri. La Bibbia e il Corano contengono certamente brani, più o meno estesi, che hanno fondato e potrebbero fondare i deprecabili comportamenti esclusivisti e marginalizzanti che abbiamo prima citato. Tuttavia, un credente ebreo, cristiano o islamico che sia davvero attento alla globalità di quello che scaturisce dal proprio testo sacro di riferimento e che sia consapevole dell'antropologia che complessivamente ne deriva, è profondamente motivato a porsi tre domande decisive: quali sono gli aspetti effettivamente qualificanti della mia identità religiosa? Che cosa può contribuire a rafforzarla positivamente o a indebolirla negativamente nella società in cui vivo? Gli incontri con altri, religiosamente ed eticamente più o meno diversi da me, possono essere ragione di crescita interiore e sociale per me e per loro?

---

al clericalismo, la seconda al laicismo» (G. Lazzati, *Lettera aperta a Comunione e liberazione*, in *L'invito al dialogo rimasto nel cassetto*, a cura di G. Ferrò, «Jesus» XVIII [1/1996], 87-88). Per ulteriori riflessioni sui temi qui evocati da Lazzati, cfr. un'appendice di questo volume, condivisa dai suoi autori (pp. 115-116).

Voler rispondere, nella propria vita, a questi interrogativi è possibile se ciascuno non ha della propria identità religiosa un'idea sovradimensionata e neppure ritiene che la propria fede sia un dato necessariamente e totalmente immutabile rispetto al dinamismo degli eventi che, lo si voglia o no, caratterizzano la propria e altrui esistenza.

Chiunque confonda il rispetto e la valorizzazione delle tradizioni con l'adesione ai tradizionalismi, l'interazione reciprocamente arricchente con altri con la persuasione che essi abbiano senz'altro qualcosa di più e di meglio rispetto a quello che si è, rivela, non di rado, complessi di inferiorità o superiorità culturale e religiosa dagli esiti comportamentali spesso preoccupanti, talora rovinosi.

Di tutto questo ebrei, cristiani, musulmani e credenti di qualsiasi altra ispirazione, religiosa o "laica" che sia, non hanno alcun bisogno, se vogliono vivere in società in cui la profondità culturale e l'armonia sociale siano mete ragionevolmente perseguibili nell'interesse del bene comune.

Cercare di conoscere a fondo se stessi e gli altri: sono due prospettive che saldano intelletto ed emotività, interiorità e socialità a partire da un'idea del "conoscere" non anzitutto intellettuale, ma complessivamente relazionale, a immagine e somiglianza della nozione biblica in merito, prospettiva che anche nel Corano trova chiaro accoglimento. Tale modo di rapportarsi a se stessi e agli altri può trovare il proprio punto di riferimento regolativi proprio nell'affidamento fiducioso e mai del tutto soddisfatto di sé nei confronti di Jhwh, Gesù Cristo e Allah.

Tentare di essere veri credenti giudaici, cristiani ed islamici non implica necessariamente pensare di essere, rispettivamente, gli unici veri credenti, ossia che nessun altro, diverso da sé, lo possa essere. Stimola anzitutto a chiedersi personalmente che tipo di credente si sia e che cosa si possa fare per esserlo di più e meglio per il bene personale e collettivo. E a porsi, a livello esistenziale, due altre domande, tutt'altro che originali, ma sempre indispensabili: che cosa rende vero un credente giudaico, cristiano o islamico? E che cosa è la verità per la vita? Dalla risposta a questi interrogativi e a quelli ad essi collegati che abbiamo proposto nell'arco di questo saggio dipende, secondo noi, il futuro positivo o negativo, arricchente o depauperante, umanizzante o rovinoso delle tre religioni abramitiche e dei loro credenti per l'esistenza delle società in cui tutti viviamo, in una logica di dialogo con chiunque altra persona abbia a cuore il destino presente e futuro dell'umanità[2].

---

[2] «Spesso i credenti (ndr: di qualsiasi confessione religiosa) si riempiono la bocca di parole, ma non fanno la volontà del Padre, mentre è possibile trovare realismo, concretezza, impegno fraterno, implicita corrispondenza ai desideri di Dio in chi non ha esplicitamente con Dio un rapporto di fede e di culto... La passione, l'impegno e talvolta anche la rabbia, con cui i non credenti cercano un mondo giusto, libero e fraterno, possono offrire stimoli efficaci verso la concretezza. I credenti, fondando la sincerità e il realismo del loro amore nella fiducia in Dio, nell'umiltà, nell'adesione a Gesù, nella speranza della risurrezione, possono per lo meno porre serie domande a ogni uomo circa il vero bene a cui siamo chiamati» (C.M. Martini, *Farsi prossimo*, Centro Ambrosiano, Milano 1985, pp. 27.29).

Appendici

1. "Tredici principi di fede"

Come abbiamo visto nell'ebraismo la fede non è mai distinta dall'osservanza dei precetti e, più che elaborata come fede in sè, cioè come insieme di verità da credere, è tradizionalmente presentata attraverso le sue implicanze esistenziali in quanto risposta concreta ad un Dio che va alla ricerca dell'uomo. Tuttavia nel medioevo Mosè Maimonide (1138-1204), commentando il trattato *Sanhedrin* della *Mishnah*, ha formulato quelli che ancora oggi sono noti come i "Tredici principi di fede" dove ad essere privilegiata è la dimensione concettuale. Tale operazione è avvenuta in un contesto in cui il famoso commentatore, filosofo e medico cercava di rispondere all'insorgere, da una parte, di alcune teorie atee volte a negare la *Torah* e, dall'altra, ad un fatalismo che negava la libertà rendendo la responsabilità impossibile.

La maggior parte degli ebrei li accettò subito interpretandoli come provvidenziali, per altri invece furono oggetto di discussione in quanto formulati secondo una logica filosofica ritenuta piuttosto estranea al modo di procedere della tradizione che, di fatto, non si occupa solitamente di teodicea ma piuttosto di ciò che Dio fa nei confronti del mondo e degli uomini. In ogni caso, nell'arco di un secolo dalla formulazione maimonidea, sono sorti numerosissimi componenti religiosi nei quali i "Tredici principi di fede" sono stati puntualmente ripresi fino ad entrare a far parte della liturgia del mattino a tutt'oggi in uso.

Eccone la scansione completa[1]:

1. Il Santo Benedetto è presente dappertutto e provvede
2. Egli è Uno

---

[1] Ritrovabile in: *Siddur hashallem*, a cura di Rav S.J. Sierra e Rav Shlomo Bekhor, Ed. DLI/Mamash, Milano 1998, pp. 203-205.

3. Non ha corpo e non ha immagine corporea
4. È anteriore a tutti gli antichi
5. Non dobbiamo servire nessuno all'infuori di Lui
6. Conosce i pensieri degli uomini
7. La profezia di Mosè, nostro maestro, la pace sia su di lui, è verità
8. Egli è il capo di tutti i profeti
9. La *Torah* è stata data dal cielo
10. Non cambierà in alcun tempo, Dio non voglia
11. Il Santo Benedetto punisce i malvagi ed elargisce una buona ricompensa ai giusti
12. Ogni giorno può arrivare il Re Messia
13. I morti, in futuro, torneranno alla vita

2. Da "Decameron": Melchisedech giudeo con una novella di tre anella cessa[2] un gran pericolo dal Saladino apparecchiatogli[3]

Il racconto che segue, tratto dall'opera fondamentale dello scrittore toscano trecentesco Giovanni Boccaccio e proposta nella lingua italiana dell'epoca, costituisce una sorpresa effettiva anzitutto per coloro che avessero del suo autore e del libro da cui è tratto idee irrealistiche e superficiali. Il meccanismo letterario della "novella nella novella" appare particolarmente efficace e non lontano dal metodo parabolico nelle versioni evangeliche.

Il Saladino[4], il valore del quale fu tanto che non solamente di piccolo uomo il fé di Babilonia Soldano, ma ancora molte vittorie

---

[2] Da *Decameron*, I giornata, III novella. Il nucleo centrale della novella – la parola dell'ebreo savio – ebbe grande diffusione nel Medioevo e, grazie al Boccaccio, anche nell'età moderna (fino al capolavoro di Lessing *Nathan der Weise*). Per quanto attiene alla letteratura italiana precedente al *Decameron* ricordiamo il *Novellino* (LXXIII).

[3] Il testo è tratto da G. Boccaccio, *Decameron*, a cura di A.E. Quaglio, I, Garzanti, Milano 1980[5], pp. 53-57; le note critiche a pie' di pagina sono state scritte da V. Branca e derivano dall'edizione del *Decameron* pubblicata da Branca a Milano presso Mondadori nel 1976.

[4] Salah ed-din (1137-1193), sultano del Cairo, riconquistatore di Gerusalemme (1187), godette di un notevole favore nella fantasia popolare e nella letteratura medioevale occidentale. Dante lo cita più volte e in termini variamente positivi (cfr. *Convivio*, IV XI; *Inferno*, IV, v. 129).

sopra li re saracini e cristiani gli fece avere, avendo in diverse guerre e in grandissime sue magnificenze speso tutto il suo tesoro, e per alcuno accidente sopravvenutogli bisognandogli una buona quantità di danari, né veggendo donde così prestamente come gli bisognavano avergli potesse, gli venne a memoria un ricco giudeo, il cui nome era Melchisedech[5], il quale prestava ad usura in Alessandria, e pensossi costui avere da poterlo servire, quando volesse; ma sì era avaro che di sua volontà non l'avrebbe mai fatto, e forza non gli voleva fare; per che, strignendolo il bisogno, rivoltosi tutto a dover trovar modo come il giudeo il servisse, s'avvisò di fargli una forza da alcuna ragion colorata.

E fattolsi chiamare, e familiarmente ricevutolo, seco il fece sedere e appresso gli disse: «Valente uomo, io ho da più persone inteso che tu se' savissimo e nelle cose di Dio senti molto avanti[6]; e per ciò io saprei volentieri da te quale delle tre Leggi tu reputi la verace, o la giudaica o la saracina o la cristiana».

Il giudeo, il quale veramente era savio uomo, s'avvisò troppo bene che il Saladino guardava di pigliarlo nelle parole per dovergli muovere alcuna quistione e pensò non potere alcuna di queste tre più l'una che l'altra lodare, che il Saladino non avesse la sua intenzione; per che, come colui il qual pareva d'aver bisogno di risposta per la quale preso non potesse essere, aguzzato lo' ngengno, gli venne prestamente avanti quello che dir dovesse; e disse: «Signor mio, la quistione la qual voi mi fate è bella, e a volervene dire ciò che io sento, mi vi convien dire una novelletta, qual voi udirete.

Se io non erro, io mi ricordo aver molte volte udito dire che un grande uomo e ricco fu già, il quale intra l'altre gioie più care che nel suo tesoro avesse, era uno anello bellissimo e prezioso; al quale per lo suo valore e per la sua bellezza volendo fare onore e in perpetuo lasciarlo ne' suoi discendenti, ordinò che colui de' suoi figliuoli appo il quale, sì come lasciatogli da lui, fosse questo anello trovato, che colui s'intendesse essere il suo erede e dovesse da tutti gli altri essere come maggiore onorato e riverito.

E colui al quale da costui fu lasciato il simigliante ordinò ne' suoi

---

[5] Nome ricorrente nella Bibbia (cfr. Gen 14,18; Sal 109,4).
[6] Senti molto avanti = sei molto addentro, sei molto esperto.

discendenti, e così fece come fatto avea il suo predecessore; e in brieve andò questo anello di mano in mano a molti successori, e ultimamente pervenne alle mani ad uno, il quale avea tre figliuoli belli e virtuosi e molto al padre loro obedienti, per la qual cosa tutti e tre parimenti gli amava. E i giovani, li quali la consuetudine[7] dello anello sapevano, sì come vaghi d'essere ciascuno il più onorato tra' suoi, ciascuno per sé, come meglio sapeva, pregava il padre, il quale era già vecchio, che quando a morte venisse a lui quello anello lasciasse.

Il valente uomo, che parimente tutti gli amava né sapeva esso medesimo eleggere a qual più tosto lasciar lo dovesse, pensò, avendolo a ciascun promesso, di volergli tutti e tre sodisfare: e segretamente ad uno buono maestro ne fece fare due altri, li quali sì furono simiglianti al primiero, che esso medesimo che fatti gli avea fare appena conosceva qual si fosse il vero; e venendo a morte, segretamente diede il suo a ciascuno de' figliuoli. Li quali, dopo la morte del padre, volendo ciascuno la eredità e l'onore occupare, e l'uno negandolo all'altro, in testimonianza di dover ciò ragionevolmente fare ciascuno produsse fuori il suo anello; e trovatisi gli anelli sì simili l'uno all'altro, che qual fosse il vero non si sapeva conoscere, si rimase la quistione, qual di costoro fosse il vero erede del padre, in pendente et ancor pende. E così vi dico, signor mio, delle tre Leggi alli tre popoli date da Dio Padre, delle quali la quistion proponeste: ciascuno la sua eredità, la sua vera Legge e i suoi comandamenti dirittamente si crede avere e fare; ma chi se l'abbia, come degli anelli, ancor ne pende la quistione».

Il Saladino conobbe costui ottimamente essere saputo uscire del laccio il quale davanti a' piedi teso gli aveva, e per ciò dispose d'aprirgli il suo bisogno e vedere se servire il volesse; e così fece, aprendogli ciò che in animo avesse avuto di fare, se così discretamente come fatto avea, non gli avesse risposto. Il giudeo liberamente d'ogni quantità che il Saladino il richiese il servì; e il Saladino poi interamente il sodisfece, e oltre a ciò gli donò grandissimi doni e sempre per suo amico l'ebbe e in grande e onorevole stato appresso di sé il mantenne.

---

[7] La consuetudine = la tradizione familiare.

Profili degli autori

Ernesto Borghi

Nato a Milano nel 1964, sposato dal 1999 con Maria Teresa e padre di Davide (nato nel 2001) e Michelangelo nato nel 2007), è laureato in lettere classiche (Università degli Studi di Milano – 1988), licenziato in scienze religiose (Università di Fribourg – 1993), dottore in teologia (Università di Fribourg - 1996) e baccelliere in Sacra Scrittura (Pontificia Commissione Biblica – 2012). È biblista professionista dal 1992. Insegna esegesi e teologia del Nuovo Testamento presso la Facoltà Telogica dell'Italia Meridionale (ISSR di Nola) ed è professore invitato delle stesse discipline presso la Facoltà Teologica del Triveneto (ISSR di Bolzano) e presso la Facoltà Teologica dell'Italia Settentrionale (sezione di Torino). Coordina la formazione biblica nella Diocesi di Lugano e presiede l'Associazione Biblica della Svizzera Italiana e l'Associazione Biblica Euro-Mediterranea.

Tra i suoi libri più recenti: *Di' soltanto una parola. Linee introduttive alla lettura della Bibbia,* Effatà, Cantalupa (TO) 2010; *Il Discorso della montagna (Mt 5-7),* Claudiana, Torino 2011²; *Gesù di Nazaret tra storia e fede,* Cittadella, Assisi 2011; *Scrivere al cuore dell'essere umano. Le lettere del Nuovo Testamento tra esegesi antica ed ermeneutica contemporanea,* LAS, Roma 2011; *Il mistero appassionato. Lettura esegetico-ermeneutica del vangelo secondo Marco,* Messaggero, Padova 2011; *Gesù è nato a Betlemme? I vangeli dell'infanzia tra storia, fede, testimonianza,* Cittadella, Assisi 2011.

Elena Lea Bartolini De Angeli

Di origini ebraiche da parte materna, è nata a Pavia nel 1958, ha vissuto nella provincia di Milano fino al 1981 per poi trasferirsi in quella di Lodi ove attualmente risiede con il marito Massimo e la figlia Aurora. È dottore in Teologia Ecumenica con specializzazione in Ermeneutica Ebraica. È membro dell'Associazione Italiana per lo Studio del Giudaismo (AISG), del Coordinamento Teologhe Italiane (CTI) e vice-presidente dell'Associazione Biblica Euro-Mediterranea (ABEM). È docente di Giudaismo ed Ermeneutica Ebraica presso la Facoltà Teologica dell'Italia Settentrionale (ISSR-MI) *e* docente invitata presso l'Università degli Studi di Milano-Bicocca. Dirige la collana "Studi Giudaici" per la Casa Editrice Effatà e cura la rubrica "Judaica" per la nuova edizione della rivista *Terrasanta* nell'ambito dei periodici della Custodia francescana. Dal 2010 fa parte di un "Tavolo di confronto interreligioso" per il Comune di Milano.

Fra le sue numerose pubblicazioni si segnala: *Gesù Ebreo per sempre* (con C. Vasciaveo), Dehoniane, Bologna 1991; *Anno sabbatico e giubileo nella tradizione ebraica*, Ancora, Milano 1999; *Come sono belli i passi... La danza nella tradizione ebraica*, Ancora, Milano 2000; *Narrare giocando* (con A.G. Conori – E. Danelli), Effatà, Canatalupa (TO) 2003; *Per amore di Tzion. Gerusalemme nella tradizione ebraica*, Effatà, Cantalupa (TO) 2005; *Danza ebraica o danza israeliana? La danza popolare nel farsi dell'identità del paese*, Effatà, Cantalupa (TO) 2012.

Paolo Branca

Nato a Milano nel 1957, sposato con Cristina, laureato in Lingua e Letteratura Araba presso la Facoltà di Lingue Orientali dell'Università degli Studi di Venezia, è docente di Lingua e Letteratura Araba e d'Islamistica all'Università Cattolica di Milano. È stato relatore in numerosi incontri e seminari di studio sull'islam presso varie istituzioni tra le quali: Pontificia Universitas Urbaniana, Institut du Monde Arabe, Université de Lausanne, Università di Bergamo, Catania, Enna, Firenze, Milano, Napoli, Roma e Venezia, Università di 'Ayn Shams (Il Cairo), Université St. Joseph (Beirut). Accanto ai temi classici dell'Islamologia, si occupa in particolare delle problematiche del rapporto islam-mondo moderno, con speciale riferimento ai fenomeni del fondamentalismo e del riformismo musulmani.

Tra le sue opere più recenti: *Moschee inquiete*, Il Mulino, Bologna 2003; *Yalla Italia! Le vere sfide dell'integrazione di arabi e musulmani nel nostro Paese,* Edizioni Lavoro, Roma 2007; *Noi e l'islam, vent'anni dopo,* Ediz. Messaggero, Padova 2010; *Il sorriso della Mezzaluna,* (con B. de Poli e P. Zanelli) Carocci, Roma 2011.

Renzo Petraglio

Nato a Muggio (Svizzera) nel 1945, è sposato con Maria Pia, padre di due figlie e due figli e nonno di quattro nipoti. Ha studiato teologia a Lugano e a Fribourg (licenza nel 1971, dottorato nel 1973) e sempre a Fribourg anche lettere antiche, conseguendo sia la licenza che il dottorato. Ha Insegnato per molti anni greco e cultura religiosa al Liceo cantonale di Locarno. Ha lavorato per la traduzione della Bibbia denominata TILC (= Traduzione interconfessionale in lingua corrente), in qualità di revisore per il Nuovo Testamento e di traduttore dei libri della Sapienza e del Siracide. Nel Canton Ticino ha dedicato più di 20 anni alla Scuola biblica ecumenica. In Africa conduce ogni anno, dal 1993, la lettura della Bibbia in Burundi, collaborando con i giovani costruttori di pace nella località di Bujumbura. Socio fondatore e consulente fondamentale dell'Associazione Biblica della Svizzera Italiana, ne è vice-presidente dal 2011.

Tra le sue pubblicazioni: *Obiezione di coscienza. Il Nuovo Testamento provoca chi lo legge,* EDB, Bologna 1992; (con E. Borghi) *La fede attraverso l'amore. Introduzione alla lettura del Nuovo Testamento,* Borla, Roma 2006; (con E. Borghi) *La Scrittura che libera. Introduzione alla lettura dell'Antico Testamento,* Borla, Roma 2008.

Franco Buzzi

Nato a nel 1948, è presbitero della Diocesi di Milano dal 1972. Ha studiato teologia e filosofia a Milano, Roma e Monaco di Baviera, conseguendo la licenza in teologia e il dottorato in filosofia. Ha insegnato filosofia e teologia fondamentale nel seminario teologico milanese, alla Facoltà Teologica dell'Italia Settentrionale (Milano) e, come professore invitato, alla Pontificia Università Gregoriana (Roma). Dal 1992 fa parte del Collegio dei Dottori della Biblioteca e Pinacoteca Ambrosiana, istituzione fondata da Federigo Borromeo nel 1609, dove conduce ricerche nel campo della storia della filosofia e della teologia dal XV secolo ai giorni nostri. Dal 2007 è prefetto di tale istituzione culturale. Tra le molte pubblicazioni della sua produzione scientifica e divulgativa ricordiamo: Martin Lutero, *La Lettera ai Romani,* San Paolo, Cinisello Balsamo 1991, 1996²; *Il concilio di Trento (1545-1563). Breve introduzione ad alcuni temi teologici principali,* Glossa, Milano 1995; Martin Lutero, *I sette Salmi penitenziali e il bel "Confitemini",* Bur-Rizzoli, Milano 1996; *Teologia e cultura cristiana tra XV e XVI secolo,* Marietti, Genova 2000; *Teologia, politica e diritto tra XVI e XVII secolo,* Marietti, Genova-Milano 2005; *Breve storia del pensiero protestante da Lutero a Pannenberg,* Àncora, Milano 2007; (con V. Andreoli) *L'anima e la mente,* San Paolo, Cinisello Balsamo (MI) 2012.

Indice

La città di Sichar è citata una sola volta nella Bibbia, nel vangelo secondo Giovanni (4,5). È il luogo dell'incontro tra Gesù e la donna samaritana. Un incontro destinato a superare le barriere del sospetto e del pregiudizio, qualunque ne sia l'origine.
Il logo della collana riprende l'immagine stilizzata di Sichar come appare nella carta musiva (VI sec.) della Terra Santa che si trova a Madaba, in Giordania.

I volumi della collana